国家出版基金项目
NATIONAL PUBLICATION FOUNDATION

教育部人文社会科学重点研究基地重大项目
"生活德育视野下的德育课程开发与跟踪研究"成果
（课题批准号：18JJD880003）

儿童学研究丛书

张华 主编

儿童学新论

张 华 等著

山东教育出版社

图书在版编目（CIP）数据

儿童学新论 / 张华等著 . — 济南：山东教育出版社，
2018. 10

（儿童学研究丛书 / 张华主编）

ISBN 978 - 7 - 5701 - 0448 - 2

Ⅰ.①儿… Ⅱ.①张… Ⅲ.①儿童学–研究 Ⅳ.①G61

中国版本图书馆 CIP 数据核字（2018）第266338号

ERTONGXUE YANJIU CONGSHU

ERTONGXUE XINLUN

儿童学研究丛书

张 华 主编

儿童学新论

张 华 等著

主管单位：山东出版传媒股份有限公司

出版发行：山东教育出版社

地址：济南市纬一路321号　邮编：250001

电话：（0531）82092660　网址：www.sjs.com.cn

印　　刷：山东泰安新华印务有限责任公司

版　　次：2018 年 10 月第 1 版

印　　次：2018 年 10 月第 1 次印刷

开　　本：710 毫米 × 1000 毫米　1/16

印　　张：17.5

印　　数：1–2000

字　　数：292 千

定　　价：36.00 元

（如印装质量有问题，请与印刷厂联系调换）印厂电话：0538–6119313

迈向"儿童学"

——"儿童学研究丛书"主编寄语

　　"儿童学"或"儿童研究"（child study）诞生于19世纪末欧美国家的"进步教育运动"与"新教育运动"。美国"儿童研究运动"的发起人霍尔（G. Stanley Hall）说："通过儿童生长的过程去评判一种文明，通过适应个人自然生长的方法去评判一种学校制度。"这既揭示了儿童学的价值追求，又阐明了现代民主教育与古代专制教育的重要分水岭——是否建基于儿童研究之上。我国民国时期的"新教育改革运动"是世界教育民主化运动的有机构成。因当时确立了"以儿童为中心""谋个性之发展""发挥平民教育精神"等理念，儿童学研究获得重要发展，并由此为我国教育现代化与民主化奠定早期基础。

历史在曲折中前进。1936年7月4日，联共（布）中央颁布《关于教育人民委员部系统中儿童学曲解的决定》，宣布儿童学是"资产阶级伪科学"，立即取缔并彻底批判。有的儿童学者被判处死刑，许多儿童学者被撤职或逮捕，著名儿童学者维果茨基和布隆斯基的著作被禁止出版。"儿童""个性发展"等术语成为苏联讳莫能深的词汇，"无儿童的教育学"——凯洛夫《教育学》自此登场，苏联教育一度陷入僵化与停滞。直至20世纪五六十年代，维果茨基等人的儿童学著作才重新出版。70年代，维果茨基的著作译成英文传入西方世界以后，震惊欧美教育界，他创造的"社会建构主义"思想成为引领世界教育发展的支柱性理论之一。

中华人民共和国成立以后，由于国家采用了"一边倒"的政策而全面师法苏联，"取缔儿童学"的政策事实上被隐秘地输入了。一方面，民国时期的儿童研究被打上"资产阶级学说"的意识形态烙印而被迫中止；另一方面，凯洛夫《教育学》于20世纪50年代引进中国，并被视为唯一合法和政治正确的"马克思主义教育学"在中国推广。凯洛夫《教育学》在苏联仅存在了十年，但在中国已存在了近七十年。它把教育的本质理解为通过外部知识的灌输而改造人的心灵。在这里，儿童不过是一个任人摆布的玩偶、会移动的容器而已。这种"见物不见人"的教育学至今仍盘踞我国教育界，成为迎合"应试教育"需要、阻碍我国教育现代化和民主化的最大思想障碍之一。自2001年开始，伴随基础教育新课程改革的实施，儿童学研究获得长足发展。新课程提出了"为了每一个学生发展"的理念，尊重个性、崇尚自由、促进每一个儿童主动发展等进步教育理念，自新中国成立以后第一次被如此系统、广泛和彻底地倡导。儿童学研究成为实施新课程改革、践行素质教育理念的必然要求。

何谓儿童学？儿童学是一种时代精神，即尊重儿童独特价值、追求儿童解放的教育民主精神，简称"儿童学精神"。儿童学是一个研究领域，即对儿童的发展与学习、儿童文化与儿童个性诸方面的跨学科的整体性研究。宏观言之，儿童心理学、儿童教育学、儿童医学、儿童社会学、儿童文化学、儿童哲学、儿童文学、儿童史学等，均属广义的儿童学的有机构成部分。儿童学是一门具体学科，即一门基于某种范式、整合不同视角对儿童及其发展进行整体研究的学科。这是狭义的儿童学，可称为"儿童学学科"。儿童学学科既建基于"儿童学精神"，又源自"儿童学领域"，是二者的具体化与专门化。

我国儿童学的任务和未来方向是什么？将儿童发展视为一个专门研究领域，运用跨学科视野和多元化方法对儿童发展进行深入研究、获得深刻理解，基于理解儿童而促进儿童发展，最终实现我国儿童解放和教育民主化。这是我国儿童学发展的根本任务与使命。我国儿童学发展的未来方向应聚焦如下三个方面：

第一，捍卫儿童权利。儿童是完全的权利主体。儿童阶段、儿童文化、儿童生活具有独特价值，成人有责任让儿童过好今天的生活——独特的儿童生活。每一个儿童个体具有独特价值，尊重儿童个性、发展儿童个性特长是成人社会特别是广大教育者的神圣职责。我国需要通过包括立法在内的各种途径保护儿童权利，而不应延续古代专制社会将儿童置于被压迫者底层的做法，也不应将成人社会的竞争法则通过"应试教育"体制强加于儿童并使儿童日益工具化。我国社会迫切需要践行"新儿童观"，即让儿童成为社会一切福祉的最先享用者、一切灾祸的最后罹难者。"新儿童观"的实现是我国进入现代文明社会的基本标志。

第二，理解儿童认识。人的认识具有发生性与发展性。儿童既有独特的认识世界的方式，又有对世界的独特理解。尊重儿童的核心是尊重儿童的理解。正是由于20世纪初杜威、皮亚杰开创了尊重儿童经验、研究儿童认识的伟大传统，才有了波澜壮阔的世界教育民主化运动。汇集儿童哲学、儿童心理学、儿童教育学等学科，研究信息文明时期儿童认识的新特点、新变化和新需求，是创造21世纪信息时代新教育的基础与前提。

第三，探究儿童方法。儿童是世界的探索者、发明者、创造者。杜威说儿童具有与生俱来的探究、建造、表现与社会交往的本能。儿童不是成人知识的被动接受者，而是主动的创造者。但儿童有自己的探究世界的方法。儿童学应致力于发现儿童的方法，并找到途径将成人的方法转化成儿童的方法，以帮助儿童不断发展探究世界的能力。

教育学即儿童学。只有当广大教师乃至全社会学会捍卫儿童权利、理解儿童认识并探究儿童方法的时候，中国社会才有希望。

2016年9月10日教师节写于沪上三乐楼

目录 ■

上篇 儿童学框架

第一章
儿童学内涵

一、儿童学的诞生

基础教育新课程改革以解放每一个学生、每一个教师和每一所学校为根本特点，标志着我国教育民主化运动进入了新的历史阶段。教育民主化为儿童学建立创造条件，儿童学发展则深化教育民主化进程。二者的良性互动构成我国当前教育理论与实践的一道美丽风景。

给儿童学下定义，不能脱离文化和历史背景而进行。在北美，系统发起"儿童研究运动"的人是斯坦利·霍尔（G. Stanley Hall, 1844—1924），第一次提出"儿童学"（Paidology）一词的人是其学生奥斯卡·克利斯曼（Oscar Chrisman）。众所周知，霍尔是美国心理学的奠基人和进步教育运动的重要代表。他被称为"心理学的达尔文"（Darwin of mind），正如他的学生约翰·杜威可以被称为哲学和教育学的"达尔文"。达尔文进化论的社会和精神意义在于它认为世间万物永远处于流动、变化和进步之中，这为摧毁一切专制保守、静止僵化的制度和观念提供了有力工具。他主张"通过儿童生长的过程去评判一种文明，通过适应个人自然生长的方法去评判一种学校制度"，由此预示了"儿童的世纪"的到来。①他在其重要代表作《儿童心理的内容》中指出，要根据儿童发展的资料来决定课程内容。②在随后发表的著名论文《基于儿童研究的理想学校》中，他明确指出了"教师中心学校"与"儿童中心学校"的本质区别，认为"唯一能够保卫共和国的学校模式"是"儿童中心学校"，这种理想学校的特点是：学校基于儿童研究而适应儿童。他充满激情地写道：

> 儿童的监护人首先应该努力遵循自然的方法，防止伤害他们，并且应该获得'儿童幸福和权利的保卫者'这一值得骄傲的称号。这些监护人应该深深地感到，人在童年时期就像刚从上帝那边来一样，具有活力，是世上最完美的东西的象征；应该确信，没有什么东西像正在生长中的儿童身心那样值得去爱，值得去尊重，值得去为其服务。③

霍尔的观点是自卢梭1762年在《爱弥儿》一书中第一次提出自由主义教育观后，又一次高歌"儿童中心"理念，是教育民主化运动对教育启蒙运动跨越百年的继承与呼应。尽管霍尔的"复演说"（即个体的成长复演了种族进化）如杜威所批评的那样，带有某种机械的性质；他的"儿童中心课程"导致"放任自流课程"，不仅漠视了社会价值，而且走上只关注少数天才儿童的精英主义道路；④他的学说不可避免地打上了他所处时代的权力关系的烙印；⑤等等，但是，霍尔在儿童研究和儿童学史上的卓越

---

① 〔美〕劳伦斯·阿瑟·克雷明. 学校的变革 [M]. 单中惠，马晓斌，译. 上海：上海教育出版社，1994：115.

② Hall, G. S. (1883). The Contents of the Children's Minds. *Princeton Review*, 11, 249–272. 转引自〔美〕劳伦斯·阿瑟·克雷明. 学校的变革 [M]. 单中惠，马晓斌，译. 上海：上海教育出版社，1994：115.

③ Hall, G. S. (1901). The Ideal School as Based on Child Study. *The Forum*, 32 (1): 24–29.〔美〕劳伦斯·阿瑟·克雷明. 学校的变革 [M]. 单中惠，马晓斌，译. 上海：上海教育出版社，1994：115.

④ Pinar, W. F., et.al. (1995). *Understanding Curriculum*. New York: Peter Lang. pp. 89–90.

⑤ Baker, B. (2001). Moving on (part 2): Power and the Child in Curriculum History, *Journal of Curriculum Studies*, 33(3): 285–287.

贡献和划时代意义是不可抹杀的。

在儿童研究运动以及更广大的进步教育运动的历史背景中，奥斯卡·克利斯曼于1893年率先提出"儿童学"（Paidology）一词。1894年，他又发表《儿童研究：一个新的教育学系》一文，主张在大学建立独立的"儿童研究系"或"儿童学系"。①1896年，他于德国耶拿大学完成《儿童学》的博士论文，全面阐述了儿童学的概念框架和方法论。②克利斯曼的全部工作致力于将"儿童学"从其他研究领域中独立出来，变成一门独立学科。他这样写道："事实上，儿童学是对儿童全方位的研究。它并不是其他学科领域的其中一部分，而是专注于其自身的一个独立领域。"③他给出的儿童学的完整定义是："儿童学是有关儿童的科学，它包容了与儿童的本质和发展相关的所有问题，并将其整合成一个完整的体系。儿童学的建立，其唯一的目的就在于从各个视角各个方向对儿童进行学术研究，并试图达到对儿童本质或是天性的完整理解。"④他甚至认为儿童学是一门基础科学或"纯科学"："儿童学是一门纯科学而不是应用科学；因此它与一切涉及儿童的研究有关，其应用要根据各自的需要而定。"⑤他最推崇的儿童学的研究方法是"实验法"。他这样写道："我想，每个人都会同意我的想法，要想更好地完成计划，获得更好或是更保险的结果，没有什么方法比实验方法更好。对于纯粹的学术性的测量性的研究来说，实验是最好的办法。"⑥为此，他倡导在大学里建立"儿童学实验室"。克利斯曼对"实验科学"的信奉，显然源自其老师霍尔。

克利斯曼的全部工作可概括为：试图借助方兴未艾的"实验科学"

---

① Chrisman, O. (1894). Child-study: A New Department of Education. *The Forum*, February: 730–735.

② 高振宇. 寻找失落的梦：建立儿童学体系的早期构想与实践 [J]. 全球教育展望, 2012（10）.

③ Oscar Chrisman (1896). Paidologie: Entwurf zu einer Wissenschaft des Kindes [D]. Inaugural-Dissertation der philosophischen Fakultaet der Universitaet Jena, p.6.

④ Ibid., p.5.

⑤ Ibid., p.9.

⑥ Ibid., p.42.

建立一门"儿童科学"（a science of the child），一如植物学、化学与物理学。克利斯曼的"儿童学"是儿童研究运动和进步教育运动的有机构成：它既是其结果，又是其深化与发展。在人类热切期盼与共同创造一个"儿童的世纪"的伟大努力中，克利斯曼从科学的角度做出了自己的独特贡献。

二、儿童学在欧洲

在欧洲，"儿童学运动"（the Paedological Movement）兴盛于19世纪末至"一战"前，即1890年至1914年间。这是实验科学在欧洲迅猛发展并影响社会各方面的时期。在此期间，欧洲紧随美国之后，建立大量儿童研究中心，并将"实验法"用于儿童研究之中。比利时是当时欧洲儿童学的中心。1899年，比利时著名儿童学家斯库腾（Medard C. Schuyten）在安特卫普省建立第一个儿童学实验室。1911年8月12日至18日，在比利时布鲁塞尔召开第一届也是最后一届"世界儿童学大会"，有来自35个国家的563名代表注册参加此次盛会。在这次大会上，斯库腾是会议总秘书长。他在开幕式上激动地说："今日儿童科学正接受其作为科学王后的加冕礼。"[1]这标志着儿童学的发展在欧洲达到鼎盛。

在欧洲儿童学者看来，所谓"儿童学"，即"关于儿童的实验性、整体性科学"[2]。这个界定显然深受克利斯曼的影响。如果非要说出欧洲与美国在儿童学内涵上的区别，那就是欧洲在强调实验科学和量化研究方面，比美国还要过分，它把儿童学和"实验教育学"（experimental

005

---

① Schuyten, M.C. (1912). Sur l'importance des sciences pedologiques (Discours prononce a la séance d'ouverture). In I. Ioteyko (Ed.), 1er congres international de pedologie (tome I, pp. 18–22). Bruxelles: Misch & Thron. p.22. Quoted in Schneuwly, Bernard & Leopoldoff Martin, Irène (2011). Vygotsky's "Lectures and articles on pedology". An interpretative adventure. *Journal für tätigkeitstheoretische Forschung in Deutschland*. 2011, no.4, p.38.

② Marc Depaepe (1998). The heyday of paedology in Belgium (1989—1914): A positivistic dream that did not come true [J]. International Journal of Educational Research, 27(8): 690.

pedagogy）紧紧捆绑在一起，二者在名称上甚至可以互换。而所谓"实验教育学"，就是主张让教育牢固建立在对儿童的科学研究之上。

总结欧洲儿童学25年的发展历程（1890—1914），我们可以发现其三个显著特点。首先，欧洲儿童学是欧洲19世纪末、20世纪初波澜壮阔的"新教育运动"的有机构成，一如美国的儿童学是进步教育运动的有机构成。例如，"世界儿童学大会"的主席即是新教育运动的主要代表之一、比利时教育改革家德克乐利（Ovide Decroly）。儿童学者把儿童学研究成果与蒙台梭利（Maria Montessori）甚至更久远些的福禄贝尔（Friedrich Frobel）的教育范式紧密联系在一起。[①]其次，欧洲儿童学崇尚并信奉实验科学范式和量化研究方法。例如，斯库腾说："如果儿童学要取得牢不可破的正确位置，一如令其羡慕的化学、物理学和其他姐妹学科，那就只能在更大规模上实施实验室研究和测验。"[②]另一著名比利时儿童学者艾奥提克（Josefa Ioteyko）甚至说："一个数字都比充斥着各类假设的整个图书馆更有价值！"[③]再次，欧洲儿童学与美国儿童学在相互借鉴中共同发展。例如，美国的霍尔在德国跟随著名心理学家冯特（Wilhelm Wundt）等人学习后返回美国发起儿童研究运动，克利斯曼在德国完成其关于儿童学的博士论文，而他们的思想又反过来影响欧洲儿童学的发展。

三、儿童学在苏联

在苏联，尽管儿童学之路艰难曲折，但却取得了举世瞩目的惊人成就，该成就的最高表现是至今仍享誉欧美乃至全世界的维果茨基（L. S. Vygotsky）的儿童学思想。维果茨基英年早逝，仅活了38岁

① Marc Depaepe (1998). The Heyday of Paedology in Belgium (1989—1914): A Positivistic Dream that did not come true [J]. International Journal of Educational Research, 27(8): 694.

② Ibid., p.691.

③ Ibid., p.692.

（1896—1934），但其学术成就却构成一座永远值得后人景仰的历史丰碑。这个成就的主要表现是他创造了一个横跨哲学、社会学、心理学、教育学等诸多领域的学术流派"社会建构主义"（social constructivism）。然而鲜有人知道的史实是维果茨基首先是一位"儿童学教授"，他所写的儿童学作品几乎占去了他全部作品的一半，这包括28篇儿童学论文，8本儿童学著作。①作品的数量并不是最主要的，最值得关注的是：维果茨基既建构起关于儿童学的独特研究对象和方法论的学科体系，又运用儿童学的理念和方法形成关于"儿童发展"的独树一帜且影响深远的系统观点。毫不夸张地说，维果茨基是一位体系化的"儿童学家"。

首先，维果茨基继承并发展了自启蒙运动直至教育民主化运动尊重儿童独特价值的精神，这是贯穿维果茨基全部儿童学研究的灵魂。他这样写道："儿童并非'小大人'。儿童与成人的区别，不只是较小的体型、较低的推理能力或特定领域的较低发展，而在其组织结构和人格与成人性质上的不同。"②儿童的组织结构和人格，即身体和心理，与成人性质上的区别，为儿童独特价值的确立提供了基础。而尊重儿童独特价值的精神，可称为"儿童学精神"。

其次，维果茨基认为儿童学的研究对象即儿童发展。他写道："儿童发展是我们这门科学的直接和即时的研究对象。"③在另外的地方，他更详细地阐述道："儿童学应建基于作为其研究对象的儿童独特发展过程的客观事实。它不能建立在对儿童发展的形而上的、逻辑—形式的观点之上，这只会导致发展的不同方面的机械联结；也不能建立在对人的本性的二元论观点之上，这只会导致封闭对儿童发展的真实统一性的研究道路。正是由

007

---

① Schneuwly, Bernard & Leopoldoff Martin, Irène (2011). Vygotsky's "Lectures and Articles on Pedology". An Interpretative Adventure. *Journal für tätigkeitstheoretische Forschung in Deutschland.* 2011, no.4, p.37, p.41.

② Vygotsky, L.S. (1933—34/1996): Лекции по педологии. [Lectures on pedology]. Ijevsk : Edition University of Udmourty. p.24. Qoted in Schneuwly, Bernard & Leopoldoff Martin, Irène, op. cit., p.41.

③ Ibid., p.12. Qoted in Schneuwly, Bernard & Leopoldoff Martin, Irène, op. cit., p.43.

于这些原因，儿童学作为一门独特科学在西方和美国几近消亡。"①维果茨基这篇儿童学论文发表于1931年，此时的儿童学作为一门学科在美国和欧洲确实日薄西山。为超越西方儿童学的机械论和二元论，维果茨基创造性地运用马克思主义经典作家的思想，将辩证法中的整体联系和动态发展的观点运用于儿童学中，使之焕发出勃勃生机和活力。

再次，维果茨基建构了儿童学的独特方法论，即整体法、临床法和发生性比较法的统一。所谓"整体法"（an integral method），即是观察和研究发展的所有方面，包括有机体和人格，将之整合为一个有机整体。对发展进行分析时，宜分解为"单位"（Units），而非"因素"（Elements），因为"单位"包含了整体的特性，而"因素"是机械而割裂的，不具有整体性。维果茨基认为，倘若采用"因素分析"的方法，儿童学不能解释任何东西。例如把儿童发展分解为"遗传"和"环境"两个因素并片面强调，就是错误的，因为在人的发展中二者不可分割。恰当的方法是分析为"单位"，如语言的发展、思维的发展等。所谓"临床法"（a clinical method），即通过观察外部的现象或"征兆"，研究导致这些现象或"征兆"的内部过程；通过研究这些内部过程及其性质，发现发展的具体阶段及其不同方面。所谓"发生性比较法"（a comparative method of the genetic nature），是纵向上比较不同年龄、不同阶段发展的特性，以理解儿童发展的独特路径。这种"发生性观察"几乎是儿童学的特有方法，存在于所有儿童学研究中。②

另外，维果茨基运用其儿童学的观点和方法对儿童发展提出富有创造性的见解，且成功运用于教育之中。一门学科的存在价值在于其是否提

---

① Vygotsky L.S. (1931): K voprosu o pedologii i smezhnykh s neju naukah. [Du probleme de la pedologie et des sciences voisines]. Pedologija. 3, 57. Qoted in Schneuwly, Bernard & Leopoldoff Martin, Irène, op. cit., p.39.

② Schneuwly, Bernard & Leopoldoff Martin, Irène (2011). Vygotsky's "Lectures and articles on pedology". An interpretative adventure. *Journal für tätigkeitstheoretische Forschung in Deutschland*. 2011, no.4, pp.44–45.

出独特学术见解并成功影响或改变实践。维果茨基的儿童学出色做到了这一点。他对儿童发展提出了一系列原创性见解，如"发展的周期时间性与非线性"，指发展的内容与节奏随儿童年龄而变化，呈"波动曲线"；"发展的非比例性"，指发展的每一方面均有其最佳时期，发展并非按比例关系而增加或减少；"发展的进化性与退化性"，指儿童发展是进化与退化的统一；"发展的质性变化性"，指发展是性质上的改变，恰如蝴蝶化蛹成蝶般的变化；等等。在此基础上，维果茨基又提出了"教育过程的儿童学分析"（the pedological analysis of pedagogical process）这一理念，将其儿童学思想成功运用于教育改革之中。这一理念的核心是让教育植根于儿童发展的动态过程之中。维果茨基说道："儿童学研究的任务不仅只是确定已经作为结果的今天的发展状态，更要确定已经播种的东西、正在开花的东西和明天将要产生的特定结果。这就是发展水平的动态确定模式。"[①]大家所熟知的"最近发展区"（the Zone of Proximal Development，ZPD）理论是这种动态发展观的具体体现。由此得出的教育结论是：教育要走在发展的前头并引领发展。

20世纪二三十年代苏联的儿童学研究可谓群星璀璨。除维果茨基以外，尚有被称为"苏维埃的裴斯泰洛奇"的著名儿童学家布隆斯基、《儿童学》杂志主编扎尔金德等。教育家兼行政官员克鲁普斯卡娅、卢那察尔斯基等人亦全力支持儿童学研究。政治家布哈林也是儿童学的推动者。当时"儿童学实验室"星罗棋布，儿童学研究组织雨后春笋般诞生，专门的《儿童学》杂志创刊，儿童学论文和著作浩如烟海。1927年12月27日至1928年1月4日，在莫斯科召开了第一次苏联儿童学者代表大会（也是最后一次），会期9天，与会代表共3000人，可谓盛况空前。截止到1936年儿童

---

① Vygotsky, L.S. (1933/35/ 2006): О педологическом анализе педагогического процесса [Pedological analysis of the pedagogical process]. In L. S. Vygotski, Umstvenoe rasvitie detej v processe obuchenija (pp.116–134). Moscow/Leningrad: Uchpedgiz. Quoted in Schneuwly, Bernard & Leopoldoff Martin, Irène, op. cit., p. 44.

学被政府强行取缔，苏联的儿童学研究无论数量还是质量均是全世界最领先的。①尽管曾遭受厄运，自20世纪50年代末以后，苏联的儿童学研究又重新崛起。维果茨基学派迅猛发展且细分为不同流派。这些流派延续早期的传统，将儿童学的研究成果转化为教育、教学改革行动，深刻影响了教育实践。②从世界范围看，维果茨基的著作自20世纪60年代译成英文、介绍到西方以后，迅速风靡欧美，成为当今世界最重要的心理学和儿童学思潮之一。

总之，苏联的儿童学研究是世界儿童学的瑰宝。维果茨基的儿童学思想因其原创性、深刻性和综合性，成为儿童学思想的集大成者。对任何有志于儿童学研究的人而言，维果茨基的思想是只可超越、不可跨越的。

四、儿童学的三重含义

由此观之，儿童学的内涵既与时代发展和历史背景紧密相连，又与文化情境密不可分。在我们概览并分析了美国、欧洲和苏联的儿童学发展后，对儿童学的内涵可以获得哪些启示？

首先，儿童学是一种时代精神。作为时代精神的儿童学是指对儿童独特价值的尊重与捍卫，对儿童独特认知方式和行为方式的理解与引导。这可称为"儿童学精神"。这种精神导源于西方文艺复兴运动特别是启蒙运动，完成于20世纪教育民主化运动。在专制社会与专制时代，不仅占人口大多数的社会不利阶层沦为少数优势阶层统治的对象，而且儿童沦为成人压迫的对象，这集中表现在教育中的压迫。在民主社会和民主时代，不仅社会各阶层、各团体共享的利益充分增加、互动更为自由，而且儿童获得了与成人平等的权利，这集中表现为教育中的自由。坚守"儿童学精神"是每一个儿童学者和教育者的使命。

① 参阅朱佩荣.苏联20—30年的儿童学问题的再认识（上）[J].外国教育资料，1993（2）.
② 参阅钟启泉.维果茨基学派儿童学研究述评[J].全球教育展望，2013（1）.

其次，儿童学是一个研究领域。作为研究领域的儿童学是指以儿童为研究对象的一切学术领域。这是一个不断变化和拓展深化着的学科群，包括儿童哲学、儿童社会学、儿童史学、儿童心理学、儿童教育学、儿童医学等。这是广义的儿童学，可称为"儿童学领域"。儿童学领域显然会伴随"儿童的世纪"的到来、科学和人文社会领域的进步而不断繁荣昌盛的。

再次，儿童学是一门具体学科。作为具体学科的儿童学是指基于某种范式、整合不同视角对儿童及其发展进行整体研究的一门学科。这是狭义的儿童学，可称为"儿童学学科"。儿童学学科既建基于"儿童学精神"，又源自"儿童学领域"，是二者的具体化与专门化。尽管不同时代、不同文化情境、不同范式、不同儿童学者心目中的儿童学含义、对象和方法存在区别，但它们都体现着"儿童学精神"并隶属于"儿童学领域"的事实不会改变，否则就不能称其为"儿童学"。

所谓儿童学，即"儿童学精神"、"儿童学领域"及"儿童学学科"的统一，它以儿童群体与儿童个体的发展为研究对象，旨在理解儿童文化、促进儿童发展。

011

第二章
儿童存在论

教育学即儿童学。古代教育思想起源于对儿童的社会价值和功能的认识与反思，无论孔子、孟子、荀子的教育观，还是苏格拉底、柏拉图、亚里士多德的教育观，均如是。现代教育学的确立则建基于对儿童自身价值的意识与儿童的科学研究，这可以卢梭、赫尔巴特、杜威的教育思想体系为代表。在21世纪信息时代，系统探讨儿童的存在意义，既是建构儿童学的过程，也是探索教育和教育学未来发展方向的过程。

一、反思本质主义儿童存在论

儿童是什么？本质主义儿童观认为，儿童拥有超越历史、文化和社会的普遍本质，该"本质"亘古不变、普世有效。对此"本质"的来源与构成的不同认识，就形成不同的儿童观及相应教育观。第一类观点可总体称为"预成论"，认为儿童的"本质"完全来源于内部，与环境无关。这类"本质"或者由遗传素质构成，或是完全自足、等待"展开"的内部倾向性，或是人类历史积淀所形成的"客观精神"在儿童个体身上的体现，如此等等。在思想史上，福禄贝尔的"展开说"（强调儿童的天赋能力）、黑格尔的"展开说"（强调绝对理性和历史制度）、霍尔（G. Stanley Hall）

的"复演说"（主张个体发育对种系发育、个人发展对文化发展的复演）均属"预成论"之列。这类观点对儿童的发现、理解与研究曾做出过巨大贡献，例如，福禄贝尔发明的"幼儿园"是人类教育史上少数几个最伟大的发明之一；黑格尔认为伟大的历史制度是心灵的理智教养的积极因素，这显然弥补了卢梭对儿童发展的社会条件重视不够的缺陷；①霍尔的儿童研究观念为世界教育民主化运动奠定了基础；等等。但是，"预成论"将儿童的发展目标视为绝对的、静止的和现成的，同时忽视外部社会环境的作用，这不可避免地陷入儿童发展的先验论、神秘论与武断论。

第二类观点可总体称为"外铄论"，认为儿童的"本质"源自外部环境对心灵的塑造。儿童的心灵或者一无所有，是一块"白板"、一张"白纸"、一个"空箱"、一间"暗室"，一切等待由感觉得来的外部经验去描绘和填充，这是经验论者洛克的儿童观。②儿童心灵或者是简单、绝对、无时间性和空间性、无形式和内容的先验"灵魂"实体，它接受感觉经验，形成各种"表象"，对形形色色的"表象"组合、安排，由此构成心灵内容，这样，心灵就是由"表象"组成的内容，一切内容均遵循固定规律，可用数学、物理、技术的方法计算、控制与塑造，这是实在论者赫尔巴特的儿童观。③儿童心灵或是由一组等待训练的现成"官能"所构成，如注意力、观察力、记忆力、联想力、想象力、思维力等，这些"官能"就如肌肉力量那样，一旦训练成功就可自由迁移。它们不依赖于训练材料和方式，例如，通过观察墙上的裂缝可以锻炼观察力，通过背诵佶屈聱牙的古文可以发展记忆力，由此导致"形式训练说"，它既以古老的"官能说"为基础，又由洛克的"内在感觉"理论为之提供哲学依据。儿童心灵或者由"刺激—反应"所形成的心理联结所构成，它们表现为外部行为，

013

---

① Dewey, J. (1916/1980). *Democracy and Education*. Carbondale: Southern Illinois University Press. p. 65.

②〔美〕梯利. 西方哲学史［M］. 葛力, 译. 北京：商务印书馆, 1995：346.

③同上，第525–526页.

由以奖励和惩罚为核心的"强化"手段所形成和控制。这是当代行为主义的儿童观。总之，"外铄论"的主要贡献是揭示了儿童发展的外部环境与条件，在教育史上第一次系统设计了促进儿童发展的课程体系和教学模式。但它把教育中的一切都安排好了，唯独忽视了儿童本身。这不可避免地导致了儿童发展的训练说、塑造说、灌输论、机械论。

"预成论"与"外铄论"都把儿童本质视为一种或一类"实体"（entity），它们是静止而固定的，或由先天决定，或由后天塑造。这两种观点拥有共同的错误根源，即形形色色的二元论：它们把儿童本身与外部环境割裂开来，把儿童发展的先天因素与后天因素割裂开来，把儿童个体与社会割裂开来，把儿童的现在与将来割裂开来，如此等等。唯有走出形形色色的二元论，方能对儿童的本质获得恰当理解。

二、走向互动主义儿童存在论

自20世纪以来，超越本质主义，走向互动主义，倡导对儿童的跨学科研究与理解，是世界儿童学和教育学发展的主旋律。

互动主义儿童观认为，儿童的本质既不全然存在于内部，也非任由外部环境所操纵，而是儿童本身与其环境的相互作用。这是儿童研究的"哥白尼式革命"：既非儿童中心，又非环境中心，儿童存在于自身与环境的持续相互作用和生长之中。互动主义儿童观诞生于20世纪初的世界教育民主化运动，包括北美的进步教育运动、欧洲的新教育运动和我国的新教育改革运动。杜威、皮亚杰、维果茨基的儿童观，以及陶行知、陈鹤琴的儿童观，是该时期互动主义儿童观的典型代表。这些观点在20世纪持续发展，一直到今天的信息时代。

基于互动主义儿童观，我们可将儿童的本质内涵概括如下。

（一）儿童是独特性存在

儿童拥有内在价值、绝对价值，因而是独特性存在。与成人期和成人文化相对应，儿童期和儿童文化是独特的；与儿童群体相对应，每一个儿童的个性是独特的。儿童的内在价值不能比较、不能评价，只能尊重、欣赏、保护与发展。在18世纪，卢梭说道："在万物的秩序中，人类有它的地位；在人生的秩序中，童年有它的地位；应当把成人看作成人，把孩子看作孩子。"[①]这可能是人类史上第一次确立儿童地位、第一份儿童权利宣言，标志着儿童意识的觉醒。卢梭虚构的"爱弥儿"是儿童自由个性的标准像。贯穿整个19世纪，人类教育的主流是卢梭启蒙教育思想的展开与发展。自19世纪末、20世纪初以来，人类教育进入民主化时代。教育民主化运动的奠基者之一、教育民主思想的集大成者杜威，在卢梭思想的基础上提出用"内在的""绝对的"观点看待儿童，确立儿童的独特存在。[②]这个时期的儿童不是"爱弥儿"般孤立的、原子般的自由个性，而是置身于社会生活之中的，是关系的、社会的、互动的自由个性，即民主个性或"新个性"。如果说启蒙运动标志着儿童意识的觉醒，那么民主化运动则标志着儿童地位的正式确立。20世纪70年代以后，受现象学、存在哲学、社会批判理论等思潮的影响，儿童个体的独特性得到进一步强调。进入21世纪信息时代，儿童存在的复杂性、多样性、身份多元性进一步加强，带有"后现代儿童""电子人"等元素的儿童时代正式到来。总之，儿童的内在价值意识是特定历史阶段的产物，并随着时代的发展而变化。

（二）儿童是创造性存在

创造是儿童的生存方式，是儿童内在价值之体现。首先，儿童拥有创造本能。种种研究表明，人的本能是一切动物中最复杂的，拥有无限的潜能和变化的可能性。杜威曾提出一个假设：人生来具有两种最基础的本能即"交往本能"与"建造本能"，这两种本能的结合又构成"探究本能"

---

① 〔法〕卢梭. 爱弥儿［M］. 李平沤，译. 北京：商务印书馆，1978：74.

② Dewey, J. (1916/1980). Op.cit. pp. 46-47.

与"艺术本能"。这四种本能是儿童学习与创造兴趣的起源。①人的创造本能是美好人性的有机构成，尊重、理解并发展人的创造本能，既是儿童研究的起点，又是人性化教育的起点。

其次，创造是儿童的生活方式。儿童的日常生活和社会生活充满无穷尽的创意与创造，这表现为天真烂漫、五彩缤纷的童心、童趣，构成人世间最美丽的精神花朵。皮亚杰曾充满激情地说："我认为人类生命最有创造力的时间是出生到18个月之间。那是多么使人惊奇……从第一个反射……直到诸如空间、因果关系、时间、永久性客体等观念的建构。……关于速度和创新，直到现在我总感到那是最有创造的一段时期。"②儿童在看似平常的游戏、生活和交往活动中，借助动作、形象和符号自发地建构着对世界的理解，发展自由个性，形成儿童文化。快乐创造的儿童生活，成长为辉煌壮丽的成人生活，共同构成健康文明的人类社会。尊重儿童生活首先意味着尊重儿童的自由、自发创造，并引导其健康发展。

再次，创造是儿童的学习方式。儿童是天生的创造者，在创造中生活、学习与发展。每一个人的毕生发展都是从幼小的、稚嫩的创造者，生长为成熟的、负责任的创造者。人的创造性作为美好人性的核心构成，具有"未完成性"——持续毕生而发展，永无止境。创造人格只能通过创造性学习而发展和完善。儿童知识获得和技能熟练只能是一个间接过程，即成为创造性学习的"副产品"，这是由人的创造本性所决定的。倘若通过灌输与训练的方法让儿童直接获得知识与技能，必然导致"非人性化学习"和人性扭曲。心理学的最新研究表明：5—12周的婴儿就能学会控制其感觉环境，将图像由模糊变清晰；4个月的婴儿就表现出对新奇事物的强烈渴望；5个月的婴儿就可以由1数到3；当儿童会说一个字的时候就可

---

① Dewey, J. (1899/1976). *The School and Society*. In *John Dewey The Middle Works, 1899—1924. Vol. 1*. Carbondale: Southern Illinois University Press. pp. 29–33.

②〔瑞士〕皮亚杰.皮亚杰教育论著选［M］.卢濬，选译.北京：人民教育出版社，2015：235–236.

阅读、指称与表征环境。儿童是主动的学习者。这在科学上进一步证实了杜威的本能假说。"儿童既是问题解决者,又是问题生成者。……他们之所以能够持续探究,是因为受成功与理解本身的动机所激励。"[1]因此,我们需要从人的婴幼儿时期开始,始终将学习过程变成儿童的创造过程,并让儿童持续受到创造成功和理解力发展的内部动机所驱动。

(三)儿童是社会文化存在

儿童始终处于社会交往与文化浸润之中,社会文化性构成儿童的又一根本特性。如果说杜威一手抓住儿童的社会本能,一手抓住民主社会以交往、互动、尊重差异为特点的"共同体"(Community)特性,由此确立起儿童社会文化性的哲学与社会学基础,那么维果茨基所提出的名垂青史的"最近发展区"理论则找到了儿童社会文化性的心理学机制。所谓"最近发展区",即以儿童能够独立解决问题为标志的"实际发展水平",与以儿童在成人指导或同伴协作下能够解决问题为标志的"潜在发展水平",二者间的发展间距。[2]在世间已知的生命物种中,只有人类拥有"潜在发展"或"最近发展"这一特性,这是人在拥有更高发展水平的人的指导下,或与更有能力的同伴的协作下,所达到的发展水平。这是由社会交往和文化影响所获得的发展,而且这种发展永无止境——由一个个"最近发展"构成人的毕生发展。譬如,动物实验证明,大猩猩也可以通过模仿人类或其他大猩猩的行为而解决问题,但这类问题它们也可以独立解决,故大猩猩或其他灵长目动物不存在"最近发展区",不具有社会文化性。"最近发展区"因而既揭示了人的发展的社会性,又揭示了人的学习和教育的社会性。维果茨基由此得出结论:"人的学习的先决条件是:一种特有的社

---

① National Research Council (2000). *How People Learn (Expanded Edition)*. Washington, D.C.: National Academy Press. p. 112.

② Vygotsky, L. S. (1978). *Mind in Society*. Michael Cole, et. al. (eds.). Cambridge: Harvard University Press. p. 86.

会性质，以及儿童成长进入其周围人群的理智生活的过程。"①因此，始终尊重儿童的"潜在发展"特性和人性永无止境的"未完成"特性，让儿童永远处于日臻完善的社会交往、成人指导、同伴协作和文化影响之中，实现健康、快乐与高质量发展，这是儿童的社会文化本性的内在要求。

（四）儿童是生长性存在

儿童无时无刻不在生长，生长本身构成儿童的内在价值之一，也是教育内在价值的核心。首先，生长（Growth）具有儿童存在论意义。儿童即生长。生长即儿童存在本身。生长之外，儿童不隶属、服从任何其他外部目的，否则必然导致儿童的压抑、扭曲或摧残。生长兼有名词与动词的双重意义，但首先是动词——生长具有过程性。杜威说："唯不断生长才是生长，持续发展才是发展。"（growing is growth，developing is development）②这意味着，儿童发展不仅要杜绝外部目的，而且要摒弃静止目的。儿童的生长与成人的生长具有等价性，二者相互作用、相互影响、彼此融合。儿童的生长永不消逝，它转化为成人的生长，恰如种子、幼苗转化为参天大树。因而，健全的成人必然具有"儿童性"。健全的儿童也必然善于接受成人的影响和指导，并发展为健全的成人。正因如此，生长也具有教育存在论意义——教育即生长。③

其次，儿童的生长以未成熟性为条件。正如人性不断完善的条件是其"未完成性"（Unfinishedness），儿童不断生长的条件是"未成熟性"（Immaturity）。④未成熟性即儿童性。未成熟性不是缺陷、匮乏和尽快送走的东西，而是值得珍视、保护和充分利用的东西。未成熟性即发展的无限可能性和不竭潜能。正如杜威指出的，"儿童期是一种力量，而

---

① Vygotsky, L. S. (1978). *Mind in Society.* Michael Cole, et. al. (eds.). Cambridge: Harvard University Press. p. 88. 着重号系原文所加。

② Dewey, J. (1916/1980). Op.cit. p. 63.

③ Ibid., p. 46.

④ Ibid., p. 46.

不是无能。它是生长的力量”①。未成熟性意味着儿童对成人的依赖性（Dependence），这既是儿童的非凡社会交往能力的标志，又是人类一切美好社会性的起源。未成熟性还意味着儿童发展的可塑性（Plasticity），儿童的发展具有无穷的可能性与丰富性，儿童教育因而是一项创造儿童发展可能性的事业。

再次，儿童的生长是转化性生长。既然生长具有过程性，那么任何当前的生长都是未来生长的条件，都等待着转化为更高水平的生长。因此，"儿童即生长"这一命题内在包含着避免把儿童期理想化，防止儿童中心论。杜威写道："我们必须牢记：表象不能被视为目的本身，它们不过是可能生长的符号。它们要被转化为发展和能力向前生长的手段，而不能为其本身而纵容或培养。过分注意表面现象（甚至用惩戒以及鼓励的方式）可能导致这些现象的固定化并因而束缚发展。"②因此，理解儿童生长可能性的符号并促进生长转化是教育的核心。运用生长本身带来的快乐——生长动机，激发儿童不断生长，是儿童学习和教育的关键。任何源自外部的惩戒和奖励，都有可能使儿童的当前生长状态固定化并阻碍进一步生长。

（五）儿童是新生性存在

儿童降临世间，是关系社会生死存亡的重要事件。这是因为儿童的出生为社会发展带来新的可能性，正是儿童出生，社会才变得日新月异。著名政治哲学家阿伦特（Hannah Arendt）将儿童出生这一现象视为社会和政治的中心问题。每一个儿童的出生，既是人类存在的条件，又是人类社会新的开始。阿伦特将之概括为"新生性"（Natality）。儿童即"新生性存在"。阿伦特写道：

---

① Dewey, J. (1912/1979). "Infancy, Theory of, in Education". In Dewey, J. (1912/1979). *John Dewey The Middle Works, 1899—1929. Vol. 7*. Carbondale: Southern Illinois University Press. p. 246.

② Ibid., p. 57.

将世界即人类事务的领域从常态的、"自然的"毁灭中拯救出来的奇迹，归根结底是新生性这一事实。在这里，行动能力是本体性存在的。质言之，新生性是新人与新开始（the new beginning）的诞生。他们借由新生而能够行动。唯有对此能力的充分体验能够赋予人类事务以信念与希望……①

这是儿童的诞生——"新生性"的政治学意义。新生性蕴含着行动能力、新的开始和人类的希望。

"新生性"首先意味着多元性。任何一个儿童的诞生，就标志着人世间从未有过的新的可能性和创造性的开启。"多元性"（Plurality）是人的存在、人区别于其他事物的根本特性。阿伦特说："多元性是人的行动的条件，因为我们作为人在这一方面是共同的：没有一个人与已经生存、正在生存和将要生存的任何其他人完全相同。"②是什么让人成为多元性存在？正是人的"新生性"。"新生性"就是新开始、新行动。"内在于出生中的新开始能够使人在世界中感受到自我，只是因为新来者（the newcomer）拥有开始新事物的能力，即行为能力。"③"新生性"为创新提供条件，使人的存在成为多元。教育哲学家格林（Maxine Greene）写道："新生性是创新潜能……因为每一个新来者随身带来另一种存在和观察方式。新生性赋予不可预测性和不可预见性——以及重新开始。"④其次，"新生性"意味着交往与交互。正是因为对共享的世界和共同的日常生活，不同的儿童有不同的视角、不同行为方式和能力，儿童之间会相互吸引、建立联系、形成社会。多元与差异是儿童交往与交互的前提，交往与交互是儿童多元与差异生

---

① Arendt, H. (1998). *The Human Condition*. Second Edition. Chicago: The University of Chicago Press. p. 247.

② Ibid., p. 8.

③ Ibid., p. 9.

④ Greene, M. (1992). Beyond the Predictable: A Viewing of the History of Early Childhood Education. In Williams, L. & Fromberg, D. (Eds.) (1992). *Encyclopedia of Early Childhood Education*. New York: Routledge. p. 32.

长的条件。指向儿童"新生性"的教育植根于儿童的多元与交互之中。

由此观之，在"新来者"儿童的出生中所蕴含的"新生性"是儿童的根本特性之一，它是一种"重新开始"的能力、全新的行为能力。"新生性"因而是儿童的存在方式——儿童多元而交互地存在着。"新生性"蕴含着可能与希望，因而是健全人生和理想社会的根本特性。能够不断重新开始的人生是有意义的人生，充满创新潜能的社会是有前途的社会。阿伦特说："新生性，而非死亡性（Mortality），可能是政治的中心范畴。"[1]我们完全有理由说"新生性"是儿童教育的中心范畴，因为教育正是由每一个"新来者"儿童和教师的创新行动所构成。

阿伦特从人的出生的源头处所确立起来的"新生性"概念显然是杜威的"生长"概念的重要补充与发展。"新生性"是人的不断生长的源泉与基础，是人的生长与其他所有生命之成长的根本区别。我们永远找不到第二天迥异的一棵树，但可以发现第二天全新的一个人。人是希望性存在，教育是希望与可能的事业。

总之，儿童的存在或本质具有独特性、创造性、社会文化性、生长性与新生性。这是启蒙运动以后，特别是教育民主化运动以来，对儿童研究与理解所取得的主要成就。儿童的新生性是儿童存在的源泉与基础。儿童的独特性与创造性表明儿童是一种不可替代的存在。儿童的社会文化性与生长性则表明儿童是一种关系性、连续性存在，包括横向上儿童与环境和社会文化的互动关系，以及纵向上人的不同发展阶段之间的前后相继和连续。这五种特性的融合，就是互动主义视野中的儿童内涵。

三、"延长儿童期"的存在论意义

究竟人生的哪一个阶段可称为"儿童"？联合国1989年正式批准、

---

[1] Arendt, H. (1998). *The Human Condition*. Second Edition. Chicago: The University of Chicago Press. p. 9.

1990年开始实施的《儿童权利公约》（*Convention on the Rights of the Child*）第一款这样写道：

> 为本公约之目的，儿童系指每一个18岁以下的人。适用于儿童的法律中，法定年龄规定得更早一些。①

"儿童"是0—18岁的每一个人。那么，这一儿童的定义是否包括"未出生儿童"（the unborn child）？为便于世界各国根据本国的文化、宗教、制度、政策等实施《儿童权利公约》，公约对儿童的起点持开放态度。然而，综观公约全部条款，其基本精神则是鼓励对"未出生儿童"的权利尽最大可能予以保护。而且在联合国1959年颁布的《儿童权利宣言》（*Declaration of the Rights of the Child*）的"前言"中明确写道："由于儿童身体与心智的未成熟性，他们需要特殊的保护和关心，包括恰当的法律保护。这既包括儿童出生前，又包括儿童出生后（before as well as after birth）。"②在《儿童权利公约》的"前言"中，对这一观点重新做了引用与强调。③

《儿童权利公约》所规定的"儿童期"涵盖了发展心理学和教育学根据儿童的心理发展特征所区分的婴幼儿期（学前教育阶段）、童年期（小学阶段）、少年期（初中阶段）和青年初期（高中阶段）。这体现了百年来世界范围内"延长儿童期"的诉求，旨在真正确立儿童的存在论意义，充分保障儿童的权利。

"儿童期"（childhood）从严格的词源学意义上是指当人还不会说话时

---

① United Nations Child's Fund (2007) (Ed.). *Implementation Handbook for the Convention on the Rights of the Child*. Geneva: UNICEF. p. 1.

② Ibid., p. 2.

③ Ibid., p. 685.

的年龄段,这大致指3岁以前。该词源于拉丁文in-fans,意指"不会说话"(not speaking)。后来,这个年龄段延长到7岁之前。到20世纪初,"儿童期"又延长到13—14岁。这个年龄段大致指儿童受基础教育的阶段。①

作为美国进步教育思潮的有机构成,霍尔(G. Stanley Hall)在19世纪末20世纪初领衔的"儿童研究运动"对"儿童期"概念的确立具有里程碑式意义。在这次运动中诞生了诸多关于儿童问题的跨学科研究成果。标志性成果之一是费斯克(John Fiske)于1909年出版的《儿童期的意义》一书,他在本书中第一次提出并论证"延长儿童期的重要性"(the importance of prolonged infancy)学说。费斯克认为儿童的不完美和专门化行为方面的能力弱恰恰意味着儿童拥有巨大的可塑性和学习需要,动物幼期的完美和功能的高度专门化恰恰阻碍了其未来发展。正是人的儿童期意味着真正的成长与转化,使人成为"人"变得可能。儿童期的"无助"(helplessness)使人与人之间的相互关心、支持和帮助成为必要,这是人类(the human race)社会化的主要力量。相反,动物幼期的行为独立和完美阻碍了动物群体成为"社会"。延长儿童期的重要性在于使人成为"人"、使人类成为"社会"。②

023

在教育思想史上,杜威第一次明确提出"教育中的儿童期理论",从儿童发展、社会进步和教育目的的角度系统确立"儿童期"概念、论证"延长儿童期"的意义。杜威在1912年为孟禄(Paul Monroe)主编的《教育百科全书》撰写《教育中的儿童期理论》一文。他将"儿童期"界定如下:"儿童期(infancy)由这段年龄构成:儿童免受经济条件影响,以使其时间和精力贡献于恰当成长。质言之,它是以教育为主要兴趣的年龄阶

---

① Durkheim, E. (1911/1979). 'Childhood'. In Pickering, W. (1979) (Ed.). *Durkheim: Essays on Morals and Education*. Trans. H. L. Sutcliffe. London: Routledge & Kegan Paul. p. 149.

② Fiske, J. (1909). The Meaning of Infancy. Boston: Houghton Miffin Co. Quoted in Dewey, J. (1912/1979). *John Dewey The Middle Works, 1899—1929. Vol. 7*. Carbondale: Southern Illinois University Press. pp. 246-247.

段。"①即是说教育上的"儿童期"是指儿童以教育为主要任务、以成长和发展为主要目的的年龄阶段。在杜威看来，儿童能力的不成熟、不独立成为他们经济上依赖成人的原因。恰恰这个"经济依赖"的阶段保护了儿童身体器官的可塑性，支持了儿童持续的教育性成长。由此可以得出这样的结论：随着社会进步、经济发展，对儿童受教育的要求越来越高，唯有"延长儿童期"才能满足教育要求。社会经济条件的改善又为"延长儿童期"提供了可能性。"延长儿童期"因而是社会进步的基本标志。

杜威在《民主主义与教育》中进一步论证了"延长儿童期"的意义。他写道：

> 依赖性与可变的控制性这两个事实对人类生命的重要性已然被总结在延长儿童期的意义（the significance of prolonged infancy）这一学说中。无论从一个群体中成人成员的立场看，还是从年轻一代的立场看，这种延长都是重要的。……复杂性日益增加的社会生活需要一个更长阶段的儿童期，借此可获得所需要的力量；这种对依赖性的延长意味着对可塑性的延长，或者意味着获得可变的和新颖的控制模式的力量。这种延长，因而极大地推动了社会进步。②

这是对儿童的存在论意义的经典阐述。由此开启20世纪儿童研究和教育民主的新纪元。如果说杜威所处的工业化社会由于"复杂性日益增加"而需要"延长儿童期"，那么今日的信息时代和知识社会与工业时代相比更加复杂、更不可预测，因而更需要"延长儿童期"。

首先，人的本能反应和个体发展需要"延长儿童期"。每一个人带着

---

① Dewey, J. (1912/1979). "Infancy, Theory of, in Education". In Dewey, J. (1912/1979). *John Dewey The Middle Works, 1899—1929. Vol. 7.* Carbondale: Southern Illinois University Press. pp. 245–246.

② Dewey, J. (1916/1980). Op.cit. p. 50.

丰富多彩且潜力无穷的"本能反应"（instinctive reactions）来到世间，个体的后天发展建基其上。与其他动物相比，人的本能最复杂、高级、多样而富有变化，但倘若据其原初的样子做判断，则毫无价值。杜威曾拿新生儿和小鸡做比较。一只小鸡从蛋壳里孵出来几个小时内、经过几次尝试，就能协调眼睛、喙、头、颈和身体，准确无误地吃到食物。但一个婴儿经过六个月时间，才能在眼睛、动作和外界物体间的关系，做出大致判断，却不及小鸡精确。一只小鸡一开始就能"完美无缺"地运用本能反应保证生存。而一个婴儿如果仅基于本能，则一天也不能存活。但小鸡或别的动物"完美无缺"的本能反应只能达到"即时的效率"，僵化而固定，"像一张火车票，只能搭载一列火车、沿一条线路"[1]。但人的看上去并不完美的本能反应却为人的创造性发展提供了条件。儿童自出生开始，基于本能反应，通过眼、耳、手、足、嘴巴、躯干等一系列动作的无穷尽的组合，与外部环境积极互动，实现身与心、智力与情感以及个性的创造性发展。这是人从经验中学习的能力：他从一种情境中获得的经验、发展的能力可以应用于新的情境之中。他不仅从经验中获得应对新情境的方法与态度，而且学会了学习本身。杜威写道："在学习一种动作中所发展的方法，可以很好地运用于其他情境之中。这一事实开创了持续进步的可能性。更加重要的是这一事实：人类获得了学习的习惯。他学会了学习。"[2]

025

由此观之，人的本能反应或倾向内在地要求有一个较长的儿童期，以使人的潜能充分发挥。这构成人的发展的重要特点。在一个温馨、舒适、内容丰富、充满人际互动和探究机会的外部环境中，儿童会基于本能倾向和内在需要积极作用于环境，受一次次成功尝试的内部动机的驱动而不断向前，实现自己富有创造性和个体独特性的发展。这个过程，杜威称为"从经验中学习"（learning from experience），皮亚杰称为"自我调节"

---

[1] Dewey, J. (1916/1980). Op.cit. p. 49.

[2] Dewey, J. (1916/1980). Op.cit. p. 50.

（self-regulation）。①称谓不同，本质一致。他们都认为人的智力、创造性和个性发展是在先天本能的基础上，通过与外部环境的积极互动，在一个充分自由的时间和空间中从容不迫地自主实现的。因此，一个长时段和高质量的儿童期与人的智力、创造性和个性发展成正比。

其次，人的社会生活与社会性发展需要"延长儿童期"。动物本能的强大反而阻碍其形成真正的社会性。人的本能或先天倾向的孱弱呼唤着长久而持续的关心、深情而同情的关注、人与人之间的相互依存、对他人幸福的内在兴趣，凡此种种均构成人的社会性发展，是人的社会生活的条件。杜威曾指出，儿童对成人的依赖性成为"一个有力的因素，将本能转化为有意识的情感和思想"。"对儿童的持续关心往往会将充满激情的吸引力转变为温柔的情绪、同情和关爱的兴趣。"②正是儿童的依赖性和关爱需要，促进了家庭和产业的诞生，甚至科学知识的组织形式也往往会根据儿童学习和教育的需要而做出改变，使其对儿童更有吸引力、更可接受，而不是基于"纯逻辑动机"而组织。总之，儿童的出现、儿童的相对"无助"促进了人类社会的形成以及理智和道德的发展。③

因此，无论家庭、学校还是社会，创造条件让儿童度过一个健康快乐的儿童期，绝不只是成人对儿童的单向付出，也是建设一个健全、负责和有前途的成人社会的关键所在。

再次，"延长儿童期"意味着儿童永在。天真烂漫、生动活泼、日新月异的儿童期拥有内在价值。儿童长大以后，其内在价值并未消逝，而是转化为、成长为、蕴含于成人的内在价值。儿童的内在价值及美丽身心可统称为"儿童精神"。一个健全的成人不仅度过了美好的儿童生活，而且

---

① 〔瑞士〕皮亚杰. 发生认识论原理 [M]. 王宪钿，等，译. 北京：商务印书馆，2017：73-76.

② Dewey, J. (1912/1979). "Infancy, Theory of, in Education". In Dewey, J. (1912/1979). *John Dewey The Middle Works, 1899—1929. Vol. 7*. Carbondale: Southern Illinois University Press. p. 248.

③ Ibid., pp. 247-248.

始终永葆美丽的"儿童精神"。善良、同情、好奇、率真等"儿童精神"具有永恒价值，是美好人性的有机构成。它们构成判断个体与社会是否健全的重要标准。在一个健全的社会里，不仅每一个儿童"像儿童一样"生活、学习、成长着，而且成人也葆有"儿童精神"。在一个不健全的社会里，不仅每一个成人忙碌、枯燥、萎缩、功利地工作与生活着，而且儿童被逼迫着过早失去童真、沦为"小大人"。总之，让"儿童精神"永存并成为判断个体与社会发展状况的价值标准，是"延长儿童期"所体现的存在论意义。

儿童期的起点开始于出生前抑或出生后，"终点"结束于18岁或更早些，这本身具有情境性和策略性。儿童期的哲学意义在于儿童的存在具有时间性——儿童存在于时间中。童年无论多长，都是由一个个的"此刻"（Moment）所构成，每时每刻都值得珍视。那种通过将学校教育等级化，让儿童在无休止的恶性竞争中将"发展"提前、让童年消逝的做法，是反儿童存在论的，其本质是封建等级主义和市场功利主义价值观及其表现。

四、儿童存在论的愿景

儿童快速生长的特性往往给人造成一种错误印象或观念：儿童的一切都是暂时的、过渡性的，儿童期就像幼儿曾穿过的衣服那样很快过时，它应当是被尽快送走的东西，本身不值得珍惜。儿童经验和知识的缺乏则容易误导人把儿童变成"空无"或等待填充的"空缺"，漠视"未成熟性"是值得珍视的宝贵特性与生长条件。儿童身体的弱小和对成人的依赖，则诱使成人将自己的需要强加于儿童，让儿童变为成人的"驯服工具"，儿童也因而成为各类"家长制"、教育控制和社会意识形态控制的最直接和最深重的受害者。无论成人怎样虐待儿童，儿童因其源自本能的对成人的依恋而成为"天然原谅者"（natural forgivers），①这纵容成人忘记儿童是与成人绝对平等的权利主体，也无视虐待儿童是严重的违法犯罪行为这一事实。凡此种种的现象均导致儿童存在的"虚无主义"。"虚无主义"是本质主义儿童观的极端化表现，其根本问题是漠视或摧毁儿童本身的存在。因此，建立"儿童存在论"是找回失落的儿童存在意义、保护儿童权利的过程。

儿童存在论是对儿童"是什么"以及儿童的存在方式的哲学探究。它至少要回答下列问题：儿童的本质，儿童与成人的划界标准，儿童与成人的关系；儿童的个人存在及其特性；儿童的群体存在及其方式、类型和条件；儿童文化的本质；儿童的存在意义与教育的关系；儿童的存在意义与社会的关系；等等。像存在哲学、现象学、结构主义、后结构主义、实用主义、新实用主义、后现代哲学、儿童哲学理论、自传课程理论、批判教育学理论等哲学和教育学理论流派，不仅能为理解儿童存在提供多元视角，而且已然积累了丰富的儿童存在论思想。像文化学、人类学、社会学、认知神经科学、儿童心理学、学习科学等研究领域，亦可对建构儿童存在论提供跨学科视野。总之，儿童存在论拥有广阔的理论前景：既能深化对儿童的理解与研究，又能促进儿童教育的改革与发展，还能长远推动社会进步。

儿童存在论的确立，标志着儿童意识的觉醒。儿童意识是人类进入启蒙运动以后，伴随个性自由和社会民主的到来而正式形成的。儿童的解放既是启蒙运动的结果，也推动了社会启蒙。儿童意识和儿童的解放，既是教育与社会现代化的核心内容，又是判断教育与社会是否实现现代化，以及现代化发展水平的基本标志。儿童的社会地位高低也因而是现代社会文明程度的基本标尺。正如德国神学家狄特里希·邦霍夫（Dietrich

---

① Von Manen, M. (2002). *The Tone of Teaching*. New York: Routledge. p. 87.

Bonhoeffer）所言："无论对什么民主社会来说，道德状态的最终的检验，就是这个社会中孩子们的状态。"①

儿童存在论的确立，意味着儿童主体的形成。任何年龄阶段的任何儿童都是社会主体。儿童的不成熟、无助、经验少、能力弱丝毫不减少儿童的主体性，只标志着他们是特殊的社会主体——拥有无尽潜能、无穷希望和丰富可能性的主体。儿童既是生长的力量，也是主体价值的力量。每一个儿童既是多元、独特和创造性存在，又是交互、文化和关系性存在。儿童存在首先是儿童自我存在——每一个儿童都是他/她自己的，家长、教师和社会只负责提供儿童自我生长的环境。法国哲学家萨特（Jean-Paul Sartre）曾说"存在先于本质"②，这意味着每一个儿童首先确立主体存在，然后才能设计、创造自我本质。儿童自我创造的能力即儿童主体性、新生性。一言以蔽之，儿童即自我创造者。

唯有确立儿童意识，实现儿童的解放，让儿童成为自我创造者，我国教育才能走向民主化，我国社会也才能实现现代化并阔步迈入信息文明时代。

---

①〔美〕亨利·A.吉鲁. 教师作为知识分子——迈向批判教育学［M］. 朱红文，译. 北京：教育科学出版社，2008：Ⅵ.

② Sartre, J. (2007). *Existentialism is a Humanism*. Trans. C. Macomber. New Haven: Yale University Press. p. 22.

第三章
儿童价值论

康德在18世纪末石破天惊地喊出"人即目的本身"！这不仅拉开人的个性解放与理性启蒙的大幕，还吹响儿童解放的号角。任何年龄阶段的任何人都是目的本身。每一个儿童也是目的本身，都拥有内在价值和完整人权。尊重儿童的内在价值，捍卫儿童的完整人权和诸方面权利，满足儿童的发展需要，是每个负责任的成人的根本使命。

一、工具主义儿童价值论：起源与演进

工具主义儿童价值论认为儿童不具有内在价值和独特价值，仅仅是满足成人需要的工具、实现成人目的的手段。这种价值观在纵向上将儿童的现在与将来切割开来，让"今天"沦为"明天"的手段，由此让每一个人失去快乐童年。童年的消逝，必然会使人形成"工具主义人格"，当人进入成年期以后也不会珍视成人的价值、承担成人的责任，成年期也因而走向工具化。该价值观在横向上将儿童与成人和社会割裂开来，让儿童变成满足成人和社会需要的工具。举凡一切漠视儿童年龄心理发展特征和儿童个体差异的做法，一切仅从成人和社会需要出发对待儿童的做法，一切成人"得病"却让儿童"吃药"的做法，一切让儿童成为成人"替罪羊"的

做法，无论以多么冠冕堂皇的理由施予儿童，均是对儿童的工具化。

工具主义儿童价值论既有历史文化渊源，又有现实社会背景。其内部作用机制是形形色色的"儿童偏见"的形成，并在社会中广泛传播。其外部行为表现是社会、家庭和学校教育对儿童的虐待与忽视。

等级制度、社会阶层对立和社会旧式分工，是工具主义儿童价值论形成的社会历史根源。社会被分化为不同等级，将少数人设置为"优势阶层"、多数人设置为"劣势阶层"，并基于这种等级关系进行社会分工。于是，社会被划分为"劳心者"与"劳力者"、"君子"与"小人"、"上等人"与"下等人"、统治者与被统治者、有产者与无产者、男人与女人、"优等"民族"与"劣等"民族等。在此背景下，儿童的工具化成为复制等级关系、延续旧式分工的主要手段。由于年龄和身体弱小、经验和能力尚不成熟的缘故，儿童总体上被置于等级社会的底层，而社会不利阶层的儿童则必然处于社会最底层，饱受社会忽视与虐待。当儿童被置身于等级秩序中，通过教育和社会化过程，儿童必然形成等级意识，复制等级社会。因此，儿童的工具化是等级社会和等级意识代代相传的基本机制。

在我国，工具主义儿童价值论与源远流长的宗法等级制度存在内在联系。此制度的观念和文化基础即是祖先崇拜和血缘纽带。我国历史学家雷海宗写道："所谓拜祖，并非拜祖，而是拜祖先所象征的过去、现在与未来的整个家族，就是'拜子孙'也无不可。……个人之前有无穷世代的祖先，个人之后有无穷世代的子孙，个人只是这个无穷之间的一个小点，个人的使命不是自己的发展，而是维持无穷的长线于不坠……中国自四千年前文化初开起，就选择了家族生命与家族发展为人生最高目标，四千年来并无根本的变化。"[①]个人生命与发展消融于以血缘为基础的家族系统之中，个人的独立性不复存在。

031

---

① 雷海宗，林同济.文化形态史观［M］.台北：业强出版社，1988：170.转引自何炳棣.华夏人本主义文化：渊源、特征及意义（下）［J］.二十一世纪，1996（4）.

　　为什么祖先崇拜和宗法血缘制度成为中华文明的重要特征之一？美国华裔历史学家何炳棣在总结科学、考古学、人类学和历史学的诸多研究结论后指出：这与华夏人本主义文化诞生的物质基础"村落定居农业"密切相关。①中华文明的主要构成和来源是华夏文化。华夏文化的诞生地是黄河流域的黄土高原及与之毗邻的平原地区。这片区域是"世界最大、最典型的黄土区，也就是华北黄土区"②。根据美国地质学家、考古学家庞波里（Raphael Pumpelly）的研究，华北黄土区的最大特点是拥有"自我加肥"（self-fertilizing）的性能，因为它有足够深度且土质均匀；它矿物质丰富且拥有经年累积的、腐烂了的植物残体；源自亚欧大陆的风沙使其土壤不断堆积。因此，"在中国辽阔的黄土地带，几千年来农作物几乎不靠人工施肥都可年复一年地种植。正是在这类土壤之上，稠密的人口往往连续不断地生长到它强大支持生命能力的极限"③。庞波里的观点得到当代科学研究证据的支撑，例如，美国著名农学家哈兰（Jack R. Harlan）发现，热带和多雨地带的土地，耕种一年之后需要休耕七年，其土壤肥力才能恢复；而华北黄土地耕种一年后则最多需要两年休耕，有些土壤可以连续两年耕种一年休耕，性能好的黄土地则可以连续耕作不需要休耕。④

　　华北黄土区的自然条件使华夏农耕文明与同时期其他文明产生了显著区别。在原始农耕文明时期，世界最典型和普遍的生产方式是"游耕制"（shifting agriculture），原因正如哈兰所指出的那样，是因为热带和多雨地带土壤肥力欠缺，人们不得不在一年之内先砍伐、焚烧以增加土壤肥力，然后耕种、收获，第二年即迁徙他处重复同样的行为。加上远古时期地广人稀，为人们的"游耕"提供了空间条件。"游耕制"，又称"砍烧法"

① 何炳棣. 华夏人本主义文化：渊源、特征及意义（上）[J]. 二十一世纪，1996（2）.

② 同上.

③ Pumpelly, R. (1908) (Ed.) *Explorations in Turkestau: Prehistoric Civilization of Anau*. Vol. 1, p. 7. 转引自何炳棣. 华夏人本主义文化：渊源、特征及意义（上）[J]. 二十一世纪，1996（2）.

④ 何炳棣. 华夏人本主义文化：渊源、特征及意义（上）[J]. 二十一世纪，1996（2）.

（slash-and-burn），是原始社会世界大多数地区的典型做法。在这种生产方式下，人们不可能定居生活，也很难形成稳定的宗法制度。而借华北黄土区得天独厚的自然条件所形成的"村落定居农业"，可以让人们以村落为单位世世代代生活下去，繁衍生息。我们也可以把华夏文化的耕作方式称为"定耕制"，与"游耕制"形成鲜明对照。杜威在百年前曾对中国的农业和农民这样评论："中国人一直继续耕地、耕地、耕地，即便是像中国北方那样，要克服巨大的困难；而他们的土地仍旧是多产的，也许就像它一直以来那样多产。"中国的农业"有多么长久和多么稳定"，中国的农民是世界上最长久的——"四十个世纪的农民"！[①]与中国形成鲜明对照的是世界其他地区的农民："其他民族也曾经一度是农民，但他们用自己的方法使地力枯竭并走向衰落，或者他们转而从事其他行当，这些行当在重要性方面代替了农作。"[②]杜威引用20世纪初美国农学家金（Franklin Hiram King）的研究成果为佐证。[③]杜威的研究从哲学角度揭示了华夏文明与世界其他文明的区别，这与后来的科学研究结论完全一致。西方的这些农学、人类学、历史学和哲学的研究，不仅与中国古代儒家经典的记载高度一致，而且有助于深化对儒家经典中相关内容的理解。何炳棣教授感慨道："科学与训诂互证密合有如此者！"[④]

诞生于七千多年前新石器时代早期、从未中断且持续至今的华夏"村落定居农业"既为中华文明的发展奠定物质基础，又逐步形成了中国文化的特点。第一，中国文化是世界上最"早熟"的文化，这已获得世界公认，这与世界上最早形成的"村落定居农业"有关。第二，中华文明是世

①〔美〕杜威. 杜威全集·中期著作（1899—1924）：第十三卷（1921—1922）［M］. 赵协真，译. 上海：华东师范大学出版社，2012：194.

②同上.

③ King, Franklin Hiram. *Farmers of Forty Centuries; or Permanent Agriculture in China, Korea and Japan*. Edited by J. P. Bruce. New York: Harcourt, Brrace and Co., [n.d.].

④何炳棣. 华夏人本主义文化：渊源、特征及意义（上）［J］. 二十一世纪，1996（2）.

界上唯一未曾中断的"连续性文明",这与黄土地能够提供丰富的食物、供人世代繁衍生息有关。第三,中华民族是尊重自然、崇尚"天人合一"的民族,这不仅因为黄土地本身是自然或"天"的恩赐,而且黄土地缺乏水分,农作物的生长靠天下雨,农民靠天吃饭。人与大自然的子母般的天然联系,不仅铸就了中华民族和平、宽容、乐天、自足、热爱生活的民族文化心理,而且形成了以道家和儒家为核心的中国智慧传统。这种"天人合一"的精神和文化被杜威称为"一个无与伦比的人类成就"。"他们的头脑充满着与自然过程的联系,其程度就像他们的身体适于农作的程度一样深。……中国人已经学会了等待缓慢自然的过程得来的结果。他们无法使劲硬干,因为在他们的生活方式中,自然不能加以强迫。"[1]第四,在"村落定居农业"的基础上,中国形成了世界上独一无二的血缘宗法制度与文化。何炳棣指出:"构成华夏人本主义文化最主要的制度因素是氏族组织,最主要的信仰因素是祖先崇拜。制度与信仰本是一事的两面,二者存在着千丝万缕无法分割的关系。"[2]正如恩格斯所指出的,"氏族组织"是世界所有原始社会的组织形式,但随着"私有制"和"国家"的建立,"氏族社会"就瓦解了。但中国社会的情况迥异:祖先崇拜、血缘宗法制度与君主专制政体几千年来交错缠绕,呈现宗教、伦理与政治三位一体之格局。

在中国历史上,约公元前1000年,周公姬旦"制礼作乐",将原始巫术礼仪转化为以宗法血缘为基础的社会政治体系,形成大宗小宗、长幼尊卑的社会等级秩序。公元前500年左右,孔子"以仁释礼",将外在社会规范转化为内在个体心理、道德情感和生活方式。[3]而仁的基础和原点即是血缘纽带——孝悌。我国当代哲学家李泽厚评论道:"'孝''悌'通过

①〔美〕杜威. 杜威全集·中期著作(1899—1924):第十三卷(1921—1922)[M]. 赵协真,译. 上海:华东师范大学出版社,2012:194-195.

②何炳棣. 华夏人本主义文化:渊源、特征及意义(上)[J]. 二十一世纪,1996(2).

③李泽厚. 说巫史传统[M]. 上海:上海译文出版社,2012:27-40.

血缘从纵横两个方面把氏族关系和等级制度构造起来。这是从远古到殷周的宗法统治体制（即'周礼'）的核心，这也就是当时的政治（'是亦为政'），亦即儒家所谓'修身齐家治国平天下'。"①周公与孔子，跨越500年的深度合作，从内外两个方面将中国的血缘宗法制度和文化系统建立起来，形成了绵延至今的中华民族的"宗法基因"。

在"宗法基因"和血缘关系基础上所形成的仁爱原则，使中华民族成为世界上最富人情风味、最具快乐精神的民族之一。亲子之爱可以拓展为"仁者爱人"的人道精神，最终推及世间一切、"泛爱万物"，用宋代张载的话说，即"民吾同胞，物吾与也"②。天伦之乐又能衍生为"乐而忘忧"的人生态度，最终形成"存吾顺事，没吾宁也"的达观人生。③李泽厚在谈及孔子的仁学思想时，这样写道："仁学结构也许能够在使人们愉快而和谐地生活在一个既有高度物质文明又有现实精神安息场所这方面，做出自己的贡献？以亲子血缘为核心纽带和心理基础的温暖的人情风味，也许能使华人社会保存和享有自己传统的心理快乐？"④在现实生活和伦常日用中找到精神家园和心理快乐，是中国宝贵的文化传统。

"宗法基因"及相应的宗法血缘制度必然强调国家、宗族、人民和文明的延续与发展，由此形成中国社会特有的价值原则和统治习惯："兴灭国，继绝世，举逸民，天下之民归心焉。"（《论语·尧曰》）用今天的话说，即："复兴被灭亡的部落国家，继续被中断了的氏族、宗族，推举隐逸躲藏的人民，天下老百姓就会从心里归顺服从。"⑤这是一种关注生命繁荣和文明延续的政治与伦理原则。何炳棣称"兴灭继绝"为中华民族的"特殊伦理"，是华夏人本主义文化的重要特征。"举世主要文化之中，以子孙

---

① 李泽厚.中国古代思想史论 [M].北京：生活·读书·新知三联书店，2008：12.

② 〔宋〕张载.西铭 [M].

③ 同上.

④ 李泽厚.中国古代思想史论 [M].北京：生活·读书·新知三联书店，2008：36.

⑤ 李泽厚.论语今读 [M].北京：生活·读书·新知三联书店，2004：530.

世代繁衍为'焦点'（或中心）价值（focal value）的，恐怕只有古代中国文化。……观念上，兴灭国继绝世是生命延续的愿望从'我'到'彼'的延伸；制度上兴灭国继绝世是新兴王朝保证先朝圣王永不绝祀的一套措施。尽管远古政治和武力斗争的实况不容过分美化，兴灭国继绝世在一定程度上确实反映华夏文化的一系列奠基者的宽宏气度和高尚情操。"①正是因为"兴灭继绝"这一源远流长的"特殊伦理"，中华民族虽历经战乱、饥荒、瘟疫等天灾人祸，依然葆有顽强生命力，拥有占世界五分之一的人口。也是因为这一特殊价值原则，中华文明相对同期兴起的文明如古印度、古埃及、巴比伦，是唯一从未中断、持续发展的文明。

另一方面，"宗法基因"与宗法血缘文化存在重大缺陷：当每一个人都被淹没在宗法血缘关系的链条之中时，个人独特性与个人精神自由不复存在；当每一个人被强行安排在宗法等级的层级中时，人与人之间的人格、尊严、价值平等被摧毁。只要失去了个人自由与群体平等，就难以进入现代文明世代、难以建立民主社会。百年来，中国社会启蒙的根本任务是批判宗法血缘文化以及孔子思想对自由、平等的漠视。例如，在新文化运动时期，李大钊说："掊击孔子，非掊击孔子本身，乃掊击孔子为历代君主所雕塑之偶像权威也，非掊击孔子，乃掊击专制政治之灵魂也。"②在20世纪80年代"第二次思想启蒙"时期，李泽厚写道："孔子与孔学原型中对血缘基础宗法等级的维护、对各种传统礼仪的尊重，以及因循、保守、反对变革、更新……又确乎是联在一起的"；"正是这个君主专制主义、禁欲主义、等级主义的孔子，是封建上层建筑和意识形态的人格化的总符号……直到今天，也仍然有不断地、彻底地肃清这个封建主义的孔子余毒

---

① 何炳棣. 华夏人本主义文化：渊源、特征及意义（下）[J]. 二十一世纪，1996（4）.

② 李大钊. 李大钊选集·自然的伦理观与孔子 [M]. 北京：人民出版社，1959：80. 转引自李泽厚. 中国古代思想史论 [M]. 北京：生活·读书·新知三联书店，2008：32.

的重要而艰巨的任务"。①孔子的仁学思想当然是中国最宝贵的智慧传统，拥有取之不竭的精神财富，但唯有批判其内蕴的封建意识形态、超越其历史局限性、实现创造性转化，它才能焕发时代精神。在20世纪90年代，何炳棣说："在华夏人本主义文化发祥的祖国大地，现代化的真正障碍并不是科学和经济，而是'宗法基因'。……'宗法基因'毕竟是一种危险待医治的症候的根源。"②因此，改变"宗法基因"，确立个性自由和社会平等意识，是中国实现现代化的根本、核心。

　　"宗法基因"与宗法血缘文化使中国形成了尊老爱幼的文化传统。孔子将儿童受到"关怀"视为毕生志向之一："老者安之，朋友信之，少者怀之。"（《论语·公冶长》）孟子秉承孔子志向，使尊老爱幼成为中国人文传统的核心："老吾老以及人之老，幼吾幼以及人之幼。"（《孟子·梁惠王上》）不仅在情感上要"怀少幼幼"，而且在理智上让儿童乐学不已。《论语》将"学而"置于首章，开宗明义："学而时习之，不亦说乎！"（《论语·学而》）"不学诗，无以言。""不学礼，无以立。"（《论语·季氏》）"兴于诗，立于礼，成于乐。"（《论语·泰伯》）"学而不思则罔，思而不学则殆。"（《论语·为政》）孟子则第一次提出"教育"一词："得天下英才而教育之，三乐也。"（《孟子·尽心上》）《荀子》同样将《劝学篇》置于首。到宋明理学，则把"孔颜乐处"视为儒家核心。明代大儒王阳明的弟子王艮写道："乐是乐此学，学是学此乐。不乐不是学，不学不是乐。……乐是学，学是乐。于乎天下之乐何如此学，天下之学何如此乐。"③符合人性的学，是乐学。只有通过乐学，人性才能不断完善，日臻最高境界——"仁"的境界。李泽厚将儒家的"学习"精神这样解释："我强调人之所以为人，人之所以有不同于神性和动物性的人性（human

037

---

① 李泽厚.中国古代思想史论［M］.北京：生活·读书·新知三联书店，2008：32.

② 何炳棣.华夏人本主义文化：渊源、特征及意义（下）［J］.二十一世纪，1996（4）.

③ ［明］王艮.乐学歌［M］.

nature），人之所以拥有动物所没有的各种能力和情感，是人类自己通过历史和教育创造出来的，人造就了人自己。人之所以能如此造就，是因为'学而第一'。"[①]"'学而第一'也就是通过学外在的人文（礼）而建立起内在的人性（仁）。"[②]人文的本质是人性，唯有乐学人文，才能实现人性。

总之，儒家的"怀少幼幼"和"孔颜之乐"，是我们建立今日儿童价值论的宝贵精神资源和智慧传统。

但是，必须深刻反思和批判"宗法基因"和宗法血缘文化所导致的儿童的工具化现象，这不仅阻碍我国教育走向现代化和民主化，而且深深影响我国社会的现代化进程。我国的工具主义儿童价值论主要表现在如下两方面：

第一，血缘功利主义儿童价值观。这种观念认为，儿童是宗法血缘链条上的构成环节，是传宗接代的工具。如前所述，血缘功利主义与祖先崇拜密不可分。个人既然继承了祖先的血脉，就有义务在肉体上"开枝散叶""子孙满堂"，精神上"光宗耀祖""光耀门楣"。个人生命的独立性不复存在，个人必须继承祖先"遗志"、服从家族需要。自孟子开始系统确立起来的"不孝有三，无后为大"（《孟子·离娄上》）的伦理原则，为血缘功利主义奠定基础。个人与家族之间成为一荣俱荣、一衰俱衰的关系。个人的主体性由此淹没在家族关系主义和血缘共同体之中。儿童肉体上与父母的血缘关系被引申为精神上对父母的隶属关系，父母成为祖先"遗志"的执行者、家族需要的体现者，这样，儿童既是"传宗接代"的工具，又是满足父母和家族需要的工具。

血缘功利主义将儿童与父母和其他家庭成员之间的血缘隶属关系，异化为精神隶属关系，由此让儿童丧失了精神自由和个人的主体性、独立

---

① 李泽厚、刘绪源. 中国哲学如何登场？[M]. 上海：上海译文出版社，2012：9.

② 李泽厚、刘绪源. 中国哲学如何登场？[M]. 上海：上海译文出版社，2012：10.

性，压抑着创造潜能的发挥。由于"传宗接代"的主要责任由男性承担，血缘功利主义又必然导致"重男轻女"的性别歧视，这使女孩的精神自由，主体性、独立性和创造性发挥付出了比男孩更大的代价。

第二，宗法等级主义儿童价值观。这种观念认为，儿童处于宗法等级制的下层，理应服从父母、长辈的安排，做顺从、听话的"好孩子"。诚如前述，周代周公建立起"嫡长子继承""父家长制"等整套宗法制度，孔子"以仁释礼"，建立起以"孝悌"为核心的仁学体系，中国的宗法等级主义正式形成，成为绵延两千多年的封建君主专制制度的核心。由于儿童处于这个等级阶梯的底层，对儿童的等级驯化成为复制封建等级关系的基本机制。宗法等级主义的表现之一是"家长制"（Paternalism）或"家长式意识形态"（a paternalistic ideology）。它有两种具体形态：一是权威主义，家长、教师或其他成人是权威，儿童只能服从；一是放任主义，家长、教师或其他成人放弃保护和教育儿童的责任，放任儿童。这两种形态的"家长制"性质相同：仅从成人需要出发，漠视儿童的抚养、保护与发展。权威主义是通过虐待的方式对儿童施加专制；放任主义或者仅从满足成人情绪出发，对儿童娇惯、放纵，使儿童变得恣肆、跋扈，或者干脆对儿童放手不管，忽视儿童发展。

宗法等级主义将儿童身体、经验、能力的不成熟仅视为缺陷，忘记了正是这种"不成熟"蕴含着巨大的潜力，是儿童发展的条件。[1]这种观念还把儿童与成人之间人格、思想和社会身份的差异关系异化为等级关系，让儿童在一味服从中失去了人格尊严与思想权利，丧失了平等意识，导致了"心灵的科层化"（the bureaucratization of the mind）。[2]而人的心灵的科层化又为社会的等级化厚置土壤。

---

① Dewey, J. (1916/1980). *Democracy and Education*. Carbondale: Southern Illinois University Press. p. 46.

② Freire, P. & Macedo, D. (1995). A Dialogue: Culture, Language, and Race. *Harvard Educational Review*. 65 (3): 383.

血缘功利主义与宗法等级主义互相影响：血缘关系为等级主义提供天然基础和借口，等级主义又反过来强化"宗法基因"与宗法血缘文化。唯有摒弃这两种价值观，我国才有可能实现儿童人格自由与精神平等。

在西方，工具主义儿童价值论与阶级论和人性论紧密相连。在古希腊时期，由于奴隶制度的存在，社会自然被划分为不同阶级。公民和奴隶两大阶级之间的划分壁垒森严、无法逾越。奴隶只是"会说话的工具"，是奴隶主的"私有财产"。用亚里士多德的话说："奴隶是有生命的工具，工具是无生命的奴隶。"①"奴隶和动物并非城邦（a state）的构成，因为它们不能分享城邦的幸福，也不能选择自己的生活。"②"……没有人同意让一个奴隶分享幸福，正如没有人同意让他分享一种生活。"③和动物相提并论的整个奴隶阶级是天然的工具。奴隶阶级的儿童自然是不成熟的工具、小工具。而公民社会也被继续阶级化，由统治者、士兵、农夫和工匠三个阶级所构成。用柏拉图在《理想国》中的话说："上帝以不同的方式将你们构成。你们有些人拥有统治的权力，上帝是用黄金将他们打造的，他们也因此拥有最大荣耀；上帝将其他人用白银来制造，他们是辅助者；而那些农夫和工匠，上帝用铜铁来构成；这些种类一般将保存在儿童之中。"④这就是说，不同人的"质地"不同，理应各安其分，身处不同地位、从事不同职业。人的社会地位和职业从儿童时期就注定了，且代代相传。柏拉图的高足亚里士多德继承并发展了他老师的观点，他将柏拉图比较朴素的"金银铜铁"人性论精致化为"三种生活"和"三种性格"。第一种生活是"沉思的生活"（the life of contemplation），它以德性（Virtue）为目的；第二种是"政治的生活"（the life of politics），它以荣

---

① 〔古希腊〕亚里士多德. 尼各马可伦理学 [M]. 廖申白，译注. 北京：商务印书馆，2003：250.

② Aristotle. *Politics*. Book III, Chapter IX.

③ 〔古希腊〕亚里士多德. 尼各马可伦理学 [M]. 廖申白，译注. 北京：商务印书馆，2003：305.

④ Plato. *The Republic*. Book III.

誉（Honour）为目的；第三种是"享乐的生活"（the life of enjoyment），它以快感（Pleasure）为目的。①这意味着不同阶级的人有不同的生活方式与目的。这也由此形成人的三种性格类型：第一种是"沉思型性格"（the contemplatives），这类人以思维、沉思、追求德性本身为幸福；第二种是"道德型性格"（the moralists），这类人以实践伦理推理、参与政治活动、追求荣誉为幸福；第三种是"享乐主义性格"（the hedonists），这类人以享用肉体—感官快感、获取物质财富为幸福。②这样，在古希腊奴隶制社会背景下，从柏拉图到亚里士多德，系统建立起阶级—人性—性格取向的等级主义意识形态，由此诞生了西方的工具主义儿童价值论。

柏拉图与亚里士多德所厘定的由三个阶级所构成的公民社会和城邦国家是由自由的成年男人所构成，不包括女人与儿童。在男性公民中，"沉思型男人"享有特权、掌握权力、居城邦国家的统治地位。以士兵为主体的"道德型男人"地位其次，负责忠诚保卫国家。以农夫和工匠为主体的"享乐型男人"地位再其次，负责农业、畜牧业、手工业生产，提供物质产品。"亚里士多德宣称，沉思型男人在性格和政治行动领域是进化最好的。"③既然如此，他们理应位于等级社会金字塔的最顶端。在这个社会中，奴隶因为是"工具"当然处于最低端，被俘虏来的"外帮奴隶"处于低端的低端。妇女被排除在公民社会之外，因为"她们是劣等人——她们比较冷酷、孱弱，主要适合抚养孩子。她们缺乏公民所拥有的理性，公民在城邦国家中行动时需要运用理性"④。儿童也被排除在公民社会以及亚里士多德的性格类型之外，亚里士多德认为儿童隶属于父亲，正如奴隶隶属于奴隶主。儿童像其母亲一样缺乏理性，"男孩要到7岁左右才可能拥有理

041

---

① Aristotle. *Nicomachean Ethics*. Book I, Chapter 5.

② Young-Bruehl, E. (2012). *Childism*. New Haven: Yale University Press. p. 47.

③ Ibid., p. 25.

④ Ibid.

性，女孩则永远不会"①。

古希腊时期有一个被普遍接受的关于孕育的生物学理论，那就是妈妈不是孩子的"家长"（Parent），爸爸才是。亚里士多德也赞同这种理论。该理论认为，妇女十月怀胎，其子宫和身体不过提供胎儿成长的条件而已，对胎儿本身并无实质性贡献，因此对胎儿不具有"所有权"。胎儿的"所有权"为父亲所拥有。"妇女就像土壤，在这里橡树种子成长为橡树幼苗。"②而"橡树种子"的提供者是男人。孩子出生以后，隶属于爸爸；长到一定年龄后接受教育，教师由自由男人承担。尽管古希腊的这种孕育理论早被摒弃，但是父亲拥有胎儿"所有权"的观念却还被许多人保留至今。

由此观之，等级森严的阶级社会是工具主义儿童价值论的社会基础。不同阶级之间的对立越尖锐，社会控制的需求就越强烈，构成社会的个体的控制愿望就会滋生。社会整体的控制需求和普遍存在的个人的控制欲就必然在易于控制的弱小的儿童身上体现出来，由此导致儿童的工具化。在西方，进入中世纪以后，基督教日益兴盛、流行，基督教认为儿童生来具有"原罪"，必须加以控制。这种"原罪说"使西方的工具主义儿童价值论雪上加霜。直至文艺复兴以后，情况才有所缓解。

源远流长的工具主义儿童价值论进入资本主义时代后，拥有了新形态：儿童从宗法血缘控制、阶级控制，演化为市场控制。伴随市场经济的发展，与之相适应的价值观"市场伦理"（the ethics of the market）开始形成并广泛传播。所谓"市场伦理"，就是将市场价值等同于伦理价值，有市场就"有价值"，对人对物均一样；凡在市场竞争中取胜就是"好"的，否则就是"不好"的。正如巴西教育哲学家保罗·弗莱雷（Paulo Freire）所言："……市场伦理是这样一种伦理，少数人牺牲大多数人的生活以谋求利益最大化。质言之，那些不能竞争的人只有死亡。这是一种

① Young-Bruehl, E. (2012). *Childism*. New Haven: Yale University Press. p. 25.

② Ibid., p. 26.

邪恶伦理，事实上它缺乏伦理。"①因此，"市场伦理"崇尚的是"丛林法则"。在这种价值观的主导下，儿童不仅沦为成人的商品，而且因为内化了"市场伦理"而导致自我商品化。儿童的商品化是工具主义儿童价值论在市场经济时代的新形态。

一种被普遍接受的价值观不会随时代的变迁自动退出历史舞台，而会不断积淀、存续于人们的日常生活、社会文化和集体意识之中。血缘功利主义、宗法等级主义、阶级等级主义等儿童价值观，会在市场经济时代依附于功利主义而获得新生命。对儿童的宗法血缘控制、阶级控制和市场控制也因而形成叠加效应，导致儿童的工具化愈演愈烈。

二、工具主义儿童价值论：机制与表现

工具主义儿童价值论导致儿童工具化的内在机制是什么？儿童工具化的具体行为表现有哪些？这是捍卫儿童权利、体现儿童内在价值要解决的关键问题。

当成人个体或社会秉持工具主义价值观看待儿童，会产生种种关于儿童的社会偏见，成人基于这些偏见对待儿童，由此导致儿童的工具化。因此，"儿童偏见"的形成与传播，是儿童工具化的内在机制。

美国当代精神分析学家、学者、作家扬-布吕尔（Elisabeth Young-Bruehl）写道："偏见（a prejudice）是关于特定群体的信念体系，而非知识体系。"②就是说，偏见并无事实依据，它是在社会历史和文化背景下积累形成的、一套针对特定目标群体的习惯成见及相应形象，它为人所信奉并为做出损害目标群体（target group）的行为提供理由。当人自觉不自觉持有偏见并做出相应的损害性行为的时候，其行为逻辑是："你是这样的人，我这样做是为你好！"当一种偏见在社会中形成并流传，它就会变成

---

① Freire, P. (1970/1993). *The Pedagogy of the Oppressed*. New York: Continuum. pp. 25-26.

② Young-Bruehl, E. (2012). *Childism*. New Haven: Yale University Press. p. 47.

一种文化习俗，百姓日用而不知，深深影响人们的思维方式与行为习惯，由此形成一种"偏见文化"。当特定目标群体在某种偏见下成长，并不得不接受其行为后果，久而久之这种偏见就被强行灌输到目标群体的心灵之中，作为受害人的目标群体就会不知不觉认为自己就是偏见所刻画的形象。因此，偏见文化一如病毒，无时无刻不在侵犯着社会机体。

"儿童偏见"（childism，亦可译为"儿童主义"）这一术语诞生于20世纪70年代早期，由美国哈佛大学的精神分析学家皮尔斯（Chester Pierce）率先提出。[1]嗣后，美国威斯康星大学教授韦斯特曼（Jack C. Westman）在其论文和其著作《儿童辩护》中复使用此术语。[2]对这一问题做出系统的开创性研究、将之发展为儿童学和"偏见学"（prejudice studies）的一个重要研究领域的学者是扬-布吕尔。她于1996年出版《偏见解剖学》一书。[3]在此基础上她对儿童偏见做了长期研究，于2009年发表《儿童偏见》一文。[4]这是一篇力作，既提出了"儿童偏见"研究的理论框架，又确立了其重要研究问题和观点。2012年，扬-布吕尔出版其儿童学领域里程碑式的著作《儿童偏见》，标志着一个重要研究领域的诞生。[5]她对"儿童偏见"这一术语界定如下：

> 儿童偏见是将伤害儿童的行为或不能满足儿童基本需要的行为理性化或证成化的偏见。但在更基础的动机或幻想水平上，儿童偏见可界定为把儿童建构为目标群体的一套信念系统，它将儿童视为不成熟的存在，儿童为成人所生产和占有，并用于满足成人自己的需要和幻想。这是一套颠倒了自然的生物学和心理学次序的信念系统，成人具

[1] Pierce, C. M. & G. B. Allen (1975). "Childism", *Psychiatric Annals* 5 (1975): 266–270.

[2] Westman, J. (1979). *Child Advocacy*. Free Press.

[3] Young-Bruehl, E. (1996). *The Anatomy of Prejudices*. Harvard University Press.

[4] Young-Bruehl, E. (2009). "Childism". *Contemporary Psychoanalysis*, 45 (2): 251–265.

[5] Young-Bruehl, E. (2012). *Childism*. New Haven: Yale University Press.

> 有满足儿童不可缺少的需要的责任……这种认为儿童作为儿童能够满
> 足成人的需要的信念，是对儿童发展的否定；这种认为儿童应该满足
> 成人需要的信念，是对儿童的发展需要和权利的否定。[①]

由此观之，儿童偏见是成人的工具主义儿童价值论的具体化，是成人
逃避责任、伤害儿童的行为的理由。

当儿童偏见演化为一种"偏见文化"，它会影响每一个成人，也会伤
害每一个儿童，尽管对大多数成人而言，他们可能并未意识到拥有这种偏
见。"偏见文化"是一种社会亚文化，它对人的精神和行为的影响具有弥散
性，一如空气对人身体的影响。当儿童偏见流行的时候，即使未明显遭受
伤害行为的儿童，也不得不受到偏见的不利影响，因为偏见会无孔不入地
渗透到家庭、社会、学校教育、大众媒体等各种儿童置身其中的生活环境
之中。扬-布吕尔写道："当儿童偏见弥漫于一个社会之中，所有儿童都受
伤害，而不只是那些归类为'受虐待者'受到伤害。"[②]

儿童偏见并不是孤立存在的，作为一种信念体系，它与社会政治、经
济、文化环境及相应的社会价值观紧密相联。当社会贫富差距加大、阶层
关系固化、等级对立严重，必然导致等级主义价值观盛行。当成人秉持等
级主义价值观的时候，儿童不仅容易成为成人在社会等级阶梯上攀登的工
具，而且会被成人贴上"粗野的""叛逆的""坏的""不听话的""不驯顺
的"等偏见的标签。当社会只关注经济发展、只崇尚市场竞争、一切向钱
看、"商品拜物教"流行，必然滋生功利主义价值观。当成人秉持功利主义
价值观的时候，儿童不仅有可能被成人变成"投资对象"、被"商品化"，
而且会被认为是"经济负担""累赘""赔钱货"等。因此，儿童偏见的根
源在社会。扬-布吕尔写道："如果一个社会从未获得促进成熟的能力，或

045

---

① Young-Bruehl, E. (2012). *Childism*. New Haven: Yale University Press, pp. 35–36.

② Ibid., p. 15.

者堕落为混乱的不安全，或者堕落为超级僵化和极权主义，形形色色的偏见将被激活，尤其是儿童偏见。在这样的社会里，年轻一代将被虐待和忽视，即使他们遭受的虐待和忽视被理性化为道德或政治正确。"①偏见盛行的社会必然是不健全的社会。在这样的社会里，不仅成人社会不同群体间会相互制造成人偏见，而且成人会不断制造儿童偏见。而一切成人偏见又会无一例外被转化为儿童偏见，例如，一切"性别歧视"都会被转化为"女童歧视"，一切"地域歧视"都会包含"乡村儿童歧视"。儿童社会是社会偏见的"重灾区"，每一个儿童是社会偏见的最大受害者。

儿童偏见的直接受害者是儿童，但其产生原因却与儿童毫无关系。它的产生完全是由于成人扭曲了的价值观、个体人格与文化心理。它产生的基本机制是成人将自己所厌恶的东西或幻想的东西"投射"到儿童身上，让儿童成为成人的"替罪羊"。几乎所有儿童偏见都以儿童的"不成熟"作为基础，但是，正如杜威在一百多年前指出的，儿童的"不成熟"正是其生长的条件，是儿童的宝贵财富。作为儿童偏见持有者谴责对象的"不成熟"，与儿童无关，是"不成熟"的成人在儿童身上的投射。扬-布吕尔写道："我相信所有虐待儿童的人，尽管他们存在差异，但确实拥有共同性：他们把自身的不成熟投射为对儿童的偏见。"②作为精神分析学家，扬-布吕尔运用弗洛伊德的"投射认同"（projective identification）理论深刻揭示了儿童偏见的本质与成因。根据弗洛伊德的理论，"正是人们的羞耻心的投射，感到愧疚的自我痛恨（self-hatred）的投射，扭曲的、幻想驱动的欲望的投射，导致了偏见"③。就儿童偏见而言，正是成人将自身具有且"自我痛恨"的消极品质投射到儿童身上并加以谴责，以获得自我平衡；正是成人将自己无法实现的愿望、无法满足的欲望投射到儿童身上并控制

① Young-Bruehl, E. (2009). "Childism". *Contemporary Psychoanalysis*, 45 (2): 258.

② Ibid., pp. 258–259.

③ Young-Bruehl, E. (2012). *Childism*. New Haven: Yale University Press, p. 52.

儿童，以获得自我满足；正是社会将历史和当下不断积累的习俗成见、僵化教条甚至陈规陋习投射到儿童身上，以获得自我延续；凡此种种，导致了花样繁多的儿童偏见。

儿童偏见首先影响每一个儿童个体的成长。偏见作为一种信念体系，一旦形成并为人信奉，就会变成对儿童的系统伤害。这与对儿童偶尔施加一次虐待或忽视相比，其危害程度不可同日而语。儿童在偏见中生存，久而久之会把偏见所塑造的"虚假形象"内化于心灵之中，由此形成"虚假自我"（false self）。倘若此"虚假自我"极为消极、负面，如"我真的很脏、很坏"，最终会把天真烂漫、花季般的儿童送上绝路，现实中有太多血的教训。偏见之所以对儿童带来伤害，是因为它是成人压迫儿童的借口。儿童在接受偏见压迫的同时还会把"压迫者"的形象内化于己。这就形成另一个意义的"虚假自我"——自我被肢解为"压迫者"与"被压迫者"两种形象。儿童会携带这两种"虚假自我"进入成人阶段。

047

其次，儿童偏见还会影响社会进步。一切伤害儿童的东西必然伤害社会。这不仅因为儿童是今日社会的有机构成，而且他们将形成明日的成人社会。儿童怎样遭受偏见伤害，他们长大后很可能会用同样的偏见去伤害别人，包括他们自己的孩子。儿童怎样接受成人"压迫者"之压迫，他们长大后很有可能成为新的压迫者。社会用僵化的习俗偏见"教育"儿童，他们长大后形成的社会可能更僵化、偏见更盛行。扬-布吕尔曾说道，几乎所有已知的有文字的文化中都有不同版本的同一个"金规则"，用以警示人们：己所不欲，勿施于人。[1]这一方面说明儿童偏见会让未来社会变得可怕，另一方面也为我们提供了"防止行使儿童偏见的一个公式"[2]。

那么，与血缘功利主义、宗法等级主义、阶级等级主义、市场功利主义等工具主义儿童价值论相联系的儿童偏见有哪些？它们有哪些行为表

---

① 此"金规则"的英文为：Do not do unto others what you would not have done unto yourself.

② Young-Bruehl, E. (2012). *Childism*. New Haven: Yale University Press, p. 46.

现？兹举其要者分析如下。

第一，儿童即"私人物品"。这可能是古往今来最流行的儿童偏见。这是许多为人父母者自觉或不自觉秉持的信念。它以血缘关系为基本依据，主张父母对孩子拥有"所有权"（Ownership）。在父权制背景下，当宣布父亲对孩子"专有"、母亲不具有"所有权"的时候，如古希腊时期，所制造的理由是母亲与孩子无血缘关系、只提供生长条件。当儿童被强行转化为"私人物品"（Possessions）的时候，就完全成为满足成人各种需要的工具，彻底丧失独立人格。由于我国悠久的"宗法基因"和宗法血缘文化，这种偏见在今天依然大有市场。传宗接代、光宗耀祖的传统观念在今天又和市场功利主义纠缠在一起，让我国儿童的工具化雪上加霜。正是这种儿童偏见，加上"应试教育"制度的推波助澜，让我国儿童在日益加剧的学业负担中身心俱损，失去童年。必须把血缘联系与个性自由彻底区分，真正确立每一个人儿童的绝对价值和人格独立，真正建立儿童与父母、老师和其他成人的平等交往关系，儿童解放才有可能，公民社会才能形成。

第二，儿童即"容器"。这种儿童偏见认为儿童是"空空的容器"（empty vessels），要依靠成人的"填充"才可能成长。这种信念在人类文明史上同样源远流长且被普遍接受。柏拉图尽管在《美诺》（*Meno*）中认为人拥有与生俱来的能力和观念，教育的本质是"引出"它们，但是，他在《理想国》中就放弃了这种观点，主张儿童是等待填充的"空空的容器"[①]。近代英国经验主义哲学家洛克尽管强调了自由对儿童的重要性，但也提出了"白板"（blank slates）理论。直到20世纪初，杜威还猛烈批评把儿童当作"蓄水池"（Cistern）的做法。到20世纪70年代，巴西教育哲学家弗莱雷又深刻批判把儿童当作"钱柜"（Depositories）的"储蓄"教

---

① Young-Bruehl, E. (2012). *Childism*. New Haven: Yale University Press, p. 43.

育观。由于西方源远流长的经验主义哲学传统，儿童即"容器"的偏见在西方盛行。我国由于儒家的"心学"传统，"容器"偏见在古代并不流行。但新中国成立以后，由于"反映论的认识论"的统治地位，"容器"偏见开始在教育和社会中日益流行。这种信念的最大问题在于：认为儿童生下来"空空如也"，儿童所有的发展都是成人或社会赋予的，这就在认识论上为成人或社会对儿童的控制、专制和压迫铺平了道路。20世纪以来哲学、语言学、心理学、人类学等各领域取得的一个重要成就是，充分证明儿童是带着丰富心智能力和无尽发展潜能来到世界。如果说小鸡从蛋壳孵出，几小时就可以准确觅食、拥有天生的觅食本能，那么儿童绝不是"空空的容器"，恰恰相反，他们生来拥有细腻情感和丰富理智。

第三，儿童缺乏理性。这种儿童偏见认为，儿童拥有感知觉和情感，但却缺乏理性（Reason），即缺乏抽象思维和逻辑推理能力。这种信念主要起源于阶级等级主义价值观。从柏拉图到亚里士多德，都主张"理性"主要是统治者的特质。柏拉图的"哲学王"是最高理性的代表和体现者。亚里士多德主张理性是一种"男人德性"（male virtue），但不是所有男人，是作为公民特别是统治者的男人的"德性"。所有儿童和女人都缺乏理性。儿童要获得理性，需要成熟到一定年龄（亚里士多德认为是7岁左右），且由成人赋予。在中国古代，孔子也说过"唯上知与下愚不移"（《论语·阳货》），这也隐含着理性具有社会阶层属性。"儿童缺乏理性"的偏见本质上是通过剥夺儿童的批判精神和思维能力而维持既有的社会统治和阶级划分。这种偏见导致的后果是成人用非理性的、反智的方式教育儿童，运用以奖励做诱因、以惩罚做威胁的手段来训练儿童。自18世纪启蒙运动以后，特别是20世纪初教育民主化运动以来，"儿童缺乏理性"的信念就受到系统批判。如今已达成广泛共识的观点是：儿童不仅拥有探究本能，而且拥有探究、创造和思维的能力与需求。只有植根于儿童理性的教育才是促进儿童发展的教育。

第四，儿童是粗野的、叛逆的。这种儿童偏见认为，儿童生来是桀骜不驯的、粗野的、叛逆的，只有严厉惩罚才能使儿童驯服、顺从。这种信念历史悠久、影响广泛，俨然成为"大众文化"的组成部分。我国日常用语中的"棍棒底下出孝子""不打不成器"，英文谚语中的"闲了棍子，坏了孩子"，均是这种文化的体现。①这种偏见是典型的封建家长制的产物。家长对孩子拥有"所有权"，孩子必须服从家长。当孩子不服从的时候，就被认定为粗野、叛逆。在我国，宗法制度及相应的"孝文化"是这种偏见诞生的土壤。在西方，"必须为上帝而牺牲才能获得拯救"的宗教文化为这种偏见提供温床。这种偏见所隐含的观念是：成人与儿童之间是权威与服从的关系。孩子对父母、学生对老师、儿童对成人必须绝对服从。成人驯服儿童的基本手段是肉体惩罚与精神侮辱，由此彻底消除儿童的野性、叛逆性，彻底摧毁儿童的自我感。儿童学的种种研究证明，打孩子并不能使孩子理解纪律信息、形成纪律意识，肉体疼痛产生的唯一效果是让孩子感到"你不爱我"，而且经常会让孩子形成"我不可爱"的自我意识。②每一个成人必须意识到，体罚儿童不仅是侮辱儿童人格、践踏儿童人权的行为，而且是一种严重违法行为。

第五，儿童是"坏的""邪恶的"。这种儿童偏见认为儿童天生在道德上就是败坏的、邪恶的、危险的，只有通过严格道德规范和毫不留情的惩罚，才可能将邪恶从儿童身上"剔除"。无论是基督教的"原罪说"，还是中国荀子和法家所秉持的"性恶论"均是这种偏见的早期形态。在古代西方，"儿童有时候被想象为污染物（Pollutants），类似瘟疫或疾病；流行病或类似旱灾或洪水的环境灾难归因于儿童"③。例如，在古希腊神话中，那场肆虐雅典的瘟疫据说是儿童俄狄浦斯（Oedipus）导致的。为了清除城

---

① "闲了棍子，坏了孩子"的英文是：Spare the rod and spoil the child.

② Young-Bruehl, E. (2012). *Childism*. New Haven: Yale University Press, p. 56.

③ Young-Bruehl, E. (2009). "Childism". *Contemporary Psychoanalysis*, 45 (2): 260.

里的瘴气，俄狄浦斯的父亲拉伊俄斯（Laius）将他丢弃在山坡上冻死，这是典型的杀婴行为。在我国的神话、传说、小说和影视作品中，也经常出现当灾难来临时，通过将若干"童男童女"献给"龙王"或别的妖怪来消除灾难，这也是杀婴行为。凡此种种均体现儿童偏见。直到19世纪中期，美国的慈善组织和"儿童拯救者们"（child savers）还把儿童想象为"穷困病"（the disease poverty）的携带者，会以"坏公民"的形式"传染"共和国。[①]由此可见，这种听起来不近情理的儿童偏见多么根深蒂固！这种把儿童当作"坏种子"（bad seeds）或"污染物"的信念本质上源于等级社会中的阶级、阶层对立和仇恨，本质上是一种等级意识和阶级偏见。它在我国当下的表现就是：穷人的孩子是"坏的"，农民工子女是"坏的"，乡下人是"坏的"，如此等等。须知，经济状况和政治地位与道德水平不是一回事，也不一定呈正比关系，美德不仅存在于杰出人物中，而且也往往存在于大众、普通人、穷人、乡下人中。正如当年康德说的，卢梭教会他尊敬普通人，"康德对普通人行为中的道德意识惊异赞叹"，最终用"实践理性"概括这种道德意识。[②]只要自觉或不自觉秉持"原罪说""性恶论"、儿童是"坏种子"等偏见，就为成人苛刻要求儿童、虐待儿童铺平了道路。唯有真正确立起儿童权利意识和价值意识，才能摒弃偏见，让儿童获得自由。

051

　　由此观之，根深蒂固的儿童偏见及"偏见文化"导致了儿童的工具化。这种工具化主要表现为对儿童的虐待与忽视（child abuse and neglect）。历史与现实中，对儿童的种种虐待令人触目惊心，这包括身体虐待、性虐待、情绪虐待、语言虐待、精神虐待等。除此之外，还存在成人放弃对儿童的抚养、保护和教育的种种忽视儿童的现象，包括成人与儿童生活在一起所发生的儿童忽视，以及成人与儿童长期分离、让成长中的儿童沦为被忽视的"留守儿童"。"与儿童偏见斗争，是我们将不断发动的

---

① Young-Bruehl, E. (2009). "Childism". *Contemporary Psychoanalysis*, 45 (2): 260.

② 李泽厚. 哲学纲要［M］. 北京：北京大学出版社，2011：65.

最重要的战斗之一，因为它是为未来而战。"①唯有转变儿童价值观，摒弃儿童偏见，才能真正消除对儿童的虐待与忽视。

三、走向内在主义儿童价值论

将人的童年与成年分开，确定童年、儿童的内在价值和独特价值，是历史发展的产物。当生产方式、经济形态、社会政治和文化进步到一定历史阶段，人们的人性意识和人文精神、个性意识和理性精神开始觉醒与发展，在此基础上诞生了儿童内在价值意识。

在古代奴隶社会，奴隶是"有生命的工具"，不可能产生童年观念。在欧洲中世纪教皇专制和我国漫长的宗法等级社会，儿童是社会等级链条的环节和"传宗接代"的工具，也不可能真正确立童年观念。法国历史学家、"童年史"（history of childhood）研究的开拓者阿利耶斯（Philippe Aries）曾写道："在中世纪社会，童年观念（the idea of childhood）并不存在；这并不意味着儿童被忽视、遗弃或蔑视。"②在这个时期，儿童隶属于成人社会，缺乏独立性甚至也没有描述儿童的语言。那时候的"儿童"（child）一词，其含义和今天不一样，它很大程度上相当于今天口语中的"小伙子"（lad）。儿童是"小大人"的观念和现实，在所有农耕时期的社会基本相似，这种状况在我国当下也非常普遍。阿利耶斯说："不要把童年观念和对儿童的喜爱混为一谈：童年观念对应于对童年特殊性质的意识。该特殊性质（particular nature）将儿童和成人甚至年轻成人区别开来。"③

那么，在历史上，童年观念和儿童内在价值意识诞生于什么时候，

052

---

① Young-Bruehl, E. (2012). *Childism*. New Haven: Yale University Press, p. 17.

② Aries, P. (1960/1962). *Centuries of Childhood: A Social History of Family Life*. Trans. Robert Baldick. New York: Alfred A. Knopf. p. 128.

③ Ibid.

是如何发展变化的？我们可大致将其发展概括为前后相继的四个阶段，即文艺复兴时期的人文主义儿童价值观，启蒙运动时期的个性主义儿童价值观，19世纪末20世纪初以来的民主主义儿童价值观，20世纪下半叶以来的存在主义儿童价值观。

（一）人文主义儿童价值观

14—16世纪发生于欧洲的文艺复兴运动（the Renaissance）是人类社会人性觉醒和人文复兴的伟大运动。随着新的经济形态工商业的诞生与发展，以"新教徒"为主体的新兴资产阶级奋起反对中世纪以来的教皇专制和教会权威，历史由此进入"新时代"。"新时代则把注意力从天上移到人间，自然科学逐渐位于前列。"[①]"人们对人类的成就发生兴趣，尊重人，推崇人类天才；人的才能不再认为无足轻重或可鄙的……表现厌世、苦难和死亡的精神的中世纪艺术，让位给表现人生自然快乐的文艺复兴的艺术。"[②]"希腊和罗马文化复活或重生，这就是文艺复兴；重新发现人性，这就是人文主义。"[③]当人性唤醒、人文回归，必然会"发现儿童"，因为"童性"（Childhood）是人性的有机构成、必要构成；另一方面，既然儿童也是人，儿童必然拥有完整人性（Humanity）。根据阿利耶斯的研究，西方世界到14世纪以后才逐渐在艺术、文学作品和日常生活中真正发现了儿童。

文艺复兴时期诞生了两种童年观念。第一种观念是"儿童是可爱的"。这在当时的文学艺术作品和关于照看儿童的记录中显露无疑。阿利耶斯这样写道："一种新的童年观念出现了，儿童因其可爱、单纯和有趣（drollery），成为成人娱乐和放松的来源。"[④]这种观念一般存在于家庭范

053

---

① 〔美〕梯利.西方哲学史［M］.葛力，译.北京：商务印书馆，1995：252.

② 同上，第254页.

③ 同上，第253页.

④ Aries, P. (1960/1962). *Centuries of Childhood: A Social History of Family Life*. Trans. Robert Baldick. New York: Alfred A. Knopf. p. 128.Aries, P. (1960/1962). *Centuries of Childhood: A Social History of Family Life*. Trans. Robert Baldick. New York: Alfred A. Knopf. p. 129.

围内，存在于成人陪伴儿童的过程中。成人认为儿童本身可爱、发自内心地关爱儿童甚至走向溺爱（coddling），这在历史上是第一次。因为中世纪占主导地位的儿童观是基督教"原罪说"——儿童是肮脏、有罪的。第二种观念是"反对溺爱儿童"。它主张用规训的、理性的方式对待儿童。该观念一般存在于家庭之外的社会情境、公共场所中。阿利耶斯认为这种反对溺爱儿童、对儿童恼怒的情绪，"与'溺爱'同样是新奇的，与中世纪人们的漠不关心态度相比，它甚至比'溺爱'更新奇"[1]。

如果说第一种童年观念主要是情感上悦纳儿童，那么第二种观念则进一步主张要理性对待儿童。两种观念相互影响。正是在此基础上，进入16世纪末以后，人们开始对儿童产生心理兴趣和道德关怀。"为了纠正儿童的行为，人们必须首先理解它，16世纪末和17世纪的文献中充满着儿童心理的评论。"[2]人们逐步从爱儿童，走向理性对待儿童，并通过教育促进儿童理智的发展。文艺复兴时期温情脉脉的人文主义的儿童观开始走向新的历史时期。

（二）个性主义儿童价值观

人类在17—18世纪进入启蒙运动（the Enlightenment）时期。在人性与人文精神觉醒的基础上，继续前行，崇尚个性自由和理性精神，真正确立"个体性"（Individuality）概念，是启蒙运动的伟大贡献，标志着人类正式迈入"现代时期"（the Modern Age）。启蒙运动时期的伟大哲学家康德在《实践理性批判》（1788年）中写道："人确实不够神圣，但人的人性（Humanity）对他而言必须是神圣的。在所有造物中，人需要且有权力控制的每一事物，也只能仅作为手段被使用。唯有人，以及与他一起的

---

① Aries, P. (1960/1962). *Centuries of Childhood: A Social History of Family Life*. Trans. Robert Baldick. New York: Alfred A. Knopf. p. 128.Aries, P. (1960/1962). *Centuries of Childhood: A Social History of Family Life*. Trans. Robert Baldick. New York: Alfred A. Knopf. p. 130.

② Iibd., p. 132.

每一种理性生命，是目的本身（purpose in itself）。……永远不要将这一主体仅用作手段，［始终］将他本身同时视为目的。"[1]神圣的人性即人格（Personality），本质特征即理性自由或自主。人即目的，意味着人的理性精神——探究批判精神即目的。康德在那篇著名论文《回答一个问题："什么是启蒙？"》（1784年）这样写道："对这种启蒙而言，所需要的一切是自由（Freedom）。这里所说的自由是一切之中最无害的形式——人们对所有事情公开运用理性的自由。……什么能够真正促进启蒙？我回答：人必须自始至终都有公开运用理性的自由，这本身就能给人类带来启蒙。私下运用理性通常可能会受其狭隘性的限制，但对启蒙的进步也无伤大雅。"[2]在康德看来，倘若一个人不能随时公开运用理性对事物做出判断，这便是"未启蒙"或"不成熟"状态。启蒙当然需要外部条件，但首先源于人对理性自由的追求与渴望，这是理性生命的特征、人的内在需要和尊严。因此，"未启蒙"首先是一种"自我招致的不成熟"（self-incurred immaturity）。"不成熟是一个人在没有别人指导的情况下不能运用自己的理解。"[3]人"不成熟"的原因是"懒惰与懦弱"。康德感慨地说："不成熟是如此便利！"因为一切都不需要自己做判断。[4]走向启蒙则需要"决心与勇气"，"有勇气去运用你自己的理解！"[5]在康德看来，所有人都理应且能够在没有别人指导的情况下运用自己的理解并公开运用理性，这就是启蒙。启蒙是人的自由和尊严。由此，"原子个人"理念在人类历史上正式得以确立。

　　卢梭是启蒙运动时期的伟大思想家。他于1762年出版教育史上的不

055

---

① Kant, I. (1788/2002). *Critique of Practical Reason*. Translated by Werner S. Pluhar. Indianapolis, IN: Hackett Publishing Company. p. 112. 着重号为原文所加.

② Kant, I. (1784/1991). "An Answer to the Question: 'What is Enlightenment?'" in *Kant Political Writings*, edited by H. S. Reiss. Cambridge University Press. p. 55. 着重号为原文所加.

③ Ibid., p. 54. 着重号为原文所加.

④ Ibid.

⑤ Ibid. 着重号为原文所加.

朽名著《爱弥儿》。如果说"原子个人"的理念是所有启蒙思想家的共同贡献（康德居功至伟）的话，那么"原子儿童"理念的确立则是卢梭的独特贡献，该理念让教育真正迈入"现代时期"。卢梭写道："在万物的秩序中，人类有它的地位；在人生的秩序中，童年有它的地位；应当把成人看作成人，把孩子看作孩子。"①这可以说是人类历史上第一份非正式儿童权利宣言，它把童年与成人区分开来，确立其独特价值。什么是理想的儿童？卢梭的回答是让他成为"自然人"（Natural Man）。"自然人完全为他自己。他完整统一。他是一个绝对整体，只对他自己或他所属的类别具有相对性。"②所谓"自然人"，就是完整统一的独立个性，是拥有理性精神的自由人。"他能够用他自己的眼睛去看，用他自己的心去想，而且，除了他自己的理智以外，不为任何其他的权威所控制"，"只要他处在社会生活的漩流中，不至于被种种欲念或人的偏见拖进漩涡里去"。③他心中的观念为数不多，然而是很明确的；虽说他读书没有别的孩子读得好，但他对自然这本书的理解却比其他的孩子透彻；他的智慧不表现在他的舌头上，而是储藏在他的脑子里；他的记忆力不如他的判断力强；他只会说一种语言，但是他懂得他所说的语言；虽然他说话不像别人说得那样好，但他做事却比他们做得高明。④观念明确、富有智慧，有判断力、不被权威控制，做事高明、鄙夷夸夸其谈，理解自然，拥有理性和自由，不为欲念和偏见所左右，这就是卢梭心目中的自由个性。为培养这样的人，卢梭提供的策略是离群索居，把儿童带离喧嚣的城市生活，在大自然中培养儿童。他塑造的"爱弥儿"就是自由个性的标准像。

由此观之，当人类迈入启蒙运动时期，个性主义儿童价值观真正确立

---

① 〔法〕卢梭. 爱弥儿［M］. 李平沤，译. 北京：商务印书馆，1978：74.

② Rousseau, J. (1762/1979). *Emile or On Education*. Translated by Allan Bloom. Basic Books. p. 39.

③ 〔法〕卢梭. 爱弥儿［M］. 李平沤，译. 北京：商务印书馆，1978：360.

④ 〔法〕卢梭. 爱弥儿［M］. 李平沤，译. 北京：商务印书馆，1978：206.

起来。它既尊重童年价值，又尊重儿童个性价值。两种价值的核心是理性价值——儿童的理智判断能力与智慧。这就是卢梭的"原子儿童"观。这种观念是"现代教育"的核心价值。整个19世纪西方教育思想的发展，某种程度上是卢梭思想的注脚与实验。

（三）民主主义儿童价值观

历史进入19世纪末20世纪初，科学技术、机器大工业迅猛发展，社会和经济组织日趋复杂，呼唤人们的联合生活与行动。康德建立在"先验理性"基础上的"原子个人"理念开始暴露出局限性。用杜威的话说，技术科学与"企业工业文明"（a corporate industrial civilization）对"旧个人主义"提出了挑战。为应对这种挑战，美国社会兴起了"进步主义"（Progressivism）运动或"民主化"运动。"进步主义隐含着这一激进信念：文化能够被民主化而不是庸俗化。"[1]这一运动迅即影响了其他工业国家。它在教育中的表现即是美国"进步教育运动"的兴起，以及包括中国在内的世界范围教育民主化运动的广泛开展。

美国"进步主义"运动的主要倡导者和领导者杜威在哲学上发起了一个与康德不同的"哥白尼式革命"。康德以"先验理性"为基础确立了人是自然的"立法者"的命题，由此建立起主体哲学、启蒙哲学，"个人主义"价值观也就真正确立。但是，这里的"先验理性"是抽象的、非历史的——不依赖任何历史条件，它因而也是凝固的和孤立无援的。因此，尽管康德是哲学上"哥白尼式革命"这一术语的创作者，他却建立起一个"极端的托勒密体系"（an ultra-Ptolemaic system），因其将个人置于世界中心。[2]而杜威则将康德的"先验理性"转化为具有历史性的实验精神和实验活动即"经验"，人基于愿望与假设，通过主体与客体的交互作

---

① Cremin, L. (1961). The Transformation of the School. New York: Vantage Books. p. IX.

② Dewey, J. (1929/1984). *The Quest for Certainty*. In *John Dewey: The Later Works, 1925—1953*. Vol. 4. Carbondale: Southern Illinois University Press. p. 229.

用，积极主动地创造理想的世界，这既是个性的发展的过程，又是社会的进步过程。这样，杜威就在康德的基础上往前迈出了历史性的一步：康德的"旧中心"是心灵的认知，它借助心灵本身完备自足的力量；杜威的"新中心"则是发生于自然过程中的不确定的相互作用（interactions），自然不是固定而完备的，人可以根据自己的需要运用智慧行动或实验创造出新的自然实在。"无论自我或世界、心灵或自然……都不是中心，一如地球或太阳都不是绝对中心……"①正是在这种互动论的、实验主义的哲学观的基础上，杜威提出了一种新的价值观，即"新个人主义"（new individualism）。它倡导适应工业主义和民主社会的"新个性"（new individuality）。杜威写道：

> 个性首先是自发的、未定型的（unshaped）；它是一种潜能性，一种发展能力。尽管如此，它是一种在世界中行动、与世界一起行动的独特方式，该世界由客体与人构成。它并非自身完备自足的东西，比如像一所房子的储藏间或一张课桌的隐秘抽屉，里面藏满宝贝，等待着献给世界。由于个性是一种感受世界影响的独特方式，以及表现对这些影响所喜好的偏向的独特方式，它唯有通过与现实条件的互动才能发展出形态与形式……把个性当作事先准备好的东西去强加，将永远证明是一种矫揉造作（a mannerism），而不是一种风格（a manner）。因后者是一种原创性和创造性的东西，一种正是在创造其他事物的过程中形成的东西。②

---

① Dewey, J. (1929/1984). *The Quest for Certainty*. In *John Dewey: The Later Works, 1925—1953*. Vol. 4. Carbondale: Southern Illinois University Press. p. 232.

② Dewey, J. (1930/1984). *Individualism, Old and New. In John Dewey: The Later Works, 1925—1953*. Vol. 5. Carbondale: Southern Illinois University Press. pp. 121-122.

这就是杜威所确立的不同于康德和其他启蒙哲学家"原子个人"的"新个性"。它一方面汲取"原子个人"理念的合理之处，承认个性的独特性、"不可征服性"（Inexpugnable）；另一方面又克服"原子个人"理念的缺陷，摒弃"旧个性"的抽象性、孤立性和僵化性，强调个性的关系性、互动性与创生性。

总结杜威的哲学、心理学和教育学相关论述，可以发现杜威一方面继承了卢梭"原子儿童"理念的合理之处，另一方面又克服其缺陷，确立了一种新的儿童价值观——民主主义儿童价值观，崇尚适应工业化时代和民主化时代的"新儿童"。这种"新儿童"有以下三个根本特点。

第一，儿童个性或自我不是固定和一成不变的，而是流动的、生长的、处于创造过程之中的。杜威写道："自我不是现成的东西，而是经由行动选择而持续形成的东西。"[①]一个人选择了行动，就选择了自我。每一个儿童的个性或自我都是独特的、不可替代的、不可征服的，父母、教师或其他成人只有尊重儿童个性，才有真正的儿童教育。杜威将这一点称为教育的"基本原理"（the fundamental principle）："儿童永远与他自己的活动在一起，这些活动是当下的、紧迫的，它们不需要被'引诱出'、'吸引出'或'开发出'，等等。无论家长或教师，教育者的工作只是确定这些活动，在活动之间建立联系，为活动提供适当的机会和条件。"[②]儿童的个性首先表现在其活动的自主性和自发性，一切教育均需以此为基础。

第二，儿童个性发展依赖于汲取"科学态度"。人们只有在创造新事物的过程中才能发展"新个性"。儿童只有通过探究创造而学习、受教育，才能成为"新儿童"。而充分体现创造精神的文化则是科学技术，其

---

① Dewey, J. (1916/1980). *Democracy and Education. In John Dewey: The Middle Works, 1899—1924.* Carbondale: Southern Illinois University Press. p. 361.

② Dewey, J. (1895/1972). Results of Child-Study Applied to Education. In *John Dewey: The Early Works, 1882—1898.* Vol. 5. p. 204.

本质不是固定的知识或产品，而是"科学态度"（the scientific attitude）。"科学态度既是实验性的，也是内在地交往性的。"①其本质是突破教条、习惯对创造发明的控制。实验探究的本质是基于可证实的事实对既有结论的不断修正。"这种态度一旦寓于个体的心灵之中，将会发现一种操作性出口。"②当人生拥有了一种不断进取的实验精神，人就会成为一种"新个性"——创造者、问题解决者。

第三，儿童个性发展依赖于参与社会互动。杜威在早年撰写的《我的教育信条》中开宗明义："我相信所有教育均通过个体参与种族的社会意识而进行。""我相信唯一的真教育产生于被社会情境的需要所激发的儿童的力量，儿童在社会情境中发现自我。"③儿童发展植根于社会情境与社会意识。"真教育"（true education）产生于社会需要与儿童力量的连接。"我相信受教育的个人是社会的个人，社会是个人的有机联合。如果我们从儿童中剔除社会因素，我们就只剩下一个抽象物；如果我们从社会中剔除个人因素，我们就只剩下惰性的和无生命的大众。"④离开了社会的儿童是抽象的，脱离了儿童的社会是僵化的。儿童在积极参与社会意识、社会情境和社会服务中获得个性发展。

由此观之，进步主义运动是启蒙运动的继承与发展，"新个人主义"建立在"原子个人"观念的基础之上，"新儿童"是"原子儿童"的继承与发展。

（四）存在主义儿童价值观

人类历史进入20世纪下半叶以后，科学技术和工业文明迅猛发展，但它们给人类社会带来的影响，并未像杜威所预测的那样乐观。恰恰相

---

① Dewey, J. (1930/1984). *Individualism, Old and New. In John Dewey: The Later Works, 1925—1953*. Vol. 5. Carbondale: Southern Illinois University Press. p. 115.

② Ibid., p. 116.

③ Dewey, J. (1897/1972). My Pedagogic Creed. In *John Dewey: The Early Works, 1882—1898*. Vol. 5. p. 84.

④ Ibid., p. 86.

反，历史再一次背负沉重的代价前行。两次世界大战给人类带来了前所
未有的灾难，但其主要发动者恰恰是启蒙运动的发生地之一、康德的故
乡德国。这迫使人们反思"启蒙理性"本身的问题。现象学和存在主义哲
学系统研究了"启蒙理性"和科学危机的根源。现象学的创造者胡塞尔
（Edmund Husserl）认为欧洲科学的危机起因于脱离"生活世界"。"存在
现象学"的主要代表之一、胡塞尔的学生海德格尔（Martin Heidegger）
说现代技术的本质是"座架"（Enframing，德文：Ge-stell），它通过精密
计算与框束，把大自然和人类社会转化为"永久能量储备"（the standing
energy reserve），并由此毁灭世界。"……技术的本质，座架，是最极端的
危险。……哪里被座架控制，哪里就有最大程度的危险。"[1]法兰克福学派
则系统批判"技术理性"和"技术统治论"。以福柯（Michel Foucault）
为代表的后结构主义者则深刻解构"启蒙理性"的权力本质。各类后现代
主义者则批判古往今来的"表征主义""基础主义""本质主义"。凡此种
种构成20世纪下半叶的时代精神——人本主义转向。不断膨胀的"技术理
性"和权力欲望的媾和必然带来社会危机，也必然导致儿童危机。美国当
代最著名的存在主义课程理论家派纳（William F. Pinar）曾把儿童危机概
括为如下方面：幻想生活（fantasy life）的过度膨胀或萎缩；由于模仿他
人致使自我分裂或消逝；过度依赖并阻止自主性发展；由于被他人过度批
评而导致自爱丧失；归属性需要（affiliative needs）被阻断；自我疏离并
由此影响个性化过程；自我导向（self-direction）被异化为他人导向；自我
消逝并将外在自我内化于己；将压迫者（the oppressor）内化于己并导致虚
假自我体系的发展；由于学校教育群体的反人格性（impersonality）致使
个人实在（personal reality）被异化；由于得不到承认致使自我枯竭；审美

---

① Heidegger, M. (1977/1993). *Basic Writings*. Edited by David Farrell Krell. New York: Harper Collins. p. 333, emphasis original.

与感性知觉能力萎缩。①这若干种儿童人格的病症是"技术理性"戕害儿童发展的典型表现。美国当代最著名的存在主义教育哲学家格林（Maxine Greene）也批评道："此时此刻，当儿童的生命与声音正在被发现和再发现的时候，有一种可怕的讽刺就是持续倾向于将幼儿问题还原为技术问题。"②唯摆脱"技术理性"，才可能走出儿童危机。

基于存在现象学理解儿童，即形成存在主义儿童价值观，这是20世纪中叶以后儿童学研究的新进展。它尊重儿童的多元发展，强调儿童的意识觉醒，崇尚儿童的自我创造。由此形成"存在性儿童"观念。

首先，儿童发展具有多元性。实在（reality）是多元的，儿童即可能性（possibility）。"唯一实在"并非实在或世界本身的特性，而是理性的产物。当理性无论以什么名义宣布了"唯一真理"或"唯一本质"，实在便被强行裁剪为"唯一实在"，世界就会置于被毁灭的危险之中。为避免这种危险，自20世纪初美国实用主义的创始人之一詹姆士（William James）提出"多元宇宙"（multiple universe）理念开始，多元实在论发轫。存在现象学家则正式将这种观念确立起来。他们认为实在意味着"解释性经验"（interpreted experience），是与人联系在一起的。存在现象学家梅洛-庞蒂（Maurice Merleau-Ponty）曾说，世界由"视角"（perspectives）所构成，视角不是人对世界的主观歪曲，而是世界本身的特性。理解并解释世界，需要尊重不同视角。是谓"视角主义"（perspectivism）。③另一主要存在现象学家舒茨（Alfred Schutz）干脆提出"多元实在"（multiple realities）论。他写道："所有实在的起源都是主观性的，无论什么，只要引发和刺激了我们的兴趣，就是真实的。说一个事物是真实的，意味着

---

① Pinar, W. (2000) (Ed.). *Curriculum Studies: The Reconceptualization*. Troy, NY: Educator's International Press, Inc. pp. 362–381.

② Greene, M. (1992). Beyond the Predictable: A Viewing of the History of Early Childhood Education. In Williams, L. & Fromberg, D. (Eds.) (1992). *Encyclopedia of Early Childhood Education*. New York: Routledge. p. 31.

③ Merleau-Ponty, M. (1963). The Structure of Behavior. Trans. by A. Fisher. Boston: Beacon Press. p. 220.

它与我们自己建立了一定关系。"[1]世界与不同的人以及处于不同情境的同一个人建立了不同的关系，生成了不同的经验与意义，因而拥有了多元实在。"存在不可胜数种类的不同惊奇体验，即存在同样多的不同有限意义域（finite provinces of meaning），我可以对其赋予实在之意义。"[2]既然实在多元，价值必然多元。教育哲学家格林、弗莱雷等人据此提出了多元主义的儿童价值论与教育价值论。多元价值论意味着每一个儿童发展不是"决定性"（Determinism），而是可能性。人终其一生都具有"未完成性"（Incompleteness），可以不断重新开始，不断使自己变得更好，人的发展具有可能性和不可预测性。与成人相比较，童年具有更丰富的可能性和不可预测性。但由可能变为现实则需要外部条件的支持。可能性越丰富，对外部条件的要求则越高。因此，促进儿童可能性发展的教育必须既是高度自由和多元的，又是高度专业化的。多元价值论还意味着让儿童发展植根于差异之中。格林曾倡导在儿童教育中建立"差异性和异质性的理念"，摒弃以"标准化考试"为代表的一切消灭差异和异质的整齐划一做法。她说："我们唯有开始意识到视角主义的重要性，拒绝客观主义，拒绝僵化权威，拒绝让标准（Standards）居于一些更高级的领域——将标准应用于每一个人、每一件事……"[3]多元价值论也意味着让儿童发展植根于关系之中。尊重儿童的差异与多元，并不意味着要回到"原子儿童"的理念，恰恰相反，这意味着建立一种新的儿童关系——尊重差异、追求多元的儿童共同体（Community）。格林说："我走向某种'多元实在'的理念……关系网络（networks of relationships）的理念。我拒绝做世界的疏远的、自治的观察者的模式，彻底走向某种参与者的形象，向世界开放，在世界之

---

① Schutz, A. (1962). *Collected Papers I: The Problem of Social Reality*. Boston: Martinus Nijhoff. p. 207.

② Ibid., p. 231.

③ Greene, M. (1994). Multiculturalism, Community, and the Arts. Quoted in Pinar, W. (1998) (Ed.). *The Passionate Mind of Maxine Greene*. Bristol, PA: Falmer Press. p. 64.

中。"①儿童在与他人和世界的关系中发展、实现其可能性。

其次，儿童需要意识觉醒。人是一种意向性存在、意识存在，儿童即陌生者（Stranger）。存在现象学即意识哲学，它将人的"在世存在"和意识存在化为一体。倘若人过度沉浸于日常生活之中，被动接受制度规范、风俗习惯、行为模式、身份偏见诸如此类的控制，人的心灵便处于"沉睡状态"，他或她的"存在"便是"虚无"。因此，意识觉醒是人存在的前提。存在现象学认为，让人摆脱"沉睡状态"、唤醒意识的一个重要策略是使自己与沉浸其中的日常生活方式"保持距离"，让自己摆脱常规化的"自然主义态度"，让熟悉之物变得陌生，让心灵永远保持好奇与清新，由此使自己成为"陌生者"。舒茨因而提出了"广泛觉醒"（wide-awakeness）的理念。舒茨写道："通过'广泛觉醒'这一术语，我们意指最大张力的意识水平。该张力产生于对生活及其需要的充分专注的态度。只有表现着特别是工作着的自我，才能对生活产生充分兴趣，因而是广泛觉醒的。"②人的意识生活（conscious life）的特点即是对生活的专注与兴趣。最高专注与最大兴趣意味着意识的"广泛觉醒"。根据法国生命哲学家柏格森（Henri Bergson）的观点，当人处于行动过程中的时候，意识生活的专注度往往最高。格林将"广泛觉醒"的理念引入儿童教育中，并将儿童意识"广泛觉醒"作为教育的重要目的。儿童需始终拥有自我反思和探究意识，不断追问"我是谁？""我是谁的？""我将走向哪里？""我将如何实现自我价值？"，如此等等。在这种追问中获得"存在性自由"（existential freedom）。正如格林所言："我们将与我们视为理所当然的东西决裂……将我们自己向多元主义的五彩缤纷的愿景开放。"③儿童的自

---

① Greene, M. (1998). Towards Beginnings. In Pinar, W. (1998) (Ed.). *The Passionate Mind of Maxine Greene*. Bristol, PA: Falmer Press. p. 257.

② Schutz, A. (1962). Collected Papers I: *The Problem of Social Reality*. Boston: Martinus Nijhoff. p. 213.

③ Greene, M. (1995). *Releasing the Imagination*. San Francisco: Jossey-Bass. p. 190.

我反思、自我追问，就是自我探究过程。通过自我探究，使自我"陌生化"，让"新我"不断诞生，让儿童持续追求"陌生的创造自由"。①

再次，儿童需要自我创造。人是自我创造的，儿童即"项目"（Project）。存在主义哲学的主要代表之一萨特（Jean-Paul Sartre）提出了存在主义的"第一原则"——"存在先于本质"（"existence precedes essence"）。②即是说人的本质或"人性"（Human nature）不是事先存在、固定不变的，而是人自己创造出来的。人界定、创造其本质之前，首先需要"存在"。"他首先在世界上现实地存在、与他自己相遇，唯其如此，然后才界定他自己。"③人首先是自己的，首先是他自己，按照他自己的意愿去"设计"自己，然后他才存在，否则他就是虚无。存在主义的"主体性"（Subjectivity）就是人有意识地、按照自己的意愿创造他自己。在这里，萨特提出了存在主义的又一核心观念：人即"项目"。"人确实是拥有主体性存在的一个项目（a project），而不是一片苔藓、不断蔓延着的真菌或一个花椰菜。"④项目，按字面意义就是向前、向未来去设计。萨特后来在《寻找一种方法》一书中对"项目"做了进一步界定，将之视为人超越现实和情境、创造未来的"前行的方法"（a progressive method）。他写道："最基础性的行为必须既与真实而当下的因素相联系而决定，它们为行为提供条件；又与即将到来的特定对象相联系而决定，该对象是行为试图创造的。这就是我们所称谓的项目（the project）。"⑤这意味着人在从事这种"最基础性（Rudimentary）行为"的过程中成为"项目"。人即项目，是指人在行动中创造自己所向往、所想象、所热爱的事物和生活中创造他自

065

---

① Camus, A. (1960). *Resistance, Rebellion, and Death*. New York: Vintage International. p. 251. Quoted in Pinar, W. (1998) (Ed.). *The Passionate Mind of Maxine Greene*. Bristol, PA: Falmer Press. p. 99.

② Sartre, J. (2007). *Existentialism is a Humanism*. Trans. C. Macomber. New Haven: Yale University Press. p. 22.

③ Ibid.

④ Ibid., p. 23.

⑤ Sartre, J. (1963). *Search for a Method*. Trans. H. Barnes. New York: Alfred A. Knopf. p. 91.

己。这才叫人对自己负责。但这种"主体性"绝不是"原子化"的，而是关系中的。对自己负责也是对人类负责。"当我们说人为他自己负责的时候，我们绝不意味着他只为他自己的个体性（individuality）负责，而是指他对所有人负责。"①格林充分发挥萨特的思想，将之引申为"儿童即项目"的理念。她说："儿童必须被理解为'项目'，推动她或他自己走向对他或她的未来的意识。"②儿童本质上是自我创造的，而非成人或社会赋予的。儿童自我创造的前提是对未来自我的意识觉醒。儿童自我创造的过程，是持续投入超越现实、实现理想的"项目"行为。

儿童始终向多元主义的可能性愿景开放，儿童在自我探究中实现意识充分觉醒，儿童在自我创造中成长，即"存在性儿童"的基本内涵。

（五）内在主义儿童价值论的内涵

自文艺复兴开始后的五百年中，人们对儿童价值的认识逐步摆脱外在的工具主义，走向"内在主义"（immanentalism），用杜威的话说，人们开始从内在的、绝对的观点看待儿童。儿童内在价值的确立与人类社会的进步相辅相成。

内在主义儿童价值观的主要内涵可概括如下：

第一，童年、童性以及与之相适应的儿童文化拥有内在价值。如果说从卢梭到让·皮亚杰（Jean Piaget），无数关于儿童发展的年龄阶段划分及相应特征的描述，人们存有争议，但把童年作为人生的特殊阶段、把儿童群体作为社会总体的相对独立群体、把儿童文化作为社会文化的有机构成，由此真正确立童年阶段的独特价值并予以体现，这已然成为人类共识。唯有如此，才能摆脱把儿童视为"小大人"、成人的"准备"、需要"批准"为人的专制文化。童年、童性和儿童文化内在价值的确立是进步

---

① Sartre, J. (2007). *Existentialism is a Humanism*. Trans. C. Macomber. New Haven: Yale University Press. p. 23.

② Greene, M. (1992). Beyond the Predictable: A Viewing of the History of Early Childhood Education. In Williams, L. & Fromberg, D. (Eds.) (1992). *Encyclopedia of Early Childhood Education*. New York: Routledge. p. 32.

社会的基本标志。

第二，儿童个性拥有内在价值。同处童年阶段的每一个儿童各不相同，其差异和个性是最可宝贵、最值得珍视的。"儿童即目的"的价值理念是通过把每一个儿童视为目的、视为"无价之宝"而真正体现的。衡量一种教育好坏的标准，就是看其是否植根于儿童差异之中，是否让每一个儿童的个性获得保护、特长能够发展、潜能充分释放。衡量一个社会进步的标准不仅看儿童整体是否获得保护和发展，还要看其是否包容儿童的个体差异。只要社会盛行标准化考试和等级化竞争，儿童个性必然被戕害。只要社会有一个儿童被忽视或虐待，就需要不断改进。

第三，儿童的内在价值集中体现于自我创造。儿童是意识存在，有自己的独特"意识生活"。儿童因而能够自我选择、自我设计、自我探究、自我创造。不能把儿童对父母和其他成人的物质生活的依赖性简单引申为对其精神生活的依赖性，由此泯灭儿童人格的独立性。成人，特别是父母和学校教师，只有尊重了儿童的"他者性"（Otherness），才能与儿童之间建立起平等的对话关系，也才能为儿童的自我创造提供精神条件。成人不仅要遵循"己所不欲、勿施于人"的古训对待儿童，还要学会运用"人所不欲、勿施于人"的现代意识对待儿童。父母与子女、教师与学生、成人与儿童之间民主关系的建立，是任何进步社会的基石。

第四，儿童的内在价值是动态发展的。儿童的内在价值之表现，无论是普遍的"童性"还是每一个儿童的"个性"，都是在与外部环境的持续互动中生成与发展的。它不是像埋在地下的金矿或玉石那样固定，等待被人挖掘开采。它本身具有"生成性"（Becoming）和变化性。当外部条件适合，它就不断生长、发展。如果外部环境严酷，它就会被压抑与扭曲。另一方面，儿童内在价值观念也是动态的，具有历史性。它在特定历史阶段产生，随着历史发展其内涵会不断丰富。它是时代精神的有机构成，随时代发展而变化，并深层次推动历史进步。

尊重儿童的内在价值，既是捍卫儿童的世界，又是创造人类的未来。

四、儿童价值论的愿景

儿童价值论是关于儿童"应然性"（ought-to-be）的哲学探究。它探讨的基本问题是：儿童应当怎样，儿童与自我的应然关系，儿童与自然的应然关系，儿童与成人的应然关系，儿童与社会的应然关系，等等。随着时代发展变化，特别是信息时代的到来，既持续批判工具主义儿童价值论不断滋生的新形态，又不懈探索内在主义儿童价值论的新内涵，以为儿童发展奠定理论基础，是儿童价值论的理论愿景。

儿童价值论的实践愿景可一言尽之：满足儿童需要，保障儿童权利，体现儿童的内在价值。

满足儿童需要是成人的责任。当成人践履此责任的时候，不仅在促进儿童健康发展，而且在建立一个成人也置身其中的完美社会。因此，成人满足儿童需要的过程，也是间接满足自身需要的过程，促进社会进化的过程。另一方面，儿童没有满足成人需要的责任，倘以各种借口和方式逼迫儿童满足成人需要，这既是强加儿童偏见的过程，也是阻碍社会进化和进步的过程。

进入21世纪以后，国际儿童学界诞生了一个概念，即"儿童不可约需要"（the irreducible needs of children），意指现代社会每一个儿童健康发展最根本、不可减少的必要需求。倘不能满足这些需求，就是儿童监护人或社会的责任。美国著名儿童学者布雷泽尔顿（T. Berry Brazelton）与格林斯潘（Stanley I. Greenspan）于2000年出版《儿童不可约需要》一书，他们的出色研究影响了美国和联合国相关儿童政策和法案的制定。他们在本书中将儿童的"不可约需要"概括为如下7种：

1. 儿童与其监护人之间的爱与专注性互动；
2. 身体保护、安全与节制（regulation）；

3. 适应个性差异的经验；

4. 发展适宜性经验（developmentally appropriate experiences）；

5. 限制（limit）环境、结构与期望；

6. 稳定的社区和文化连续性（Cultural continuity）；

7. 保护未来。[①]

布雷泽尔顿与格林斯潘基于心理学、人类学、医学、儿童学等跨学科视野确立此"儿童不可约需要"框架。第一条指向儿童与父母或其他监护人之间以爱和专注为基础的关系。儿童至少要和一个成人建立持久而连续的亲情联系，方可健全发展。第二条指向儿童的身心安全与保护。保护儿童不被忽视与虐待。特别强调对儿童环境的节制：避免所有构成"混乱"（chaos）的事物，如过多看电视、环境污染、家庭暴力、街头暴力等。第三条指向尊重儿童个性差异的经验之重要性。因此要反对标准化或过度仪式化的儿童教育。尤其反对"标准化考试"，因其伤害儿童个性发展。这种考试不提供任何尊重个性差异的经验，对所有儿童都是伤害性的，对作为"失败者"的儿童的伤害尤其深。儿童越是考试失败，就会越多做试卷，就越多受到"标准答案"的伤害。"标准化考试"会让儿童受到羞辱，"羞辱会伤害儿童，它会产生愤怒与怨恨"[②]。"你不能只是通过测验儿童而教育儿童。"[③]因此必须严格限制"标准化考试"的数量和使用范围。第四条指向为儿童提供适合其发展阶段的经验，创设适宜的情感与理智环境。例如，为保护儿童大脑健康发展，三岁以下儿童每天看电视不能超过半小时；在校儿童不能花太多时间做作业，否则会妨碍儿童参与家庭活

069

---

① Brazelton, T. & Greenspan, S. (2000). *The Irreducible Needs of Children: What Every Child Must Have to Grow, Learn, and Flourish*. Quoted in Young-Bruehl, E. (2012). *Childism*. New Haven: Yale University Press, pp. 275–279.

② Young-Bruehl, E. (2012). *Childism*. New Haven: Yale University Press, p. 277.

③ Brazelton, T. & Greenspan, S. (2000). *The Irreducible Needs of Children: What Every Child Must Have to Grow, Learn, and Flourish*. Quoted in Young-Bruehl, E. (2012). *Childism*. New Haven: Yale University Press, p. 276.

动、与同伴玩耍、参加体育活动，因而得不偿失。第五条指向将环境、行为结构和对儿童的期望"限制"到适合儿童的年龄和发展水平。特别反对体罚儿童。"身体惩戒，例如打儿童或拍打儿童屁股，绝不是纪律的可接受的替代方式。纪律意味着教育，而非惩罚。"①第六条指向家庭、社区与学校协调一致，为儿童提供稳定而连续的教育环境。抚养、保护和教育儿童是家长与其他成人的责任。不能反过来让儿童参加过分的劳动去"抚养"家长。"儿童不应该被要求去'抚养'家长，这与养育的自然秩序相违背。"②第七条指向把自己的儿童与全世界所有儿童联系起来，保护他们的未来。"放眼世界，未来世世代代的儿童和家庭将越来越紧密地相互联系。为了保护一个儿童的未来，我们必须保护所有儿童的未来。"③为此，全世界的成人都需要让儿童的需要优先于成人的需要，珍视每一个儿童的未来。

关于儿童的"不可约需要"当然可以从不同的角度去研究与发现，满足这些需要的方法也可体现家庭、地域和文化的特殊性。但可以达成共识的观点是：所有儿童的健康发展均有"不可约"的根本需要，它们随时代发展和社会进步而越来越复杂，儿童精神和尊严的需要所占的比重越来越大，满足这些需要的要求越来越高、越来越专业。所有成人和整个社会都有义务携起手来满足儿童的"不可约需要"。

儿童需要是儿童发展的内在方面，儿童权利则是儿童发展的外在方面。所谓"儿童权利"，是指儿童依法享有的权利。这包括相互联系的两个方面：一是所有儿童与所有成人共享的普遍人权；二是0—18岁儿童所享有的特殊权利。儿童权利需要基于公共理性的国际、国家和地方法规加

---

① Brazelton, T. & Greenspan, S. (2000). *The Irreducible Needs of Children: What Every Child Must Have to Grow, Learn, and Flourish*. Quoted in Young-Bruehl, E. (2012). *Childism*. New Haven: Yale University Press, pp. 277–278.

② Young-Bruehl, E. (2012). *Childism*. New Haven: Yale University Press, p. 278.

③ Brazelton, T. & Greenspan, S. (2000). *The Irreducible Needs of Children: What Every Child Must Have to Grow, Learn, and Flourish*. Quoted in Young-Bruehl, E. (2012). *Childism*. New Haven: Yale University Press, p. 279.

以保障。就国际法规而言，以联合国大会1948年颁布实施的《世界人权宣言》为代表的各类"宣言""公约""行动纲领"等能够保障儿童的普遍人权。在这类法规中，有时会针对儿童的人权做出专门规定。例如，《世界人权宣言》第25条规定："母亲和儿童享有特殊关爱和帮助。所有儿童，无论出生于婚姻内外，将享有同等社会保护。"第26条规定："人人享有教育权。至少在小学和基础阶段，教育将免费。""教育将指向人的个性的充分发展，并不断强化对人权和基本自由的尊重。"[1]专门维护儿童权利的国际法规主要有三个，即《1924年日内瓦儿童权利宣言》、联合国大会1959年颁布的《儿童权利宣言》、联合国大会1989年颁布的《儿童权利公约》。目前，联合国儿童权利委员会和联合国儿童基金会积极推动、世界各国正在普遍实施的法规是《儿童权利公约》。我国政府也在1990年联合国召开的"世界儿童问题首脑会议"上签署了这一公约。

贯穿于1959年《儿童权利宣言》和1989年《儿童权利公约》的核心理念是"为了儿童最佳利益"（in the best interest of children）。《儿童权利宣言》"原则7"写道："儿童最佳利益将是负责儿童教育和引导的指导原则。该责任首先由儿童父母承担。"[2]《儿童权利公约》第3条规定："关于儿童的所有行动，无论由公共或私人社会福利机构、法院、行政机构或法律组织来执行，儿童最佳利益将是首要考虑因素。"除此条外，"儿童最佳利益"概念还出现于本公约之第9、10、20、21、37、40条之中。[3]何谓"儿童最佳利益"？它是指任何情境中的任何儿童个人和儿童群体都享有最大限度的生存、发展与保护权利，儿童观点得到尊重、享有表达自由，所有儿童被平等对待、不被歧视。这是指导一切儿童法规、政策和行动的第一

---

[1] United Nations General Assembly (1948). Universal Declaration of Human Rights.

[2] United Nations General Assembly (1959). The Declaration of the Rights of the Child.

[3] United Nations General Assembly (1989). The Convention on the Rights of the Child.

原则。①概括起来说，获得最佳的生存、发展与保护，是每一个儿童的基本权利。为此，各国政府和社会有义务做到：第一，"抚养"（provision）：减少并最终消除儿童贫困，为每一个儿童提供生活条件和教育，使其健康而自由发展；第二，"保护"（protection）：让每一个儿童彻底摆脱劳动剥削、虐待与忽视；第三，"参与"（participation）：让每一个儿童充分参与家庭、学校和社区生活，表达观点，发展能力、道德与责任心。这就是联合国所倡导的面向所有儿童的"3Ps计划"。②此为"儿童最佳利益"的行动表达。

总之，"儿童最佳利益"概念所体现的是"儿童至上"和"一切为了儿童"的价值观念。以《儿童权利公约》的颁布为标志，人类进入20世纪末期以后，终于确立了一种未来取向的新价值或新道德：儿童是世间一切福祉的最先享用者，一切灾难的最后罹难者。每一个家庭、学校和社区均需践履"儿童至上"和"一切为了儿童"的新道德，以真正满足儿童需要、保障儿童权利，让每一个儿童健康快乐发展、人性个性繁盛。

① United Nations Child's Fund (2007) (Ed.). *Implementation Handbook for the Convention on the Rights of the Child*. Geneva: UNICEF. pp. 37-38.

② Young-Bruehl, E. (2012). *Childism*. New Haven: Yale University Press, pp. 10-11.

第四章
儿童认识论

认识即探究，知识即理解。儿童认识世界的过程即是通过探究生活与学科，建构自己对世界的理解。儿童认识不仅是成人认识的起源与基础，而且是人类整体认识的有机构成。就一切智慧教育而言，本质上是教师理解儿童认识并促进其发展的过程。

一、反思间接主义儿童认识论

20世纪70年以来，从理论到实践，我国教育和社会流行的一种认识论观念是：儿童的认识具有间接性。这包括相互联系的两个含义：第一，儿童以成人的认识或书本知识为媒介间接认识世界；第二，儿童以学习间接经验或书本知识为根本任务。由于儿童经验缺乏、能力低下，其亲身参与世界所获得的直接经验，与浩繁的书本知识或学科知识比较起来，简直微不足道。儿童的直接经验是被成熟的学科知识所取代的对象，至多是掌握学科知识的媒介，本身无独立认识论价值。这种儿童认识论可称为"间接主义"（Intermediatism）。

当"间接主义"被应用于儿童教育之中，便会形成相应的教育认识论。它认为教育本质上是教师主导儿童系统学习间接经验的过程。如果说成人的主要任务是工作、其认识特点是获得第一手的直接经验，那么儿童的主要任务是学习、其认识特点是获得第二手的间接经验。这被认为是儿童认识和教育认识的"特殊性"。这种理论在我国教育学中有一个专门称谓，叫作"特殊教学认识论"。其代表性的表述如下：

> 认识过程……即人脑对客观世界的反映。[①]
>
> 教学过程是一种特殊的认识过程。[②]
>
> 学生认识的对象（客体）和认识方式都是特殊的，主要是间接经验——学习间接的经验，间接地去经验。[③]
>
> 教学中学生的直接经验……它是从属的，从属于间接经验。……它是少量的……不是越多越好。……它是经过改造了的。……具有"做假"或"做戏"的味道。[④]

这些观点是在20世纪50年代我国从苏联引进的"凯洛夫教育学"的基础上加工、改造而成的。20世纪80年代以后，它们被写入国家教育部委托、官方许可的教育学、教学论教材，成为一代代师范生学习和教育学者研究的内容。间接主义教育认识论由此成为我国教育理论与实践的重要支柱。它的影响则超出了学校教育领域，波及广大家庭与社会。

间接主义认识论因将"学习间接的经验、间接地去经验"强行规定为儿童认识的"特点"和教育认识的"特殊性"，这为学校、家庭和社会中形形色色的儿童灌输教育铺平道路。灌输教育需要两个认识论条件：（1）源自儿童外部的间接经验——现成知识、行为规范、价值观念

---

① 王策三. 教学论稿（第二版）[M]. 北京：人民教育出版社，2005：110.

② 同上，第109页.

③ 同上，第116页.

④ 同上，第117-118页.

等——是最重要的；（2）儿童的直接经验是错误的或无足轻重的，需要被间接经验加以改造。间接主义认识论充分满足了这两个条件。它是压抑儿童人性、个性和创造性发展的主要认识根源。它使我国教育理论与实践落后世界至少一百年。该认识论观念的主要问题至少包括下列方面：

第一，它浸透儿童偏见。间接主义至少秉持两种儿童偏见：儿童是非理性的；儿童是容器。它认为儿童未成熟，理性还在睡眠，只有零散的感觉经验和不稳定的情感体验。俗话说："六月的天，儿童的脸。"作为经验论的一种形态，间接主义还认为儿童的心灵洁白无瑕，是一张白纸、一个空箱。这样，就需要用间接经验填充儿童心灵，也需要用外部的理性替代儿童自己的感觉和情感。惩戒、体罚儿童是必要的，因为儿童不能判断对错，但能感觉疼痛。2500年以前，柏拉图在《美诺》（Meno）就提出教育即"引出"、儿童可以自己发现真理的理念。孔子也提出著名的"愤悱启发"思想。卢梭在18世纪第一次系统确立起"理性儿童""原子儿童"的启蒙思想。进入19世纪末20世纪初以后，包括哲学、心理学、生理学、生物学等众多学科得出的一致结论是：儿童不仅带着探究、社会性等本能来到世间，而且从出生之日起就开始探究和社会交往的生活。儿童是理性的，他们既持续建构个人知识，又联合创造儿童文化。那种认为儿童是非理性的、是容器的偏见，不过是成人的非理性状态和不断被强行灌输别人观念的经验，投射到儿童身上而已。

第二，它信奉客观主义。间接主义蕴含客观主义（objectivism）。一种经验或知识能够通过媒介而传递，前提是被客体化和外在化，一如用传送带所输送的物品。这个"物品"就是普遍的、不以人的意志为转移的"客观真理"。这种"客观真理"是人脑对客观世界的"正确反映"。这就是间接主义认识论的"真理观"。它秉持人与客观世界或外部实在之间的"二元论"：人是世界的旁观者、反映者、表征者，世界是被描摹的对象，知识是世界的图像，"真理"是世界的"写真""写实"。为了让人的认识准确摹写、反映外部实在，必须强行使实在静止，故客观主义认识论隐含着静态实在观。静态实在、固定知识、僵化心灵三位一体，成为儿童心灵被物化、个性被扭曲的认识论根源。然而，实在永远处于过程之中、变化之中、关系之中。知识永远存在于运用之中、流动之中。凡固定下来、记录在书本上的东西是"知识的记录"，并非知识本身。杜威曾说，知识不是稳定的固体，而是流动的液体。①英国科学家、哲学家波兰尼（Michael Polanyi）针对客观主义科学知识论漠视个人主体作用的现象，旗帜鲜明提出"个人知识"（personal knowledge）概念，将科学家的理智能力和理智情感置于知识的核心。他说道："体现于严格的非人格化陈述中的知识理想，如今显现出自相矛盾、毫无意义，恰恰是一个可笑的主题。我们必须学会接受知识显而易见的个人性作为我们的理想。"②客观主义知识论显然是受工业生产的影响而诞生的观念，当工业生产在成功将自然物转化为"原材料"以后，它会反过来加剧知识的"客观化"，并试图将人的心灵也变成加工的对象。

第三，它秉持工具主义。间接主义认为知识的本质是控制，儿童是环境和教育的产物。它主张知识由普遍规律或规则构成，属于"必然王国"的范畴。人只要掌握了知识的"必然王国"，就可以一劳永逸地控制世界，进入"自由王国"。它将手段与目的、过程与结果分离开来，为达目的可以不择手段，为求结果可以不管过程。它认为儿童的学习主要是接受源自书本的"现成知识"的过程，掌握的"现成知识"越多、越好，儿童的能力就越强。凡此种种的观点，均是工具主义价值观之体现。其实，"必然王国"与"自由王国"之间不存在线性关系，掌握了前者就能享受后者。现实情况恰恰相反，掌握了越多知识、

---

① Dewey, J. (1899). The School and Society. In John Dewey: The Middle Works, 1899—1924 (Volume I: 1899—1901). Southern Illinois University Press. p. 17.

② Polanyi, M. (1959/2014). *The Study of Man*. CT: Martino Publishing.

真理、规律的人往往越不自由，原因是他们只是为掌握而掌握，不能运用知识解决真实问题，由此学会的知识是"惰性知识"（inert knowledge）。正如哲学家怀特海（Alfred N. Whitehead）所言，惰性知识非但无用，反而有害。①之所以有害，是因为它们阻碍人从鲜活的经验中学习。这也就是为什么儿童和一些聪慧却读书少的成人，却比迂腐的学究更有判断力。这两个"王国"往往成为人们逃避危险的借口：前者是躲在书本知识中逃避，后者是在"颜如玉""黄金屋"等想象中逃避。其实，外部实在是不完美的，一切知识、真理都具有"可错性"（fallibility）。杜威说"存在"（existence）既是危险的，又是稳定的。②必然与偶然、现实与可能、过程与结果、手段与目的永远难解难分地缠结在一起。尊重偶然性、创造可能性，让过程与结果、手段与目的时刻处于相互转化之中，人才能真正拥有自由。自由是人创造可能性的能力、解决真实问题的能力。正如美国哲学家奎因（Willard Quine）所言，知识是一条"忒修斯之船"（the ship of Theseus）。这是一艘上好的船，可惜是木头做的。忒修斯和他的船员们不得不一边在大海的风浪中航行，一边修复船上腐烂的木头，否则会葬身海底。③儿童的知识学习与真实的问题解决须臾不可分离，他们也必须像忒修斯和他的船员们那样学会修复"知识之船"。知识原本是人的自由的产物。儿童只能在探究、应用知识中产生自由体验、发展自由能力。倘只是满足于掌握知识，儿童会因成为知识的奴隶和"容器"而失去自由，甚至比不学知识更坏。

第四，它主张总体主义。间接主义认为"人类总体认识"是直接经验；"个体认识"主要是间接经验，只有少量直接经验；"学生个体认识"

---

① Whitehead, A. (1929). *The Aims of Education*. New York: The Free Press. pp. 1–2.

② Dewey, J. (1925/1981). *Experience and Nature*. In *John Dewey: Later Works, 1925—1953*. Vol. 1. Carbondale: Southern Illinois University Press. p. 42.

③ Elgin, C. (2007). Philosophy of Education. Lecture at East China Normal University, Shanghai, June 30th, 2007.

或"儿童个体认识"由于年龄小、阅历少的原因，则更是间接经验。①这些主张的背后有一种"总体性至上"的价值取向。这里的"人类总体认识"是脱离时间和空间的抽象物。为什么这个"抽象物"是直接经验？它和每一个体、每一儿童的直接经验是什么关系？这些问题在间接主义认识论中均令人费解。总体主义的认识论逻辑是："人类总体认识"高于"个体认识"，更高于"儿童个体认识"，因此儿童应以吸收"人类总体认识"即"科学知识体系"为根本使命。倘如放弃这个非历史的"人类总体认识"抽象物，就可以得出人类整体认识与人类个体认识相互依赖、相互影响的结论。整体认识依赖于、建立在个体认识之上，无个体认识必无整体认识，脱离个体认识的整体认识是虚假的；整体认识作为社会文化为个体认识提供资源和基础，脱离社会文化的个体认识是抽象的。历史地看，18世纪以后，伴随个体价值和权利意识的觉醒，日益强调个体认识的重要性以及人与人之间认识、观念差异的重要性。美国人类学家格尔茨（Clifford Geertz）曾说："成为人，就是成为个体。"②我国哲学家李泽厚说："人是从'个人为整体而存在'，发展而成为'整体为个体而存在'。"③这是历史的趋势。这在认识论上的意义是：让整体认识为个人认识而存在，即把整体认识或社会文化转化为个人探究、质疑、批判和应用的对象与资源，由此使每一个体的认识熠熠发光。珍视每一个儿童个体认识的价值和独特性，并帮助其发展，是儿童认识论和儿童教育学的根本使命。

第五，它崇尚权威主义。间接主义将记录在书本上特别是选入"教科书"的现成"科学知识体系"作为"普遍真理"而让儿童或学生接受，这必然导致以"真理"为名义的权力控制和权威崇拜。位尊者，说话即真

---

① 王策三. 认真对待"轻视知识"的教育思潮——再评由"应试教育"向素质教育转轨提法的讨论 [J]. 北京大学教育评论，2004（3）.

② 转引自李泽厚. 历史本体论·己卯五说 [M]. 北京：生活·读书·新知三联书店，2008：130.

③ 李泽厚. 历史本体论·己卯五说 [M]. 北京：生活·读书·新知三联书店，2008：69.

理；位卑者，人微而言轻。这种权威主义在历史上源于封建君主专制时期的等级主义意识形态，近代资本主义兴起以后，它又与市场功利主义和科技工业文明中的"技术理性"缠结一体、衍生出新形态。例如，我国等级主义意识形态的主要代表之一是法家学说，其《商君书·赏刑》这样写道："圣人之为国也，壹赏，壹刑，壹教。壹赏则兵无敌。壹刑则令行。壹教则下听上。"这就是法家著名的"一教论"。任何一种知识或观念，只要变成"唯一"并与权力结合，就会变成一种社会统治方式。与这种权威主义知识观、真理观相对应的教育观就是"储蓄教育观"（banking concept of education）。[①]它以背诵、记忆、训练为主要方式，将外部知识储存到学生心灵中，教师就是银行储蓄员，学生就是钱柜。巴西教育家弗莱雷（Paulo Freire）认为，这种"储蓄教育观"是一种社会压迫的工具，它制造并不断复制压迫者与被压迫者的阶级关系。唯有摒弃权威主义知识观和"储蓄教育观"，走向民主主义知识观和解放教育观，让每一个儿童成为一切知识的探究者、对话者，儿童个性解放才有可能。

079

　　由此观之，间接主义在人与世界、个人与集体、经验与理性、直接经验与间接经验、儿童认识与成人认识之间秉持二元论。它将这些原本拥有内在联系、具有连续性的方面割裂开来、打成两截，让前者服从后者。"二元论"（Dualism）哲学的根源是不同群体之间和一个群体内部不同阶级之间被坚硬而牢固的壁垒割裂开来，阻碍其生活的自由交往。杜威指出，当社会被分裂为"类似富人与穷人、男人与女人、贵族与出身卑微者、统治者与被统治者，这些阻碍意味着流畅而自由交往的缺失。这种缺失等于不同类型生活经验的建立：每一类拥有孤立的主题、目的和价值标准"[②]。间接主义认识论说到底是把一部分人的生活经验变成"普世真理"和"唯一

① Freire, P. (1970/1993). *Pedagogy of the Oppressed*. New York: Continuum. p. 72.

② Dewey, J. (1916/1980). *Democracy and Education*. In *John Dewey: The Middle Works, 1899—1924*. Vol. 9. Carbondale: Southern Illinois University Press. p. 343.

标准"强加于另一部分人，包括儿童或学生。当它被转化为教育认识论的时候，就成为借助儿童而持续复制不平等的社会关系的工具。因此，超越间接主义认识论具有推进社会民主和进步的重大意义。

二、儿童的直接经验与间接经验

知识是什么？杜威写道："知识是对客体（an object）的那些联系的洞察，这些联系决定了它在给定情境中的应用。"[①]客观实在处于关系之中，这些关系有些是明显的，有些则是隐蔽的。倘不理解这些关系，人们对某些现象可能会心生恐惧并按旧有习惯而行动。例如，当天空出现月全食，古人可能认为"天狗吃月亮"，是"不祥之兆"，于是做出吼叫、放鞭炮等行为以驱赶"天狗"。如今人们理解了月亮、地球、太阳的联系，就不仅不恐惧，反而期待去研究与观赏。因此，知识本质上是因为洞察了客体间的联系而让人在给定情境中做出理智行动。杜威说："真正的知识在任何情况下都拥有实践价值，依附于有效率的习惯。"[②]能帮助人在真实情境中基于对联系（connections）的洞察而做出理智行动，由此产生实践价值的经验，才是"真正的知识"。

人的知识有哪些类型？人的认识过程即借助间接经验解决真实问题以获得直接经验的探究过程。作为认识（knowing）的结果，知识包括相互联系、须臾不可分离的两类经验——直接经验与间接经验。

所谓"直接经验"（direct experience），是人在生活和社会交往过程中通过亲身体验而获得的经验。直接经验具有个人性、直接性、实践性。"个人性"是指主体亲身介入问题情境、亲自参与解决问题过程、亲身体验行动意义。"直接性"是指不借助中介传递、直接获致经验。"实践性"

---

① Dewey, J. (1916/1980). *Democracy and Education*. In *John Dewey: The Middle Works, 1899—1924*. Vol. 9. Carbondale: Southern Illinois University Press. p. 350.

② Ibid., p. 351.

是指经验对人的真实生活情境和职业情境产生应用价值、实践价值。杜威认为人的直接经验主要包括"技能"（Skill）和"亲知"（Acquaintance）两种。①"技能"即做事的能力。例如，人人都会走路、说话、吃饭、穿衣，厨师善做饭，画家善画画，钢琴家善弹钢琴，等等。这些技能不是先天本能，而是后天理智地获得的，故可称为"能力之知"（knowing how）或"理智技能"（intelligent skill）。"技能"是人的生存最根本、最必要的，它不仅是人的直接经验，而且是知识的最原初含义和种类。杜威说："做事的能力或许是知识的最原初意义。"②中国文化传统特别强调"行"：《周易》说"天行健，君子以自强不息"；《论语》讲"君子欲讷于言而敏于行"。这里的"行"即是做事的行为、行动与能力。这显然是知识的最早含义。在西方文明早期，尤其是"前苏格拉底"时期，"知识"和"艺术"是一个词。"直到希腊人中哲学的兴起，指称艺术（技术技能）和知识的是同一个词。"③"技能"不仅满足人的物质需要，而且构成社会交往的基础。第二种直接经验是"亲知"，顾名思义，它是人对置身其中的世界、对生活范围内的事物和现象的亲身认识、直接认识。它显然是"技能"的结果，例如一个自行车运动员对他的自行车拥有"亲知"，但却未必对蒙古马拥有"亲知"，原因是自行车是其生活和职业的组成部分，但他可能从未见过蒙古马。"亲知"是一种"亲切感""内在适应感"（a sense of inner adjustment）。杜威说："当我们知道如何运用一个事物而行动的时候，我们认识它是什么样的。"④这里的"认识"，即"亲知"。"亲知"不仅包括理智，还包括与熟悉之物的情感联系。例如，天天和书本打交道的学生可能珍爱书本，也可能痛恨书本。杜威写道："亲知形态的知识不只是

---

① Dewey, J. (1912–13/1979). Knowledge. In *John Dewey: The Middle Works, 1899—1924*. Vol. 7. Carbondale: Southern Illinois University Press. pp. 265–269.

② Ibid., p. 265.

③ Ibid.

④ Ibid., p. 266.

能力之知或理智技能的结果与报偿，而且它建立起情绪纽带———一种欣赏能力，或根据其价值、它对目的的用途而理解事物。"①总之，源于人的日常生活和职业的"技能"与"亲知"构成人的直接经验。

所谓"间接经验"（indirect experience），即以他人或逻辑推论为中介所获得的经验。这类经验具有"客观性""间接性""抽象性"。"客观性"是指这类经验不是由主体本人亲自获得的，是他人的或外在的；"间接性"是指经验经由他人的语言交流或逻辑推论而间接获知；"抽象性"是指经由脱离了主体所置身其中的真实而具体的生活情境。杜威认为"间接经验"主要由两类构成，即"信息"（Information）与"科学"（Science）。②"信息"是借助口头交往或书面语言向主体传递的他人的"亲知"或外部知识。广义的"信息"除所传递的他人的"亲知"经验外，还包括"学识"（Learning），即经由学习所获得的人类经验，如传统文化、习俗等。"信息"属于"二手知识"（second-handed knowledge），当然是间接经验的有机构成。然而人作为一种有好奇心的存在，不会满足借助"技能"、"亲知"和"信息"而控制身边的有限事物。例如，一个自行车运动员除借助直接经验和他人的间接经验熟练驾驭自行车以外，还会好奇：自行车为什么不倒？电动自行车和摩托车是怎么回事？汽车又是怎么回事？什么是力？什么是电？什么是运动？如此等等。这类问题以知识本身为目的，旨在发展反思性思维或理智兴趣，为了获得建基于逻辑序列和体系的经验即理性知识（rational knowledge）。这类知识的中介与"信息"不同，它不是通过他人的观察和报告，而是"逻辑材料和前提"（logical data and premises），即逻辑手段或工具。这类理性知识即"科学"，它是建立在逻辑推论基础上的有组织的真实经验。许多人，包括我国间接主义认识论的

---

① Dewey, J. (1912–13/1979). Knowledge. In *John Dewey: The Middle Works, 1899—1924*. Vol. 7. Carbondale: Southern Illinois University Press. p. 266.

② Ibid., pp. 266–269.

持论者，往往把"知识"和"科学"当作同义语，原因就在于"科学"的逻辑性、"真实性"满足了人们心目中"知识"的理想，用柏拉图的话说，"知识"不同于"意见""信念"。像"亲知"和"信息"，往往是由"意见""信念"所构成。总之，"信息"与"科学"是间接经验的主要构成。

人的直接经验与间接经验是什么关系？如上所述，这是性质不同、功能各异的两类经验，共同构成人类知识。从历史角度看，它们存在发展顺序的差异，如"技能"诞生最早，"科学"则成熟最晚。从文化角度看，不同文化的发展重点显然不同，如西方文化重视"科学"，对东方文化而言，"科学"显然是弱项，其强项是"故事"。两类经验之间又存在不可分割的内在联系。首先，一切直接经验中必然渗透间接经验的影响，无论主体是否意识到。因为人获得直接经验的过程不可能在真空中进行，总是处于社会之中、接受他人经验或历史文化的影响。另一方面，一切间接经验的获得总是建基于主体的直接经验，总会或多或少激起主体喜爱或厌恶的情绪。因为经验的传递必须经由心灵的选择与思维过程，这迥异于物体的输送，无论主体多么试图忠实接受"信息"或"科学"的影响。其次，直接经验的发展依赖间接经验。直接经验，无论"技能"还是"亲知"，是亲身感受到的意义和情感、亲手获得的理解与技能，是人的发展的永恒基础。然而，直接经验不可避免受到主体的生活范围和个人经验的局限，具有狭隘性，往往因过分熟悉、日复一日的重复而让人深受限制且心生厌倦。间接经验能让人借助语言与万里之外、千年之前的人进行交流、对话，由此大大拓展人的视野。它还能让人学会"反思性思维"和逻辑推理，从而为人的直接经验提供理性基础，帮助人不断创造新生活、开拓新境界。再次，间接经验能够并应当转化为直接经验。一切间接经验均是人创造的，其最初产生均具有个人性和实践性。他人报告的"信息"、书本记录的文化知识、以逻辑推论为中介的"科学"、诸如此类的间接经验最初也是由个人或群体、科学家或人文学者所创造的，对间接经验的创造者而言，间接经验就是"直接经验"。二者的区分只是相对于他人或逻辑的中介而言。正因为中介的存在，间接经验对接受者而言是抽象而冷漠的，它要对人的经验发展产生意义，必须转化为直接经验，并与直接经验化为一体。

由此观之，人的直接经验与间接经验永远相互作用、彼此融合、动态发展。人的认识过程以及知识发展的内在机制是：借助间接经验，发展直接经验。间接经验是手段，直接经验是目的。相对于间接经验，直接经验具有优先性。是谓"直接主义"（Immediatism）。

儿童认识和教育认识的特点是什么？首先，儿童认识的发展存在从"技能""亲知"等直接经验，到"信息""学识""科学"等间接经验发展的内在次序。儿童携带丰富本能和无尽潜能来到世间。从第一声啼哭开始，儿童就开始基于自己的经验与体验探索周围世界。在漫长而迷人的婴儿期和幼儿期，儿童逐步发展各种身体和理智技能，并在运动中"亲知"、熟悉周围的人和世界。伴随语言的发展，儿童开始理解外部信息和文化，并将之融入各类运动之中。在运动、亲知、理解信息的同时，儿童开始发展逻辑思维能力。从儿童能够拉动床单获取玩具开始，儿童的逻辑推理能力就萌芽并快速发展，这为进入学校系统学习科学打下基础。总之，儿童是从直接经验开始，伴随语言和思维的发展，逐步实现间接经验与直接经验的融合与互动。

其次，任何间接经验，只有当与儿童直接经验融为一体并以儿童直接经验发展为目的的时候，方能实现教育目的。儿童认识及相应教育认识因而具有直接性。无论多么重要的间接经验都是"双刃剑"：它在多大程度上有助于儿童发展，就在同样程度上阻碍儿童发展。倘若间接经验不转化为儿童鲜活的直接经验、成为儿童探究与应用的对象，它就是"死知识"，进而阻碍儿童发展。儿童对这些"死知识"，只是记忆，而不判断。这些知识"以被机械操纵的语言符号而存在，而非真正的实在、被理智欣赏的对象"①。当间接经验与儿童直接经验结合起来变成有机整体的时候，间接经验会获得生机与力量，直接经验会摆脱表面与狭隘，得到拓展与深化。

再次，儿童的科学认识以"归纳法"为起点，逐步发展到"归纳法"与"演绎法"相融合。儿童运用"技能"运动、做事，在做事中"亲知"、熟悉周边的人和事，这种直接经验的累积过程说到底是逻辑上的逐步归纳过程。伴随语言能力、抽象思维和逻辑推理能力的发展，积极获取各类间接经验的因素并与自身"亲知"融合，进而发展出"闻一知十"的演绎思维，并将之与归纳思维相结合。作为间接经验之重要组成部分的成熟的科学知识，是以逻辑序列与体系为特点的。许多人为了让儿童在科学学习上"走捷径"，运用"演绎法"向儿童系统讲授科学知识体系，然后再试图让儿童运用知识。这是典型的间接主义教学法。它与儿童科学认识的特点根本背离，儿童用这样的方法学习，非但不会理解科学，反而会在态度上厌倦科学。杜威在一百多年前就指出，用"演绎法"将成熟的逻辑形态的知识作为起点直接向儿童讲授，让儿童直接学习定义、分类和规律解释，这种做法本末倒置，这些知识对儿童不仅是无意义的，而且在教育上是有害的。另一方面，有些人为了克服科学知识的抽象问题，仅仅向儿童提供零散的物质客体、止步于对儿童的感官刺激，这就把以反思性思维和主动经验为特质的科学混同于"光秃秃的物质客体"，儿童同样不能理解科学。②唯一的出路是把成熟的科学知识转化为儿童的直接经验，以"归纳法"为起点，让儿童在主动实验和操作中理解、应用科学，逐步发展为科学的逻辑体系。

最后，儿童认识与教育认识具有整体性。经验是主体置身客体，通过

085

---

① Dewey, J. (1912–13/1979). Knowledge. In *John Dewey: The Middle Works, 1899—1924*. Vol. 7. Carbondale: Southern Illinois University Press. p. 268.

② Ibid.

动手操作和反思性思维，持续发展对客体的理解与创造，建立人与世界的有机联系。因此，经验即人与世界的交互作用，是主体对客体的理解与创造，它具有整体性。儿童认识与教育认识植根于经验，必然具有整体性。儿童认识不是从部分到全体、从分离的要素到要素组合的机械累积过程。教育认识也不只是从易到难、从部分到全体、遵循"直观性原则"与"循序渐进原则"、从"感性认识"到"理性认识"的机械叠加。间接主义教育认识论的一大问题是坚持机械论与还原论，这是18—19世纪"启蒙理性"的残留。恢复儿童认识与教育认识整体性的基本策略是让一切学科知识植根于儿童鲜活的经验，让儿童在主动操作和解决问题中探究与应用学科知识，由此实现儿童生活经验与学科知识的有机融合、身心整体发展。杜威曾说："没有书本和地图能够代替个人经验，它们不能替代实际旅行。自由落体的数学公式也不能代替扔石头或摇落树上的苹果。""教师和教科书不再是仅有的指导者。儿童的双手、眼睛、耳朵，事实上整个身体，都成为信息来源。"[①]这意味着只有植根儿童的直接经验才能体现儿童认识与教育认识的整体性。

由此观之，儿童认识的"特殊性"非但不是"间接性"和简单性，反而是直接性和整体性。儿童教育过程非但不能以"演绎法"和系统讲授为起点，反而应当以"归纳法"和"用中学"为基础。我国教育理论与实践需要根本转型：由传授现成知识走向知识建构与创造。

三、走向建构主义儿童认识论

儿童认识是儿童基于个人经验，在与自然和社会的互动中，持续建构自己的世界理解的过程。儿童的直接经验或"亲知"是儿童知识或理解建构的起点。直接主义与建构主义一脉相承。

---

① Dewey, J. (1915/1979). Schools of To-Morrow. In *John Dewey: The Middle Works, 1899—1924*. Vol. 8. Carbondale: Southern Illinois University Profess. p. 255.

建构主义儿童认识论的集大成者皮亚杰（Jean Piaget）这样写道：

　　一方面，认识既不是起因于一个有自我意识的主体，也不是起因于业已形成的（从主体的角度看）、会把自己烙印在主体之上的客体；认识起因于主客体之间的相互作用，这种作用发生在主体和客体之间的中途，因而同时既包含着主体又包含着客体，但这是由于主客体之间的完全没有分化，而不是由于不同种类事物之间的相互作用。另一方面，如果从一开始就既不存在一个认识论意义上的主体，也不存在作为客体而存在的客体，又不存在固定不变的中介物，那么，关于认识的头一个问题就将是关于这些中介物的建构问题：这些中介物从作为身体本身和外界事物之间的接触点开始，循着由外部和内部所给予的两个互相补充的方向发展，对主客体的任何妥当的详细说明正是依赖于中介物的这种双重的逐步建构。①

087

认识即关系，不是实体。一切主观主义（subjectivism）、超验主义、观念论等认为认识源于主体，一切客观主义、经验主义、实在论等认为认识源于客体或外部实在。这些观念均把认识理解为静态而固定的实体。至少19世纪末20世纪初以来的哲学或时代精神的发展方向是主张认识发生于主客体的相互作用或主客体的"中途"。认识是流动的、变化的关系。人在认识过程中既建构着自我、主体，又建构着世界、客体。无论杜威的"经验"还是皮亚杰的"建构"（construction），均是指称主客相互作用的关系范畴。皮亚杰所说的连接主客体的"中介物"（intermediary）即是建构的结果，即人关于世界的理解或观念。人是观念的存在。人在建构观念的过程中建构着自我与世界。这让人联想起皮亚杰19岁时所写的《观念

① 〔瑞士〕让·皮亚杰. 发生认识论原理 [M]. 王宪钿，等，译. 北京：商务印书馆，2011：21-22.

之歌》："万物皆观念，源自观念、回归观念。观念是有机体，它诞生、生长，并似有机物般死亡。它日新月异，永无止境。"①

广义的建构主义（Constructivism）可包括所有主张认识是关系性建构过程的观点。杜威的"实验知识论"、皮亚杰的"发生认识论"、维果茨基（L.Vygotsky）的"社会文化论"和波兰尼的"个人知识论"成为建构主义认识论的经典形态。进入20世纪末，伴随信息技术的快速发展，诞生了形形色色的、或温和或激进的"建构主义"，可称为该认识论的新发展。

我们可归纳出建构主义儿童认识论的三种典型的儿童知识观：实验知识观、理解知识观与个人知识观。它们的侧重点各不相同，但却都试图揭示儿童认识的本质和儿童建构知识的机制。

（一）实验知识观

这是伴随现代科学技术和工业文明发展而诞生的观念。杜威是该知识观的主要创造者和集大成者。②其核心观点是：知识即经验，经验即实验。人不是世界的旁观者，而是参与者。"心灵不再是从外边静观世界和在自足观照的快乐中得到至上满足的旁观者。心灵是自然以内，成为自然本身前进过程中的一个部分了。"③人参与世界的方式是行动。但并非所有行动都是"认识性行动"。唯有那些能够有效解决问题、改变环境以实现人的目的或愿望的行动，才是"认识性行动"，也才能产生"真正的知识"。无人否认科学是知识的代表和重要构成。正是实验与数学的结合，诞生了现代科学。科学的精髓是实验，理性精神的核心是实验精神。实验一方面通过行动或实践将人与世界、主体与客体融为一体，消泯了古往今来形形色色的"二元论"；另一方面，实验最好地体现了直面问题的态度和解

---

① Piaget, J. (1915/1995). The Mission of the Idea. In Gruber, H. & Voneche, J. (1995) (Eds.). *The Essential Piaget*. Northvale, NJ: Jason Aronson Inc., p. 27.

② Dewey, J. (1910/1981). The Experimental Theory of Knowledge. In McDermott, J. (1981) (Ed.). *The Philosophy of John Dewey*. Chicago: University of Chicago Press.

③〔美〕约翰·杜威. 确定性的寻求［M］. 傅统先，译. 上海：上海人民出版社，2004：293.

决问题的理性，它将生活中必然遇到的问题做出理性分析，提出解决问题的假设，对问题和假设的关联做出推论，然后在假设指导下从事解决问题的行动。杜威正是基于科学实验的这种理性精神，首先确立起"实验经验论"，进而确立起"实验知识论"。实验方法"既是发现又是证明的方法"，"是能够产生知识论变革的现存最伟大的力量"。①该知识论的"本质特征是保持认识与有目的地改变环境的活动的连续性"②。

在实验知识观看来，知识首先是解决问题的行为。人的心灵（mind）"主要是一个动词"③。人的知识主要是一个行为。有知无行，不是真知。有行无知，则是莽行。知行合一，是谓真知。杜威说："知识作为一个行为（Act），是将我们的某些意向（Dispositions）带入意识之中，通过设想我们自己和我们生活其中的世界的联系，运用观点解决困惑。"④其次，知识的内在方面是指导行为的观念。观念是"尝试性假设，暗示，理论"，是"探究的工具"⑤。观念是人对事物之间关系的洞察或理解。观念即人行动的理想与可能性。英文中"观念"和"理想"是同根词。"观念（Idea）与理想（Ideal）不独有某些字母相同，而且还有共同的内容。一个观念，就其理智内容而言，就是设想某些存在的东西将会变成一个什么样子。"⑥"科学实验方法是观念的试验。"⑦无观念，则无实验。再次，知识的目的是指向未来的行动或操作。知识不是回忆过去，而是创造

089

① Dewey, J. (1916/1980). *Democracy and Education*. In *John Dewey: The Middle Works, 1899—1924*. Vol. 9. Carbondale: Southern Illinois University Press. p. 348.

② Ibid., pp. 353-354.

③ Dewey, J. (1934/1987). *Art as Experience*. In *John Dewey: The Later Works, 1925—1953*. Vol. 10. Carbondale: Southern Illinois University Press. p. 268.

④ Dewey, J. (1916/1980). *Democracy and Education*. In *John Dewey: The Middle Works, 1899—1924*. Vol. 9. Carbondale: Southern Illinois University Press. p. 354.

⑤ Dewey, J. (1912-13/1979). Idea and Ideation. In *John Dewey: The Middle Works, 1899—1924*. Vol. 7. Carbondale: Southern Illinois University Press. p. 224.

⑥〔美〕约翰·杜威. 确定性的寻求 [M]. 傅统先，译. 上海：上海人民出版社，2004：302.

⑦ Dewey, J. (1916/1980). *Democracy and Education*. In *John Dewey: The Middle Works, 1899—1924*. Vol. 9. Carbondale: Southern Illinois University Press. p. 348.

未来。知识的价值不是对过去有用，而是对未来有用。"我们认为知识的
目的是前瞻的和会产生事后后果的。"① "尽管知识的内容是已经发生的
东西，被认为是完成了的、因而是解决了的和确定的东西，但知识的参照
价值（Reference）却是未来性或前瞻性的。"②知识 "对世界的应用性，
并不意味着对过去和逝去的事物的应用性——这从知识的性质而言是没有
问题的；而意味着它对我们置身其中的流动的情境中正在发生、依然尚未
解决的问题的应用性"③。只有当知识立足当下、面向未来的时候，它才
具有创造性。倘知识仅满足于回忆过去、遵循过去，那它必然阻碍人的创
造性。最后，知识是经过每一个人自己验证的观念。实验即验证观念的过
程，故实验乃知识的题中应有之义。"实验方法即获取知识并保证它是知识
而非只是意见（Opinion）的方法。"④ "我们没有权力将任何东西称作知
识，除非我们的活动在事物中实际产生确定的物理变化。这些变化与我们
所欣赏的观念（Conception）一致，并将之确认。"⑤知识与观念的验证或
实践须臾不可分离。正是操作、实践、行动让知识成为流动的 "液体"，
而非僵硬的 "固体"。每一个人只有亲身验证了知识，他或她才真正拥有
知识。人拥有知识，意味着人拥有智慧——解决真实问题的能力。

实验知识观的儿童意义是：每一个儿童都是自己观念的尝试者、实
验者。这意味着儿童是真实的问题解决者；儿童需要立足真实生活情境，
提出真实问题，"大胆地假设、小心地求证"（胡适语），时刻用行动或操
作去验证假设，学会判断行动的后果是否符合假设，学会从失败的尝试中
获得智慧，学会不断提出新问题、新假设并从事新的验证行动；儿童需要

---

① Dewey, J. (1916/1980). *Democracy and Education*. In *John Dewey: The Middle Works, 1899—1924*. Vol. 9. Carbondale: Southern Illinois University Press. p. 180. 着重号为原文所加。

② Dewey, J. (1916/1980). *Democracy and Education*. In *John Dewey: The Middle Works, 1899—1924*. Vol. 9. Carbondale: Southern Illinois University Press. p. 351. 着重号为原文所加。

③ Ibid.

④ Ibid., p. 347. 着重号为原文所加。

⑤ Ibid., p. 348.

在社会合作中解决问题，既让自己的问题解决产生社会意义、承担社会责任，又能够真实体验到合作的价值、发展合作能力和民主精神。

（二）理解知识观

这是由皮亚杰学派系统确立的观点。深受皮亚杰学派影响的学者如布鲁纳（J.Bruner）、铂金斯（David Perkins）、加德纳（Howard Gardner）等人持此观点。一些当代分析哲学家亦持此观点，如认识论专家埃尔金（Catherine Elgin）明确提出"从知识到理解"的观念。[①]理解知识观的核心思想可概括为：知识即理解，理解即表现。皮亚杰认为，一切知识均是人的建构（human construction）。他反对先验论和客观主义的经验论。人的认知发展是主体的建构，它发生于主体与环境之间持续的相互作用过程中。主体建构的内在机制是"自我调节"（self-regulation）。所谓"自我调节"，是"主体的一系列主动补偿（Compensations），主体为回应外部干扰而做出调适，该调适既是回溯性的（循环系统或反馈），又是预见性的，构成关于补偿的永恒系统"[②]。人在与环境的互动中获得"认知平衡"，由于外部因素的干扰认知开始"失衡"，经由"自我调节"而获得新的、更高水平的"认知平衡"，这就是主体的知识建构或认知发展过程。儿童的认知发展是主动的、自主的、自我调节的。"皮亚杰的工作向我们暗示，教育者最少担心的一个智力准备领域是：让儿童遵循自己的节奏并给他们机会，他们发展基本智力框架就像学会走路那样自然。"[③]这意味着教师、家长、成人对儿童的智力发展，学会等待、倾听，提供恰当机会比怎样教他们更重要，让儿童对知识理解得透比掌握得多更重要。针对许多人急吼吼地试图"加速"儿童智力发展的现象，皮亚杰指出，问题不在于如

---

① Elgin, C. (2017). *True Enough*. Cambridge: The MIT Press. p. 33.

② Piaget, J. & Inhelder, B. (1969). *The Psychology of the Child*. New York: Basic Books. p. 157.

③ Duckworth, E. (1996). *"The Having of Wonderful Ideas"*. New York: Teachers College Press. p. 40.

何让儿童智力成长走得快，而在于让他们走得远。①

布鲁纳继承并发展了皮亚杰的发生认识论，将之创造性地运用教育领域中。他提出的一个著名命题是"超越给定信息"（beyond the information given），强调对知识的灵活运用。他这样写道："或许在未来世代，我们自己将更直接关切学习的应用：是否一件事情学习之后，其他事情在未经所需要的进一步学习的情况下也能解决。"②这意味着让人的知识学习走向理解，以广泛迁移于不可预知的情境。加德纳直接继承了其老师布鲁纳的观点，明确提出"理解教育观"，他所倡导的教育愿景是："一个人要对概念、技能、理论或知识领域理解到这种程度，他或她能够在新情境恰当应用。"③一个人能在从未遇到的新情境中灵活运用所学知识，说明理解了知识。加德纳的同事铂金斯则更进一步将知识理解与理解力的表现（performance）联系起来，他写道："理解是能够运用你的知识灵活思考和行动的问题。灵活表现的能力就是理解。"④体现知识理解的表现，即是"理解性表现"（understanding performances）。例如，学生能用自己的语言对所学知识做出解释，能够举出例子，能够在新情境中应用，能够提供证据做出证明，能够比较和对比，能够置于更大的背景即脉络化（Contextualization），能够做出更上位、更抽象的概括，如此等等，均为"理解性表现"。⑤

概而言之，理解知识观认为知识的本质是理解，人类知识是人类社会的集体建构，个体的知识是每一个体的自主建构。理解具有程度性，即人对世界、事物和现象的理解永无止境，只有更好，没有最好。与之相反，

① Duckworth, E. (1996). *"The Having of Wonderful Ideas"*. New York: Teachers College Press. p. 38.

② Bruner, J. (1973). *Beyond the Information Given*. Edited by J. Anglin. New York: Norton. p. 237.

③ Gardner, H. (2000). *The Disciplined Mind: Beyond Facts and Standardized Tests, The K-12 Education that Every Child Deserves*. London: Penguin Books Ltd., p. 119.

④ Perkins, D. (1998). What is Understanding? In Wiske, M. (1998) (Ed.). *Teaching for Understanding*. San Francisco, CA: Jossey-Bass. p. 42.

⑤ Perkins, D. (1992). *Smart Schools*. New York: The Free Press. p. 77.

对事实（Facts）的掌握却是终结性的。理解的标志是人对所学知识在新情境中的灵活迁移、应用与多样化表现。

理解知识观的儿童意义是：每一个儿童都是世界的理解者。儿童的智力或智慧只能通过自己的主动建构而发展。任何"反理解"的知识灌输对儿童非但无益反而有害。成人对儿童理解的倾听并在倾听基础上提供机会，是对儿童知识建构的最重要帮助。每一个儿童的智慧发展建基于他或她自己的"精彩观念"（wonderful ideas）。通过倾听儿童，让儿童不断诞生"精彩观念"，既是儿童建构知识的过程，也是儿童智慧和个性健全发展的过程。①

（三）个人知识观

这是由波兰尼明确提出并系统建立的观念，以他1958年出版的《个人知识》著作为标志。②存在主义和现象学的知识观亦属此列，尤以梅洛-庞蒂（Maurice Merleau-Ponty）强调"知觉优先性"的"身体现象学"的贡献卓著。波兰尼的核心观点是"通过寓居而认识"（knowing by indwelling），意指人在世界的存在、寓居具有优先性，是认识的前提。波兰尼说："所有理解都以我们寓居于我们所把握的对象的细节之中为基础。这种寓居就是我们介入到我们所把握的对象的存在之中，它就是海德格尔所说的在世（being-in-the-world）。"③这意味着人认识任何事物首先存在于事物之中，人对事物的身体感受和情感体验与人的理智认识难解难分地缠结于一体。这样，一切否认个人存在的客观主义认识论和科学观就宣告破产。科学家的身体参与、个人判断、理智激情、信仰体系均为科学认识的有机构成。波兰尼的这一观点呼应了梅洛-庞蒂的"身体现象学"。梅

093

---

① Duckworth, E. (1996). *"The Having of Wonderful Ideas"*. New York: Teachers College Press.

② Polanyi, M. (1958). *Personal Knowledge*. London: Routledge.

③ Polanyi, M. (1964). Personal Knowledge. New York: Harper & Row. P. x. 转引自郁振华. 人类知识的默会维度 [M]. 北京：北京大学出版社，2012：3-4.

洛-庞蒂强调了身体及其知觉的优先性，他主张人的思维应当"回归场地（site），即感性和敞开的世界的土壤，思维在我们的生命中并为了我们的身体"①。梅洛-庞蒂将知觉视为"新生之道"（a nascent logos），这意味着儿童"知觉未完成性，惊奇道路拐弯处像什么，爸爸妈妈早晨去了哪里，未听清的声音究竟说了什么，黑暗里面藏了些什么"。②儿童是"新生性"存在。儿童的认识方式是"新生之道"——在天人合一、物我一体中永葆惊奇与探究精神。

个人知识观的儿童意义是：每一个儿童都是存在性探究者。这意味着让儿童学会生存，在关心与体验中实现自我、自然和社会的融合；让儿童身体健康，在身心合一中"寓身"学习和探究；让儿童在学习过程中充满想象和理智激情，学会判断和猜想；让儿童的认识具有时间性，尊重儿童自传或自我经历的教育价值；③让儿童的认识体现地域性和文化性，尊重儿童的家庭经验、社区经验和多元文化的认识价值与发展意义。

儿童在生存中认识、认识中理解、理解中行动，将个人体验、智慧理解和实践行动化为一体，实现每一个儿童的"人性繁盛"，是建构主义儿童认识论的基本追求。

四、儿童认识论的愿景

儿童认识论有悠久的过去，短暂的历史。在漫长的古代教育和社会发展史中，存在大量关于儿童认识的闪耀着智慧光芒的见解，孔子与柏拉图分别是东西文化中这方面的代表，这些见解形成今天儿童认识论的智慧传统。

---

① Merleau-Ponty, M. (1964). *The Primacy of Perception*. Evanston, IL: Northwestern University Press. p. 164.

② Greene, M. (1992). Beyond the Predictable: A Viewing of the History of Early Childhood Education. In Williams, L. & Fromberg, D. (Eds.) (1992). *Encyclopedia of Early Childhood Education*. New York: Routledge. p. 38.

③ Pinar, W. (1994). Autobiography, Politics, and Sexuality: Essays in Curriculum Theory, 1972—1992. New York: Peter Lang.

对儿童认识的自觉研究始于18世纪启蒙运动以后。以卢梭为代表的启蒙思想家第一次意识到儿童的独特价值，并把儿童解放视为社会启蒙的关键。但由于"启蒙理性"自身的局限性，特别是其感觉经验论和客观主义认识论的局限性，对儿童认识的理解总体上属于感觉经验论、机械论和还原论的范围，如对儿童发展阶段的粗略划分、提出"实物教学"、倡导"循序渐进"教学原则和教育的"心理学化"等。

儿童认识论的真正建立发生于19世纪末20世纪初的世界民主化运动。社会的民主化使"二元论"认识论的社会基础逐渐消解，人与自然、主体与客体的互动关系得以确立，民主的互动本性让认识成为关系范畴。教育民主化以儿童解放为根本任务。而"知识的新态度"的形成是儿童解放的前提。作为美国进步教育运动理论奠基者的杜威系统确立"实验经验论"，并以此为基础研究儿童、改造传统教育，这为儿童认识论的建立奠定基础。作为欧洲"新教育"的领导者之一，皮亚杰从1920年开始就系统研究儿童认识的特点，他将哲学、心理学、生物学、数理逻辑学、教育学等领域熔为一炉，富有原创性地建立起"发生认识论"，不仅揭示了儿童认识的特殊性，而且丰富了对一般哲学认识论和科学认识论的理解。正如皮亚杰本人所言，"发生认识论"之于哲学认识论和科学认识论的意义，恰如"胚胎生物学"之于生物科学的意义。[1]皮亚杰是儿童认识论的真正建立者。与皮亚杰同年（1896年）出生的维果茨基从社会文化的角度补充了皮亚杰的见解。在他们二人的开创性研究的基础上，儿童认识论在20世纪有着丰富多彩的发展。20世纪被许多人称为"儿童的世纪"，这在某种意义上是"儿童认识论的世纪"。

在急剧变革的21世纪信息时代，儿童认识论的愿景是什么？

首先，它将揭示信息时代儿童个体认识的独特性。每一个儿童具有独

---

① 〔瑞士〕让·皮亚杰.发生认识论原理［M］.王宪钿，等，译.北京：商务印书馆，2011：16-20.

特认知特点和方式。儿童认知发展的阶段性不是限制个体认识独特性的枷锁，而是理解个体认识独特性的宏观视野和图景。至少自20世纪70年代初开始，皮亚杰的学生达克沃斯（Eleanor Duckworth）就开始突破皮亚杰的认知发展阶段论，主张儿童智力发展的本质是每一个儿童拥有自己的"精彩观念"[①]。在信息时代，儿童的身份日益多元；知识社会要求每一个儿童学会"专家思维"；信息技术为儿童创造知识提供了前所未有的机遇与挑战。凡此种种，均为信息时代儿童认识论的发展提出了新课题。理解信息时代儿童个体认识的独特性，帮助每一个儿童自由创造知识、建构理解、发展智慧，是儿童认识论的个体愿景。

其次，它将揭示信息时代儿童文化的发展特点与机制。儿童在集体创造知识的过程中发展自己的生活方式与精神理想，由此形成儿童文化。儿童文化与儿童个体认识是整体与个别的关系，二者相互影响、相互促进。儿童文化与成人文化是不同发展阶段的差异，二者前后相继、相互转化、彼此渗透，共同构成社会文化。维果茨基所提出的"最近发展区"概念既证明了儿童认知发展的社会性，又揭示了儿童同伴之间、儿童与成人之间认知发展的互动机制，为理解儿童文化打下基础。皮亚杰研究儿童认知的方法被称为"临床访谈法"（clinical interviewing），他往往用一次访谈、研究一个儿童的认知发展。皮亚杰的合作者、心理学家英海尔德（Barbel Inhelder）于20世纪70年代将皮亚杰的"临床访谈法"发展为"批判性探究法"（critical exploration），她把皮亚杰的"一个儿童"发展为"一群儿童"，"一次访谈"发展为"多次访谈"，由此发现了皮亚杰未发现的儿童认知发展的特性。[②]晚年的皮亚杰采纳了英海尔德的观点。"批判性探究

---

① Duckworth, E. (1973). The Having of Wonderful Ideas. In Schwebel, M. & Raph, J. (1973) (Eds.). *Piaget in the Classroom*. New York: Basic Books.

② Inhelder, B., Sinclair, H., & Bovet, M. (1974). *Learning and the development of cognition (Susan Wedgewood, Trans.)*. Cambridge, Mass: Harvard University Press.

法"推进了儿童文化生成机制的研究。进入信息时代，儿童可以借助互联网等信息技术手段极大拓展彼此交往的空间，儿童文化的发展因而呈现出前所未有的崭新特点。揭示信息时代儿童文化的发展特点与机制，促进儿童社会不断完善、儿童文化不断繁荣，是儿童认识论的文化愿景。

最后，它将揭示信息时代儿童认识与成人认识的互动机制。儿童精神永在，儿童认识永在。早在工业化时代，杜威就说："关于同情的好奇心、不带偏见的敏感性和开放的心灵，我们可以说成人应当像儿童一样成长。"①如今的信息时代，社会日益走向美国人类学家米德（Margaret Mead）所称谓的"后喻文化"（Post-figurative Culture）时代，即长辈在指导儿童发展的同时应反过来向儿童学习的时代。儿童作为信息时代的"原住民"，不仅拥有自身显著的认识特点，而且在许多方面值得成人学习、堪为成人的老师。揭示信息时代儿童认识与成人认识的互动机制，促进二者的平等交往，不断发展儿童与成人之间的"交互主体性认识"，是儿童认识论的社会愿景。

探索儿童个体认识、儿童文化以及儿童认识与成人认识关系的过程，就是促进社会中儿童意识发展的过程。儿童意识的建立之日，即21世纪新型民主社会的形成之时。

---

① Dewey, J. (1916/1980). *Democracy and Education*. In *John Dewey: The Middle Works, 1899—1924*. Vol. 9. Carbondale: Southern Illinois University Press. p. 55.

下篇 儿童学专题

第五章
儿童游戏

　　儿童游戏的声音和画面是人类社会一个永恒特征，甚至在最恶劣的环境中，如被奴役、被关押在死亡营地，或生活在战区，孩子们依然会寻找机会进行天真无邪的游戏。今天，人们普遍认为，游戏对孩子的整体幸福至关重要，它有助于儿童获得认知、社交、情感等技能，因此必须尽可能刺激儿童参与游戏，这一共识在技术发达社会的中上阶层家庭更为显著。然而，尽管如此，在资源有限的社会，因儿童需要尽快为家庭做贡献，而游戏并不是发展儿童必要技能的主要路径，游戏的发展价值并未得到认可；这种对游戏的教育价值持怀疑态度的倾向，在发达社会的低收入家庭亦较为普遍。

　　在教育领域，虽然政策文本和政策导向的研究证实了游戏是教育"有效实践"的组成部分，[①]但将二者对立的现象仍普遍存在，游戏与教学关系的概念化也面临重大挑战。导致这一现实困境的原因很多，但基于教育视角，我们需要反思的是：游戏的实然和应然状态是什么，它们何以披上肤浅的外衣？游戏对儿童意味着什么，它们何以与教育割裂？游戏的价值在哪里，它们何以蒙上伪活动的面纱？这些问题的答案，对于确立信息时

---

　　① Wood, E., Reconceptualizing the play–pedagogy relationship: From control to complexity. In Brooker, L. & Edwards, S.(2010). *Challenging Play*, London: McGraw-Hill Education. pp. 11–24.

代游戏本质的理性认知和虚构情境中游戏价值的恰当发挥将具有重要意义。厘清游戏理论的前世今生是回答这些问题的前提。

一、游戏理论的历史发展

游戏概念伴随人类出现而存在，伴随文明产生而发展。作为一种学术语言，游戏自18世纪始，随着启蒙运动对道德和美学等主题的理性关注而成为哲学与文学领域讨论的话题。从19世纪开始，随着工业化的快速发展，繁忙的工作给个体带来各种压力，为个人表达与发展寻找可能路径成为游戏构想的基本方式，由此游戏开始进入教育学、心理学与人类学的话语体系，并与儿童行为研究建立联系。随着信息技术的发展，从20世纪下半叶开始，"游戏"开始跨越领域界限，与媒介和技术建立了密切关联。纵观两个多世纪的游戏研究历史，关于游戏是什么，诸多理论体系各执一词。我们以时代发展为基本脉络，以影响一个群体话语体系为基本标准，对每个时代的游戏理论作简单梳理，希望能够为种类繁多的游戏类型提供一个理论参考框架。

（一）游戏是生命力闲置时的精神表达

这一游戏假设最早可追溯至18世纪德国诗人、哲学家弗里德里希·席勒（Friedrich Schiller）。席勒是德国浪漫主义思潮的一位杰出代表，他开启了启蒙运动对道德和美学等主题的理性关注。他追随哲学家康德（Kant），强调了人类本质的双重性。一是感官（Sensuous）冲动，即通过在物质世界行动可以满足的物质需求。二是规范（Formal）冲动，即将认知或理性施加到世俗参与的推动力，如各种类型的信仰体系以及哲学、科学和艺术发展。人类如果想要蓬勃发展，这种双重性必须都得到尊重。[1]然而，席勒也认识到，不论是感官冲动还是规范冲动，对于人的蓬

---

[1] Schiller, F. (1965; first published 1795), *On the aesthetic education of man* (trans. R. Snell). New York: Frederick Ungar. pp. 64–66.

勒发展都不充分。感官冲动如果不加以控制，行为会摇摆于草率与慵懒之间。而受规范驱动的思想本身是贫瘠的，因为它们没有在更广泛的经验中被检验。由此，席勒提出了调节这两种冲动的第三种冲动——游戏（Play）冲动。①在游戏中，人们需要理性地考虑规则和约束，因此必须要控制低阶情感（baser emotion）。但游戏也尊重生命本身不断增长的需求，从而寻找新的体验并探索其含义。对席勒来说，游戏是追求美和其他审美承诺的基础。这是人们对自己在世界上生活能力的最大范围的适应方式。正如他所说的，人只有在完全理解"人"这个词时才会游戏，只有在游戏的时候才是完全的人。②

在席勒看来，游戏是一种精神表达方式。但他也特意强调，不论是动物还是人类，这种表达需求常常出现在能量闲置时。比如，狮子只有在不被饥饿折磨，没有野兽挑战时，它闲置的能量才会为自己创造一个虚构游戏对象，它才有可能在广袤的沙漠中兴高采烈地咆哮。这一假设得到英国社会哲学家赫伯特·斯宾塞（Herbert Spencer）重新表述。他说，假如没有游戏，神经中枢会不断聚集能量，这些能量如果不能定期释放出来，躯体的正常功能难以维持。③不过除此之外，游戏还有"提高能力"的价值，它为个人发展与成功创造机会。譬如，当合作和竞争转化为游戏形式后，参与者通常能体验到胜利感觉，这种感觉有助于将人与人之间的互动从自私、感性，有时甚至是破坏性的互动，转变为更为崇高和审美的互动。④显然，斯宾塞超越了席勒的游戏理解，在"富足有余"的前提下增加了"能力发展"。

---

① Schiller, F. (1965; first published 1795), *On the aesthetic education of man* (trans. R. Snell). New York: Frederick Ungar. p. 80.

② Schiller, F. (1965; first published 1795), *On the aesthetic education of man* (trans. R. Snell). New York: Frederick Ungar., p. 133.

③ Spencer, H. (1855/1915). *The principles of psychology*, vol. 2. New York: D. Appleton. pp. 625–632.

④ Ibid.

（二）游戏是生活技能的实践

游戏可能基于精力充沛与精力旺盛，但也有其他游戏理由。这些理由是什么呢？卡尔·格罗斯（Karl Groos）给出了自己的解释。

作为18世纪末英国著名的生物学家，格罗斯的游戏假说深受柏拉图的影响，柏拉图在他的理想国构想中，认为统治者或守护者所受的教育将不同于工匠或熟练工人。对于后者，游戏在技能获得中发挥着重要作用：要想成为一名优秀的建筑工人，就应该在建造房屋中游戏。要成为优秀农夫，应该在农田中游戏。那些关心他们教育的人应该在他们年轻的时候提供游戏的模拟工具。①

然而，尽管未来生活技能需要通过游戏获得发展，但格罗斯认为，观察和模仿年长生物不足以解释这种行为，因为同一物种，无论相隔多远或分开抚养，都会以相同的方式游戏。因此，游戏在本质上是一系列为未来生活做准备的行为实践（practicing of behaviors），只有通过这些实践，年轻生物才能获得未来生存所需的捕食、防御、求爱等生存策略。因此，游戏行为总是发生在生物独立生存之前。

格罗斯第一次看到了游戏中思想和发展的增长现象，他第一次提问：为什么存在各种形式的游戏。②但他对人类游戏必要性的提倡建基于这样一种假设：年轻人的存在部分是因为游戏的必要性，动物也一样，只有在特别幼小的时候不游戏；随着躯体的不断成长，这些幼小者必须游戏，并且也只有在游戏中，他们才会不断长大，也正如此，才需要有一段幼年期。不难看出，格罗斯认为，不论是动物还是人类，游戏的存在是因为年幼期的存在，因为幼年期的生物只有通过游戏才能获得未来生活必需的技能，假如在幼年期被剥夺游戏机会，生物将丧失获取诸多生存技能的机会，他们将无法为适应未来做好充分准备。格罗斯的生活准备说被玛丽

103

① Smith, K.P. (2009). *Children and Play: Understanding Children's Worlds*. New Jersey: Wiley-Blackwell.p. 21.

② Piaget, J. (1999). *Play Dreams and Imitation in Childhood*. London: Routledge. p. 151.

亚·蒙台梭利（Maria Montessori）直接付诸实践，在她的教育实践中，儿童是通过游戏来学习的，也只有游戏可以帮助儿童更好地成长。

毋庸置疑，格罗斯关于"游戏承担未来生活实践责任"的论断亦遭受了反驳，因为儿童的跑步、跳跃、照顾宠物、玩弹珠等诸多游戏活动与成人所面临的挑战几乎没有关系。[①]所以，格罗斯虽然看到了儿童游戏的必要性与不可或缺性，甚至蕴含着"游戏即儿童的工作"的深刻内涵，但他的"生活准备说"也限制了游戏的范畴，并预示着自由游戏在正规教育中的终结。格罗斯的游戏假设背后隐含着这样一种逻辑：人只有在幼年期才需要游戏，只要人成熟了就不需要游戏了（这一逻辑亦隐含在弗洛伊德和皮亚杰的游戏观中）。但事实并非如此，有趣的实践持续终身，它既能在成功的操控中获得满足感，又能保持技能的敏锐性，这一总的主题与个人成就、团队凝聚力，甚至是竞争胜利的刺激密不可分。所以，游戏具有更高的价值诉求。

不论是席勒的能量剩余说，还是格罗斯的生活准备说，这些游戏理论充满了浓厚的生物学色彩，他们多将游戏价值局限于当前身体功能的表达，对于这一理论体系，我们将其统称为经典游戏理论。

为探索游戏更大范围的可能价值，从20世纪40年代开始，精神分析、认知发展、社会文化逐步成为解释游戏的新视角，现代游戏理论由此形成。

（三）游戏是期望的满足

游戏经典理论虽渗透着浓厚的生物学色彩，但他们却以超越几代人的才智提出了现代研究者依然关注的问题，如游戏与大脑的关系问题、游戏与儿童发展问题、游戏与精神的关系问题等，对这些问题的探讨尽管浅尝辄止，但却给后来研究者开创了重要研究视角。作为著名精神分析学家，弗洛伊德（Sigmund Freud）虽然没有将游戏作为其研究重点，但他却经

---

① Patrick, G. (1916). *The psychology of relaxation*. Boston: Houghton Mifflin. pp. 72–73.

常对游戏话题进行评论，他认为，游戏是一种儿童可实现愿望或追求快乐的运动（exercise），但这种愿望满足与快乐体验并非源自肤浅的感官刺激，而是更深层次的心理发展需要——"自我能够控制心灵和所有情境要素的冲动"①。所以，关注自我控制是精神分析游戏理论最核心关键词。弗洛伊德的学生、美国著名发展心理学家和精神分析学家爱利克·埃里克森（Erik H.Erikson）进一步拓展了弗洛伊德关于心灵发展的游戏观，他认为，游戏不是一种简单的精力充沛或创造活动，而是在与相关的生活挑战或问题作斗争，由此实现身体、社会过程与自我的同步。②至此，人们对游戏的理解既超越了身体运动和感觉控制，也不满足于外部情境控制，而是通过新情境的创造和新角色的体验，实现儿童理解自我、理解生活与理解世界的承诺。

在儿童与游戏的交互关系中，儿童实现了"权力""自我认同""想象"等期望的满足。比如在体育和竞赛运动中，游戏代表着冲突，是提升控制游戏者地位的一种手段。在狂欢节、仪式等集体庆祝活动中，身份被认为在本质上是一种文化，而不是个体。在这里，与他人一起游戏，会得到特定群体的认同，可以为参与者带来团结一致、身份认同以及身心愉悦的体验。再譬如，在文学领域，游戏的浪漫主义气息紧紧跟随"小熊维尼"这样的文学作品，它们不仅为了庆祝童年时期的想象力，游戏也由此获得应有的尊严。孩子在游戏中建构的想象世界，是一种解构生活现实社会的手段，以适应他们对这种现实的情感反应。所以，不仅游戏，还有游戏能力，都对人类的发展和学习具有重要意义。有研究者从心理治疗的角度来证实了游戏对儿童的意义：

105

不能玩游戏的孩子在建立关系和处理新的学习任务方面处于劣

---

① Patrick, G. (1916). *The psychology of relaxation*. Boston: Houghton Mifflin. pp. 72-73.

② Erikson, E. (1963). *Childhood and society* (2nd ed.). New York: W. W. Norton and Company. p. 211.

势。如果早期的人际关系并没有让孩子体验到愉悦（playful）的概念和共同的幽默，那么这些元素在以后与人交往的尝试中就会消失。①

从心理治疗角度上看，游戏的价值至少体现为两点：第一，游戏表达孩子的愿望和焦虑；第二，游戏可以通过宣泄或通过努力克服这种焦虑。②

（四）游戏是一种发展进阶

游戏作为一种发展进阶（progress）的修辞推进了儿童通过游戏适应和发展的思想。这一思想经由维果茨基和皮亚杰的儿童发展阐释得以完善。皮亚杰直言不讳地批判了传统教育将游戏视为精神废物或伪活动的错误判断，他认为，这是成人中心主义的直接结果，成人在游戏中看到的只是放松，或者消耗多余的能量，从未询问为什么孩子们以一种方式而不是另一种方式游戏。③所以，皮亚杰基于他的儿童发展机制（同化和适应）定义了游戏本质，游戏只不过是活动的一个方面（就像"思考"活动中的"想象"），儿童游戏的普遍性不是由游戏领域特有的具体原因来解释的，而是因为在智力发育的早期阶段，所有行为和所有思想的特征都不如成人阶段那么平衡。④所以，儿童一旦有同化的优势，游戏即开始。

显然，皮亚杰对游戏的理解基于他的儿童发展阶段论，换言之，他所言的游戏与特定阶段总是处于同一水平，是发展引导游戏，游戏被置于"同化"的次要位置，这明显低估了智力形成过程中儿童游戏的价值。儿童游戏不是已知动作的快乐展示，游戏在"顺应"中也扮演着重要的角色。如幽默、幻想、戏剧和想象等游戏要素都可以让人自由地支配思想，

---

① Youell, B. (2008). The importance of play and playfulness. *European Journal of Psychotherapy & Counselling,10* (2), 121–129.

② Smith, K. P. (2009). *Children and Play: Understanding Children's Worlds*. New Jersey: Wiley-Blackwell. p. 27.

③ Piaget, J. (1999). *Play Dreams and Imitation in Childhood*. London: Routledge. p. 151.

④ Ibid., p. 147.

使之去任何游戏框架允许的地方。

维果茨基差不多在与皮亚杰同一个时代背景下提出了他的儿童发展观，他认为所有儿童的学习都发生在一个社会环境中。作为一个社会建构主义者，他把支持他人（或为他人搭建脚手架）作为发展儿童理解的核心。孩子从现有发展到达潜在发展的过程中，成年人发挥着独特作用，因此，维果茨基认为，是学习引领发展，游戏在这个过程中具有重要作用，这与皮亚杰的观点明显不同，与弗洛伊德的观点也存在明显差异，维果茨基不相信游戏是由不满足的欲望引起的。相反，他相信孩子们创造游戏有自己的目的，而目的又决定了孩子们的情感状态。[1]维果茨基说，孩子在游戏中取得的最大成就是可能的发展，在游戏中，孩子的行为总是超出他的平均年龄，高于他的日常行为；在游戏中儿童总是比自己高出一个头（游戏中的表现优于现实中的表现）。因此，游戏以浓缩形式包含了儿童所有发展趋势，并且本身是发展的主要来源。[2]

不难看出，维果茨基的游戏观与皮亚杰完全相反，前者强调游戏引导发展，后者认为发展引导游戏。但不论谁从属于谁，游戏与儿童发展具有紧密关联是毋庸置疑的，这种关联具体体现为：游戏促进儿童认知、情感与社会发展，反过来，儿童认知、情感与社会发展又不断提升儿童游戏能力，二者相互促成、彼此提升。正是基于这一关系认知，人们进一步开始关注能促进儿童心智愉悦发展的环境创设，开始思考何种愉悦体验能够超越生物学功能：为什么小狗与妈妈会在草坪上愉快地玩翻滚游戏？小鸡可以一口吃下的米粒为何要轻啄四口？怎么一场竞技游戏就能颠倒众生？为什么一个儿童在温泉中游泳获得的乐趣不是躯体在水温中体验到的舒适感？飘在水面的树叶、水花、水浪反而更能激发孩子的兴趣？

107

---

① Santer, J. & Griffiths, C. (2007). *Free play in early childhood: a literature review*. National Children's Bureau. p.6.

② Vygotsky, L. S.(1978). *Mind in society*. Cambridge: Harvard University Press, p. 101.

显然，不论是能量释放，还是躯体放松与期望满足，都不足以穷尽上述问题的答案。那么，游戏的本质内涵与原始特征又是什么呢？

二、儿童游戏的本质内涵

游戏对于儿童，既不是精神废物，也不是伪活动。即便是比较简单的动物游戏，也绝不仅仅是生理现象或心理反应，它们也能在欢快嬉闹中遵守规则、学习技能、发展友谊……这些要素亦体现了人类游戏的所有内容，[①]当然也体现在儿童游戏之中。那么，儿童游戏是什么？回答这一问题，我们需要理解"儿童是什么"。

（一）游戏中的儿童是什么

对于游戏（play）是什么？人们至今无法在概念界定上达成共识。如此，对于游戏中的儿童是什么也就难以形成统一认识。但值得注意的是，对儿童角色的模糊——顽皮的孩子还是严肃的成就者，影响着游戏的认知模式与存在方式。因此理解游戏中的儿童是理解游戏的前提。

1. 带有原罪的儿童

"原罪"（Original sin）说是基督教所倡导的人性观及儿童观，源出《圣经·旧约·创世纪》。这种观点认为，由于人类祖先亚当与夏娃不听上帝的话，偷吃了伊甸园的禁果，遂犯下了"原始罪孽"，并传给子子孙孙，故人生来恶性。[②]这种信念是衰败教育理解的根源所在。因为儿童充满邪恶本性，要成为善的人，就必须成为"蒙受天恩之人"，通过不断惩罚来加速这一目标实现。[③]罗素在《罗素论教育》中引证了英国传记作家及批评家斯特雷奇（Lytton Strachey）的一段话，批判了那些在尊奉博爱的宗教名义下以"道德恶"（包括儿童的习惯性懒惰在内）为由的"绅士"

---

① 〔荷兰〕约翰.赫伊津哈.游戏的人 [M].傅存良，译.北京：北京大学出版社，2014：1.

② 〔英〕罗素.罗素论教育 [M].杨汉麟，译.北京：人民教育出版社，2018：20.

③ 〔英〕罗素.罗素论教育 [M].杨汉麟，译.北京：人民教育出版社，2018：20-22.

们是如何心安理得鞭挞幼小儿童的。斯特雷奇在他的《维多利亚时代名人传》（Eminent Victorians）中引用他写给他妻子信中的这样一段话：

> "环顾周边美不胜收的景色，再思考人类道德的邪恶，真是令人惶恐之至；天堂和地狱之间，看来并不存在一条可将二者隔离的巨大鸿沟，彼此简直就是紧紧相连，而且确实离我们近在咫尺。但愿我的道德罪恶感能像我对自然界美的喜悦一样强烈，因为深切的道德罪恶感较之人和其他事物，蕴含着更多的上帝救助的知识。仅仅赞赏道德之善是不够的；我们也许会对道德之善赞叹不绝，然而未必能做到言行一致。但是如果我们真的痛恨罪恶，不是痛恨罪恶所寓之人，而是人身上所寓之罪，并且依据我们的知识，极为明确地认识到这种罪恶就在我们自己心中，至此，表明我们有了上帝和基督的感情，并使我们的精神和上帝的精神和谐一致……" [①]

罗素十分同情地凝视着这位天性和善的绅士不断折磨自己，并将自己推入一种近乎虐待狂的心境，这种现象令他感叹不已，并悲从中来。[②]对儿童天性恶的假设在推断出的儿童本质，一个德国教育评论家曾这样描述："每个孩子就像一棵孤零零站在田野里的树……除非你把一种好的天性移植到它粗野的野性上，否则它将终生为你结出酸果。" [③]移植好天性的唯一办法就是限制儿童游戏，这样才能防止因玩耍和游戏养成懒惰的坏习惯，从而为今后的学习和工作打好基础，做好准备。也有人假设，天真、脆弱、依赖、顽皮和快乐，并不是定义孩子的唯一方法。儿童在接受教育

---

① 〔英〕罗素. 罗素论教育［M］. 杨汉麟，译. 北京：人民教育出版社，2018：22-23.

② 〔英〕罗素. 罗素论教育［M］. 杨汉麟，译. 北京：人民教育出版社，2018：23.

③ Strauss, G. (1978). *Luther's house of learning: Introduction of the young in the German reformation.* Baltimore, MD: Johns Hopkins University Press. p. 97.

之前，他们就像"野驴和野牛"，他们"不怀好意和愚蠢"。所以，一旦孩子会说话，知道简单推理，就应该教给他们更好的事物，不要等到五六岁了什么都不会做，还把所有时间都浪费在游戏上。伴随而生的儿童教育观是：越早接受教育越有助于他们的道德与智力发展。

对儿童持否定态度的"原罪"儿童观在中世纪之后的北欧和美国清教徒那里进一步得到强化。"原罪"的概念暗示孩子们需要严格的训练和纪律，它深深影响着儿童接受教育的方式。深受儒家传统的教育中，这种儿童观亦普遍存在。在学校教育中，儿童几乎不被赋予任何权力，教育中的一切都安排好了，教师被认为是智慧的化身，他们对学生拥有极端的权威。教学通常采取讲授形式，把知识传授给学生。学习通常通过学生正确的坐姿、安静地聆听和背诵老师所教的材料来证明，不会通过任何形式的游戏。能够配合教师实现教学目的的孩子，常被赞扬为不贪玩，爱学习，并由此受到同伴尊重。我国家长普遍认同且乐此不疲进行实践的养育观——不要让孩子"输在起跑线上"，即此类儿童观的鲜明写照，长期主导我国教育传统的灌输式教学、机械式背诵、重复性刷题即此类儿童观的实践表现。

2. 作为独立主体的儿童

儿童认知的变化反映在游戏内涵与价值的演变之中。卢梭《爱弥儿》的诞生挑战了游戏与严肃的二元对立，他向所有教育者呼吁：

> 热爱童年，童年有着快乐愉悦的本能。童年有适合它自己的观察、思考和感觉方式；没有什么比替代我们自己更合理了……工作和娱乐对他们来说都一样。[1]

---

[1] Quaoted in Karpatschof, B., Play, But Not Simply Play: The Anthropology of Play. In Schousboe, I. & Winther-Lindqvist, D. (2013). *Children's Play and Development*. Springer Netherlands. pp. 251–265.

同时，他确立了儿童应有的地位，试图唤醒沉睡许久的儿童意识：

> 在万物的秩序中，人类有它的地位；在人生的秩序中，童年有它的地位；应当把成人看作成人，把孩子看作孩子。[①]

卢梭的儿童观在20世纪初被教育民主化运动的奠基者之一、教育民主思想的集大成者杜威进一步发展，杜威提出"内在的""绝对的"观点看待儿童，确立儿童的独特存在。儿童地位的提升在这一时期体现为对儿童游戏的重视，以美国为代表的西方国家明确提出，"游戏是儿童的权利"，"他们的工作就是游戏，游戏就是他们的工作"。[②]这种观点让人联想到一个多世纪以前人们对游戏和儿童的态度：游戏并不与工作对立。人们开始承认游戏中的严肃与有趣要素，开始尊重游戏中儿童独特的认知、思维与交往方式，并试图基于终身发展视角确立儿童的地位，这一努力可在美国著名物理学家鲍勃勒（B. F. Boller）20世纪初的一段论述中找到："孩子们丰富、快乐、愉快的生活"将成为成年人的遗产，为他们在日后的工作中增添"严肃而快乐的游戏热情和能量"。[③]至此，游戏与严肃的对立关系被消解，儿童发展与游戏的关系得以确立，游戏在教育中获得了一席之地。

（二）儿童的游戏是什么

理性告诉我们，即使运动游戏有助于培养力量，孩子们不会为了锻炼肌肉而做运动游戏，或者假装游戏有助于培养创造力，孩子们不会为了更有创造力而假装游戏。[④]那么，儿童游戏到底是什么？又为了什么？经典游戏理论探索了游戏为何存在，并揭开了游戏的生物学功能，但那不是游

[①]〔法〕卢梭. 爱弥儿〔M〕. 李平沤, 译. 北京: 商务印书馆, 197: 74.

[②] Chudacoff. P.H. (2007). *Children at Play:An American History*. New York University Press. p. 98.

[③] Ibid.

[④] Smith, K.P. (2009). *Children and Play: Understanding Children's Worlds*. New Jersey: Wiley-Blackwell. p. 5.

戏者玩游戏的出发点。当代游戏理论论证了游戏与儿童发展的关系，支持了游戏的认知价值，但那也只是游戏过程的副产品。我们如何跳出基于结果定义游戏的范式限制？可能的办法是基于过程视角来理解这一现象。儿童游戏既不是发生于"真空"中的独特现象，也不是指向特定结果的具体工具，儿童游戏具有目的性，但这种目的不是外部强制的，而是生成于过程中。儿童游戏是自由的，但自由又不足以包含所有游戏的本质内涵。所以，定义儿童游戏与其说是基于特定行为，不如说是由这些行为背后的态度和动机所决定。譬如，两个人可能在做同样的事情——都用锤子敲打钉子——一个人可能在游戏，而另一个人则不然。因此，过程、规则、目的是我们理解儿童游戏的三个基本维度，基于此，我们尝试从五个方面剖析儿童游戏的本质与特征。

1. 游戏是儿童的工作

自卢梭在"儿童是纯粹的灵魂"这一呐喊声中建立了游戏与儿童的正向关系以后，"游戏应被视为培养童年自然表现"的精神贯穿了整个19世纪。瑞士教育家裴斯泰洛奇第一次强调实践经验和与物体接触对儿童学习的重要价值，并明确反对死记硬背的学习方式。德国教育家福禄贝尔进一步提倡将游戏作为学习的手段。福禄贝尔与裴斯泰洛奇一起研究了两年儿童游戏后，他于1826年在德国的布兰肯堡开办了自己的第一所幼儿园，"幼儿园"的含义即"儿童花园"，这恰如其分地总结了福禄贝尔对游戏和发展的观点。[①]他在《人的教育》中这样描述：

> 游戏是幼儿阶段儿童发展的最高阶段……是儿童内在本质的向外表现，是人在这一阶段最纯洁的精神产物……游戏给人以欢乐、自由、满足、内部和外部平静，同周围世界和平相处。一切善的根

---

① Smith.P.K. (2009). *Children and Play: Understanding Children's Worlds*. New Jersey: Wiley-Blackwell. p. 22.

源在于它、来自它、产生于它。……因而，这一时期的游戏并非无
关紧要的小事，它有高度的严肃性和深刻的意义……它是整个未来
生活的胚芽。①

福禄贝尔对游戏教育价值的重视源自他对儿童创造力发展的重视。他
认为，人的创造本能是一种先验的善，这种善最初的表现方式就是游戏。
为了系统组织儿童的游戏，福禄贝尔发展了一个从简单到复杂、从统一到
多样，循序渐进的游戏和作业体系，以及与此配套的六种活动玩具，即六
种"恩物"②，儿童依托这些准备好的材料，从事不同的活动，发展不同
的能力。这一游戏思想在蒙台梭利的学习方法中得到了发展，她看到了幼
儿自主活动的价值。然而，她更加强调了学习现实生活的重要性，因此也
强调了有助于感官辨别、颜色和形状匹配的建设性游戏材料。因此，著名
的蒙台梭利材料，依然存在于当今许多蒙台梭利学校，儿童的作业就是利
用这些材料进行概念和技能学习。③

至此，我们可以看到将游戏视为儿童工作的思想萌芽与实践探索。到
了20世纪20年代，这种思潮进一步凸显，英国伦敦大学教育学院教育心理
学教授艾萨克（Susan Isaacs，1885—1948）明确提出："游戏的确是孩子
的工作，是孩子成长和发展的手段。积极的游戏可以被视为精神健康的标
志；它的缺失，或者是先天的缺陷，或者是精神疾病。"④

随着进步教育运动的发展与推进，美国著名教育哲学家杜威在建立教
育与儿童生活关联的努力中，认为游戏是消解儿童经验世界与理智世界的
桥梁，游戏是迎合儿童兴趣与向外表现本能的最佳途径。但游戏并非消遣

113

① 〔德〕福禄贝尔. 人的教育［M］. 孙祖复，译. 北京：人民教育出版社，2014：38–39.

② 〔德〕福禄贝尔. 人的教育［M］. 孙祖复，译. 北京：人民教育出版社，2014：30–33，译者序.

③ Smith, K.P. (2009). *Children and Play: Understanding Children's Worlds*. New Jersey：Wiley-Blackwell. p. 23.

④ Ibid., p. 29.

式的搁糖教育方法，而是以本能为基础，能利用本能获得应得知识的教育方法。①所以，学校教育仅仅是采用游戏还不够，凡是有价值的游戏都从属于智育的结果和社会化倾向的形成，②兼顾这两种价值的活动，杜威称之为主动作业。

杜威所言的主动作业不同于福禄贝尔和蒙台梭利所言的工作，成人不再为儿童提前准备好游戏材料和操作程序，而是基于园艺、纺织、木工、金工、烹饪等人类共同事务，创造一个可以代表社会的、能够促进儿童智力与道德成长的情境，使这个情境既重复和肯定成人生活环境的优点，又避开成人生活环境中的缺点。比如，园艺作业，其目的不在于通过一种消遣办法来培养懂得浇花施肥的园林工人，而是为儿童了解农业和园艺在人类历史上和现在社会组织中所占的位置提供一个研究途径；同时，在一个从属于教育目的的环境中，研究有关生长的事实、土壤化学、光线和氧气、空气与水分的作用，以及有害的和有益的生物生活等等。再比如在木工活动中，儿童会模仿成人锯、锤、刨这些动作，以满足儿童喜欢探索、操作工具和材料的天性，但同时还应通过习得"能量守恒"等力学原理，使主动作业从属于教育。所以，即便是相同的作业，也常常会因两种不同的限制而呈现两种智力发展取向：一是在鼓励儿童运用判断力选择活动方法时遭遇的能力限制；二是来自教师命令和预设材料的外部控制。前者是儿童在实验过程中主动体验到的事情，它为儿童保持创造和建设的态度创造了空间，是探索、操作、建造、表现欢乐情绪等本能所激起的种种活动；而后者则设法使儿童判断力减少到最小限度，并强迫儿童使用远离复杂的生活情境的方法，以避免犯错。通过这种方法获得的知识不过是一些操作技能而已，它无法满足材料原来的智力发展诉求。③

---

① 单中惠，王凤玉.杜威在华教育讲演［M］.北京：教育科学出版社，2007：17.
② 〔美〕约翰.杜威.民主主义与教育［M］.王承绪，译.北京：人民教育出版社，1990：213.
③ 〔美〕约翰.杜威.民主主义与教育［M］.王承绪，译.北京：人民教育出版社，1990：211-217.

所以，在杜威看来，主动工作一定包含了游戏要素，唯有如此，才能给予活动进程适当的情感和想象刺激，工作才不会沦为苦工。与此相应，具有教育意义的游戏必然融入工作要素，唯有如此，游戏才具有智育价值。二者的恰当结合，使学校教育不再是与儿童生活隔离的场所，而是与未来的社会、现在的儿童紧密关联。也正如此，一个本无善恶之分的游戏概念具有了价值诉求。

2. 游戏是儿童的自由活动

无论是既承认游戏的"堕落本质"又内疚地追求自主，还是通过炫耀自己"胆大恶魔精神"顽皮地追求自主，或是从家里"偷偷溜出去"玩耍狡猾地追求自主，都足以说明，寻求和保护自主权是儿童最关心的事情。[1]正是这种自主吸引着儿童的游戏参与。它可以超越和高于儿童的"平常"生活或"真实"生活，让儿童迈进一片完全由其支配的活动领域。儿童明明知道他只是在假装，但这无论如何也不会妨碍他们以最严肃的态度、全神贯注地玩游戏。[2]秋天，三个6岁男孩在落满树叶的林子里玩耍，一个儿童捧起落叶大声喊道"下树叶雪了"，快到房子里去，于是三个孩子不约而同来到同一棵树下。他们可以在类似的虚构与幻想中自由自在、不知疲倦地畅游一整天。所以，儿童游戏不能被简化为没有任何差异的生活表达。它是儿童对自由追求的表达，正如胡塞尔的学生、海德格尔的同学欧根·芬克（Eugen Fink）所言：

> 游戏世界不会悬置在纯粹理想世界中。它总是有一个真实的环境。换言之，游戏世界的虚构角色不能被阐明为仅仅是主观幻想的现象，它不能被定义为一种妄想（Chimera）……在游戏过程中，人类可以实现两种极端的存在模式。一方面，在游戏中可以体验到人类主

115

---

① Chudacoff. P.H. (2007). *Children at Play: An American History*. NewYork University Press. pp. 219-220.

② 〔荷〕约翰·赫伊津哈. 游戏的人［M］. 傅存良，译. 北京：北京大学出版社，2014：9.

权的顶峰。人在这里享受着几乎无限的创造力，将自己视为他想象产品的主人，游戏是人类自由的杰出表现。[1]

然而，值得注意的是，当今的孩子们的生活环境已发生了巨大改变，信息技术的发展正逐步改变儿童的自主诉求。当代著名游戏理论家萨顿·史密斯（Sutton Smith）曾一针见血指出了当代儿童的活动危机，他说，生活环境的改变迫使儿童的活动正从对物体和场所的"亲身"（Manual）参与转变为与信息和娱乐关联的"符号"（Symbolic）关系。特别是以"早教"名义出现的各类教育游戏，尽管有研究证明过它们在提供青少年归纳推理、记忆和计划等方面具有一定价值，[2]但早在20世纪末就有人提出，表面上看，这类游戏反映了一种新的思维方式和新奇的社会化方式，但事实上，游戏中"一个人和一台电脑"的互动是"看似不孤独的孤独活动"，[3]它们很可能成为孤独儿童寻求安全与爱的虚拟工具，在屏幕上度过的时光可为孩子提供孤独和焦虑的转移。这种自由是虚假的。芬克在谈论游戏中虚幻与现实的关系时，也探讨这种自由的不可取。他说：

> 我们确实偶尔发现自由的另一极，即从现实世界中退出，通过掩饰的魔力，在迷人的恍惚中达到完全被奴役的程度。所以，游戏本身不仅可以包含自由自决的日神时刻（代表理性），还可以包含恐慌自我放弃的黑暗酒神时刻（代表感情）。[4]

---

① Karpatschof, B., Play, But Not Simply Play: The Anthropology of Play., In Schousboe, I. & Winther-Lindqvist, D. (2013). *Children's Play and Development*. Springer, Netherlands. pp. 251–265.

② Selnow, G. (2010). The fall and rise of video games. *Journal of Popular Culture*, 21(1), 53–60.

③ Quoted in Chudacoff. P.H. (2007). Children at Play: *An American History*. NewYork University Press. p. 197.

④ Karpatschof, B., Play, But Not Simply Play: The Anthropology of Play. In Schousboe, I. ,& Winther-Lindqvist, D. (2013). *Children's Play and Development*. Springer, Netherlands. pp. 251–265.

因此，儿童游戏是自由选择的活动，但不是自由形式的活动。游戏不仅要受规则制约，还需要与现实建立联系，与儿童真实的生活建立联系。

3. 游戏是儿童的自足活动

基于游戏者视角，游戏是一种服务于它自身利益的活动，而不是外部奖励。游戏可能有目标，但这些目标只是活动的一部分，而不是活动的主要原因。比如，建筑游戏总是指向游戏者心目中已有的一个目标进行创造，但主要目的是物体创造，而不是物体占有。同样，竞争性游戏是为了得分和赢得比赛，但如果这项活动是真正的比赛，那么对参与者来说，得分和赢得比赛的过程才是重要的，而不是得分和赢得比赛的后续结果。当人们不在游戏的时候，他们通常采取他们知道的最直接、最不费力的路线来达到目标。然而，当他们以游戏为目的时，他们可能会尝试各种各样的路线，包括那些效率很低的新颖路线。因此，游戏受内部动机驱动，即游戏是自足的。①

117

儿童游戏中的内部动机是什么？自我决定理论将人的内在需求分为能力需求、关系需求和自主需求，能满足这三种需求的活动往往是引人入胜和有趣的，儿童游戏是这一系统的最完美诠释。②即便是儿童一个人的幻想游戏，也能激活他们的内在动机：自主需求——我可以自己决定扮演奥特曼还是怪兽，我自己决定游戏的结构与内容；能力需求——我可以控制游戏进展，我能扮演各种角色，我不仅能打败怪兽，我还能比奥特曼更厉害，能驯服怪兽，与怪兽和谐共处；关系需求——我可以与朋友分享自己喜欢的角色，理解正义、克制、勇敢、友爱、坚韧等精神品质。

根据福禄贝尔的观点，儿童游戏主要驱动力是愉悦，而愉悦的主要来源是儿童作为个体和集体一员，在游戏中体验到了一种肯定的和可靠的力

---

① Karpatschof, B., Play, But Not Simply Play: The Anthropology of Play. In Schousboe, I. ,& Winther-Lindqvist, D. (2013). *Children's Play and Development*. Springer, Netherlands. pp. 251-265.

② 〔美〕韦巴赫, 亨特. 游戏化思维: 改变未来商业的新力量 [M]. 王晓丹, 译. 2014: 58-59.

量，并感觉到这种力量的增长，如儿童的奔跑、拳击、角力、球类游戏、抓人游戏、战争游戏和狩猎游戏等等，都可以观察到这一点。①福禄贝尔在此谈到的肯定与可靠力量也就是自我决定理论中自主需求与能力需求的满足。如此看来，黑格尔那句非常经典的论述——游戏在极度漫不经心的同时也是最崇高和真正严肃的事情，②似乎并不太过浮夸，游戏中蕴含的这种崇高与严肃不正是游戏内在价值的体现吗？而这种内在价值的基础不正是儿童体验到的愉悦以及与此相伴的体力、道德与精神发展吗？

4. 游戏是有规则的活动

规则这一概念在某种程度上与纪律和顺从具有关联。如果规则由成人制定、控制与监督，便与纪律具有相同功能，顺从便是规则遵守的标准与目标。在遵守纪律的要求下，儿童必须压抑对新鲜事物的兴趣。同时，当一个儿童必须顺从规则时，个性就会被磨灭，否则就会被贴上调皮捣蛋的标签。在这里，规则也好，纪律也罢，都成为生长的控制工具，它们自己不是生长着的，反而成为限制儿童生长的桎梏。罗素在谈论这种以控制为目的的规则和纪律对儿童发展影响的时候，引用了俄国作家契诃夫（Tchehov）笔下的关于教小猫捉老鼠的故事：

> （契诃夫的）叔叔教小猫捉老鼠，他将一只老鼠放进小猫所在的屋里，但小猫猎物的本能尚未到家，故对老鼠未加理睬。于是他把小猫打了一顿。第二天重复了相同的过程，乃至第三天、第四天……天天如此。最后，这位教授认定这是一只不堪教育的笨猫。在后来的岁月里，虽然这只猫各方面均正常，但只要一见到老鼠就吓得虚汗直

---

① 〔德〕福禄贝尔. 人的教育［M］.孙祖复，译.北京：人民教育出版社，2014：80，译者序.

② Hegel, G. W. F. (2008). Introduction on the essence of philosophical criticism generally, and its relationship to the present state of philosophy in particular. *The Critical Journal of Philosophy*. First Published: *Kritisches Journal der Philosophie, 1*(1), (1802). http://www.marxists.org/reference/archive/hegel/works/cj/introduction.htm.pp: iii–xxiv.

冒，战栗不已，随即逃之夭夭。①

显然，当规则或纪律是外部强加、以控制为目标时，规则就成为强迫儿童学习的手段。但是，当规则成为融入过程中的一种娱乐手段而被遵守时，规则就会由内而外地被理解、被执行。也正如此，维果茨基曾一针见血指出："没有规则就没有游戏。"游戏中的规则如何产生？它们对儿童发展的价值如何体现？

在蒙台梭利的教室内，摆满了各种教具，孩子们可以根据自己的兴趣在不同的区角游戏和玩耍。在这样一个看似自由的环境中，儿童却反而成为更懂规矩、更乐于遵守学校规定的人。原因何在？一是教师为儿童游戏提供了简单的几项规定，任何儿童都不允许打扰其他儿童，任何儿童都不允许同时占有一件以上玩具。同时，将这些规则作为一种娱乐手段加以遵守。儿童要顺利游戏，就必须遵守这些规则，要遵守这些规则就需要自我约束，这种自我约束部分构成良好的习惯，部分地使儿童认识到，在一些具体的场合，为了长远的利益，有时克制一下冲动是值得的，②这种因付出而获得的回报让儿童有了自我认同，体验到了付出带来的快乐。

同伴游戏是儿童最痴迷的游戏方式，但此类游戏有个永久悖论，一方面儿童采用阻力最小的方式做自己最想做的事情，并由此获得了快乐；另一方面，儿童也需要遵循最大阻力，让自己服从游戏规则，从而放弃自己想要的东西。游戏规则与直接冲动交织于游戏过程，所以，孩子游戏中的很多行为往往与他想要表现的方式背道而驰，但是这种对规则的服从和放弃直接冲动的行动又是儿童获得最大愉悦的手段。没有规则就没有游戏。正如维果茨基所言：

---

① 〔英〕罗素. 罗素论教育 [M]. 杨汉麟，译. 北京：人民教育出版社，2009：19.

② 〔英〕罗素. 罗素论教育 [M]. 杨汉麟，译. 北京：人民教育出版社，2009：20.

我认为只要游戏中有一个想象情境，就会有规则。但这些规则不是提前制定的，它们在游戏过程中也总是会改变，规则源自想象情境。因此，可以想象，一个孩子可以在没有规则的想象情境中行动是难以置信的，就像他们在真实情景中所表现的那样。①

游戏规则很多时候来自孩子们在现实生活中没有注意到的东西，在扮演医生和病人的游戏情境中，儿童在药物接受与给予过程中，几童有意识基于他们的经历理解"顺从"规则。②两个现实中真正的姐妹会在游戏中扮演姐妹，游戏中有真实，她们本来就是姐妹，但游戏又是虚构的，她们假装是姐妹。两个孩子在虚构与真实交织的游戏情境中，理解并认可现实中成人的规则，并逐渐明白，姐妹们彼此之间的关系不同于其他人。③

所以，规则构成了儿童游戏。儿童在游戏中理解规则、使用规则并遵循规则，这是儿童愉悦的源泉，是儿童"愉悦使用心智能力"的充分体现，也是儿童情绪认知的学习经历。④我们必须承认，儿童在游戏中遵守的规则，很多时候在现实生活中是做不到的。比如，两个6岁男孩一起玩战斗游戏，就本能而言，他们都有攻击对方的潜在冲动，但为了维持游戏，他们首先必须控制住自己"攻击"的直接冲动，然后与游戏伙伴协商寻找不会伤害到对方的游戏方式。否则，一方如果伤害到了另一方，游戏将会宣告结束。所以，在游戏中，孩子可以发展悬置现实中的即时的、冲动的和反应性行为的能力，同时可以在想象情境中开发和执行有计划、有目的的任意行动。因此，游戏中的"行为"规则是在孩子们的探索中生成的，也因为如此，他们才会自觉遵守规则，并逐渐理解规则的意义与价

120

① Liz, B. & Susan, E. (2010). *Engaging Play*. England: Open University Press, McGraw Hill Education. p. 73.

② Ibid., p. 74.

③ Vygotsky, S.L.(1978). *Mind in society*. Cambridge, MA: Harvard University Press, pp. 92–104.

④ Ibid., p. 100.

值，进而形成规则意识。维果茨基将这一过程描述为"意义"开始主导"行动"的过程，是儿童认知、意愿与自我发展的重大变化。[①]在此过程中，需要孩子最大程度表现意志力，孩子最出色的自我控制发生在这一过程中。它们是孩子们学习控制冲动和遵守社会认同规则的主要手段，这种技能对人类社会生活至关重要。

5. 游戏是儿童理解力的创造性表达

对大脑发育的研究表明，儿童早期的经历不仅影响大脑的生物结构，而且影响儿童的学习能力。一个贫瘠的成长环境，如重复的技能训练，会阻碍孩子使用神经通路，并大量修剪大脑神经。[②]布瑞利（Brierley）的研究也提醒我们，如果儿童不适当地接受规范性技能实践，会减少他们通过运动来探索世界的时间，并损害儿童的好奇心、动机和创造力。因此，不要过早地让儿童学习特定技能和技术，或过度练习技能，这会使儿童发展中的运动智能变得迟钝，进而削弱想象力，无法为后期探索做准备。[③]此外，也有证据表明，游戏特别是幻想游戏可以提高儿童的智力灵活性，这种灵活性被认为是创新过程的关键要素。[④]"我听到了，我忘记了；我看到了，我记得了；我做到了，我理解了"[⑤]，深刻揭示了第一手经验对孩子智能发展的重要意义，而游戏是儿童体验和探索世界的最直接方式。

儿童不仅通过游戏体验探索世界，还通过游戏表达自己对世界的理解。美国幼儿专家佩莉（Vivian Gussin Paley）通过研究儿童想象游戏发现，当孩子们在舞台上扮演某个角色时，他们借用浮动的对话片段、童话和电视主题、结合社会评论和私人幻想的卡通进行剧本创作，他们与诸如

121

---

① Lobman, C. & O'Neill, E.B. (2011). *Play and Performance*. Maryland:University Press of America,® Inc. p. 9.

② Griffiths, J. (2003). Do little children need big brains? *Early Education*, Summer, 7–8.

③ Brierley, J. (1994). *Give Me a Child Until He is Seven*. Falmer, Sussex: Falmer Press., Quoted in Santer, J. & Griffiths, C. (2007). Free play in early childhood: a literature review. *National Children's Bureau*. p. 28.

④ Quoted in Tsao, L. L. (2002). Review of Research: How much do we know about the importance of play in child development? *Childhood Education*, 78(4), 230−233.

⑤ Ibid.

生与死、善与恶、权力与无能为力等深刻的哲学问题作斗争，他们也会研究规则的力量，并寻求消除邪恶的方法。[①]我的观察经历支撑了这一论述，我6岁的儿子，每次看完动画片后，都在一个人玩假装游戏，在游戏中不仅创造故事情节，还在角色模仿中建构对正义、勇敢、互助、探索、拯救的认识。《海底小纵队》是一部深受小朋友喜爱的动画片，每一集都有一个主题，比如拯救、探险等，孩子会在电视结束后轮流模仿巴克队长以及其他船员。他可以在游戏中玩很久，做很多事，说很多话，制定很多规则。他在模仿自己之外的其他人，这种表现是发展的源泉。

这个过程既是儿童认知与情感发展的工具又是结果。说它是结果，因为借助动画片这个媒介，儿童在已有认知基础上了解到什么是正义和勇敢的行为，游戏是他理解这种行为的表现。说它是工具，因为在游戏中，除了行为表现，还有一个"看不见"的区域，即儿童所建构的他们想成为某种人的"区域"。这也是维果茨基所言的最近发展区，游戏推动着儿童在区域内移动。因为"孩子的游戏不仅仅是他所经历的事情的复制，而是对他所获得的印象的创造性改造"[②]。这种创造性改造帮助孩子将现实世界中的事物转换成另一个想象世界。这种"想象"孕育着创造力的种子。[③]它们是儿童认知的重组过程，这种重组也是儿童对现实世界的理解与再创造过程。这个过程包含在两种游戏类型之中，一种是儿童自主游戏，另一种是教师引导式游戏。前一种游戏为儿童建构对概念的认识创设了空间，为高阶能力的发展提供了可能性，是儿童发展的重要工具；后一种游戏对于思维与游戏的融合至关重要，是实现儿童高阶能力发展的目的性的重要

① Paley, V. G. (1988). *Bad Guys Don't Have Birthdays: Fantasy Play at Four.* Chicago, IL: The University of Chicago Press. p.16.

② Lobman, C.& O'Neill, E.B.(2011). *Play and Performance.* Maryland:University Press of America,® Inc. p.10.

③ Cecchin, D. Pedagogical Perspectives on Play.In Schousboe, I. & Winther-Lindqvist (eds.), D.(2013). *Children's Play and Development: International Perspectives on Early Childhood Education and Development 8*, Springer Science+Business Media Dordrecht. pp. 55~70.

路径。儿童思维不仅通过游戏来表达，还通过游戏实现发展。

三、游戏与教育

人们普遍认为，游戏/学习环境可以被有目的规划以实现预定结果或课程目标。教育者可以通过教学框架、教学决策和行动参与游戏（组织环境；计划游戏/学习活动；与孩子一起游戏；观察和评估游戏）。因此，游戏本质上与当代教育息息相关。[1]然而，当我们将其作为教学工具时，可能并没有意识到这到底意味着什么。一般来说，学校教育排斥游戏的主要原因有两点：一是对游戏内涵的理解存在偏差，将儿童可以自由做出选择和决定、自己指导和控制的自由游戏等同于所有游戏类型。二是偏执而无知地假设了儿童的幼稚与成人的智慧，所以，由儿童自己控制的自由游戏常常被认为可能与混乱、失去成人的控制和不确定的结果有关，这些都不符合许多政策框架中定义的教育方法。[2]因此，游戏是教育环境中的一个挑战。然而，信息时代的到来，数字游戏这堆新近燃起的营火，处处闪耀着耀眼的光芒，它们作为儿童游戏的一种类型，具备了史无前例的互动性与沉浸性，同时又具备极佳的反馈机制与激励机制，[3]它们吸引着无数儿童投入其中。在此背景下，我们需要重新思考游戏与教育的关系。基于课程与教学视角，当游戏成为概念教学（或正规教学）的工具时，这对教育到底意味着什么？怎样处理游戏、课程、教学与学习之关系？

（一）消解游戏与教育的二元对立

在希腊语中，教育中的教化（*paideia*）和游戏中的儿戏（*paidia*）之间存在联系，这两者都源自儿童——"*paidas*"。柏拉图在《理想国》的教

123

---

① Wood,E. Reconceptualizing the play–pedagogy relationship: From control to complexity.In Liz, B. & Edwards, S. (2010). *Challenging Play*, London: McGraw-Hill Education. pp. 11–24.

② Ibid.

③〔美〕格雷格·托波. 游戏改变教育［M］.何威，褚萌萌，译. 上海：华东师范大学出版社，2017：17.

育部分这样阐述儿童游戏的价值：

> 由身体执行的强迫劳动不会使身体变得更糟，但灵魂中不能有强迫学习……（因而）不要用武力训练孩子（*payas*），而要运用游戏（*payzontas*）。通过这种方式，你可以更好地辨别每个人自然指向什么。[①]

然而，认为游戏是对严肃的、有价值事物的否定，这种理解的表达也可以追溯至古希腊。亚里士多德曾在他的《尼各马克伦理学》（*Nicomachean Ethics*）中这样说道：

> 幸福的生活被认为是一种美德；美好的生活需要努力，而不仅仅是寻乐（amusement）；严肃的事情比与可笑的、与寻乐有关的东西更好。[②]

在亚里士多德看来，游戏与严肃是对立的，它们不过是以寻乐为目的的一种消遣，没有自主内容，尽管可能会带来愉悦的体验，但对于人的美德发展与智力提升没有任何意义，甚至会阻碍严肃事物的发展，沉浸于游戏中的孩子是不愿意学习的，而真正意义上的学习发生在学校与课堂等正规教育之中。这种理解在我国文化语境中尤为突出，"戏""游""玩""嬉"等词相几乎可与"游戏"通用。例如，《红楼梦》第二十三回这样描述游戏与功课的关系："你日日在外游嬉，渐次疏懒了功课。"宋朝诗人陆游在《老学庵笔记》卷三中如此假设游戏与学习的对立：

---

① Karpatschof, B., Play, But Not Simply Play: The Anthropology of Play., In Schousboe, I. & Winther-Lindqvist, D. (eds.). (2013). *Children's Play and Development*. Springer Netherlands. pp. 251–265.

② Ibid.

"董仲舒三年不窥园，谓勤苦不游嬉也。"这种二元对立的关系认知，不仅弱化了游戏的整体价值，还强化学习与苦读的关系。"吃得苦中苦，方为人上人"，"书山有路勤为径，学海无涯苦作舟"，这些耳熟能详的"名言警句"无不渗透着以"苦"为重要特征的学习方式，游戏被排斥在教育与学习之外定是必然。

随着两个多世纪的游戏研究，加上数字技术的快速发展，大量人口正在向游戏空间"大规模迁徙"[①]。无论倡导或反对儿童课程游戏化或游戏课程化，都必须承认，没有任何内在的原因（除了文化和意识形态的限制）可以禁止学习活动有趣，儿童游戏的教育价值正逐步得到认可。在美国，儿童游戏被认为是"学校成功的关键"[②]。政策制定者为提高儿童学习与素养，将游戏为本的项目纳入政策内容。其基本假设是：如果孩子以游戏的方式学习字母表上的字母，他们可以更快更好地获得阅读与写作技能。同样，如果数字被有趣地呈现出来，或者成为游戏环境中有意义的一部分，孩子们似乎更容易理解数学。[③]显然，游戏不再完全建基于自发活动基础上，而是作为一种学习媒介被放置在特定模式与日程安排上，作为一种教学方法被应用于成就和技能表现。无疑，这属于教育与游戏辩论中的积极方面，孩子既可以通过有组织的课程和情境学习和发展技能，又能享受有趣的学习，[④]以此消解游戏与教育的二元对立。然而，不论是将游戏作为一种学习媒介，还是教学方式，真正影响学校教育的并非是否要

125

① 〔美〕简·麦格尼格尔. 游戏改变世界［M］. 闾佳，译. 北京：北京联合出版公司，2016：3.

② Cecchin, D., Pedagogical Perspectives on Play., In Schousboe, I. & Winther-Lindqvist, D. (eds.).(2013). *Children's Play and Development: International Perspectives on Early Childhood Education and Development 8*, Springer Science+Business Media Dordrecht. pp. 55−70.

③ Van Oers, B. (2003). Learning resources in the context of play: promoting effective learning in early childhood. *European Early Childhood Education Research Journal, 11*(1), 7−26.

④ Cecchin, D., Pedagogical Perspectives on Play., In Schousboe, I. & Winther-Lindqvist, D. (eds.). (2013). *Children's Play and Development: International Perspectives on Early Childhood Education and Development 8*, Springer Science+Business Media Dordrecht. pp. 55−70.

将游戏引入教学或学习，而是如何引入和引入什么，如此才能避免各类以感官刺激为手段、以浅表兴趣为目的的盈利性商业游戏在学校教育体系中盛行。

（二）引入游戏精神而非游戏媒介

当今的孩子们正处在一个巨大且无计划的"实验"中，他们被瞬息万变的数字技术所包围，技术繁荣的重要表现是平板电脑和智能手机中各类应用程序的引入。截至2015年1月，苹果手机应用商店中的"教育"应用程序数量为80000个。①我们完全有理由说，中国当前最大的教育产业不是在学校，而是在手机终端，这个产业的开发者和管理者既不是学校行政人员也不是教育专业人员，而是软件公司的设计者、制作者与推广者。我们一直在"怎样利用电视或电脑来控制教育方面做着巨大的努力"，所谓的"智慧课堂""智慧校园"即是这一努力的产物。但我们却忽略了"怎样利用教育来控制电视、电脑或电子游戏"②，我们尚未敏锐捕捉到游戏中的课程要素，亦未妥善建立二者的正当关系。

不能否认，在琳琅满目的"教育App"中，有些产品可能会发挥呈现信息与资料的价值，但就像文字与印刷机的发明一样，这些电子游戏产品正在通过控制儿童的时间、注意力与认知习惯来获得控制人们思维与交往的权利。根据尼尔·波兹曼的观点，电视对教育哲学的主要贡献是它提供了教学与娱乐的不可分的理念。从孔子到柏拉图到洛克到杜威，在他们对教育的论述中，没人提出过这样的观点。但即便如此，对"孩子在学习自己有兴趣的东西时掌握得最好"这种论断，你一定不会感到陌生，并且或许你会感同身受。你可能也很赞同这种观点，理性只有在情感的肥沃土壤

① Hirsh-Pasek, K., Zosh, J. M., Golinkoff, R. M., Gray, J. H., Robb, M. B., & Kaufman, J. (2015). Putting education in "educational" apps: lessons from the science of learning. *Psychological Science in the Public Interest, 16* (1), 3–34.

②〔美〕尼尔·波兹曼. 娱乐至死［M］. 章艳，译. 桂林：广西师范大学出版社，2011：152.

中才能得到最好的滋养，一个慈爱的老师会使学习成为一件轻松的事情。但是你一定从未听人说过，只有当教育成为娱乐时，学习才能最有效、最持久、最真实。[①]

所以，在教育领域思考游戏，我们反对基于娱乐视角理解游戏本质，游戏不等于娱乐。闲暇时候通过赌博、酗酒等手段寻求的刺激不是游戏，是寻欢作乐，是消磨时间。[②]我们也不同意对游戏媒介进行简单移植，游戏对于教育的价值在于"游戏精神"。那么，何谓游戏精神？赫伊津哈说："敢挑战、爱冒险、承担风险、忍受紧张"是游戏精神的本质。[③]这种精神活跃在人类整个文化进程中，以竞赛形式存在的游戏为例。不论是儿童生活，还是文明的最高成就，个人也好，社会也好，追求完美的最强烈动机是渴望因自身优秀而受赞赏和得敬仰，而要得到赞赏和敬仰，必须展示美德，竞争游戏就是用来证明优秀和展示美德的。这种美德并非抽象概念，它们与具体事务特性难解难分，比如，力量和健康是身体的美德，才智与聪慧是心灵的美德，慷慨、智慧、勇气和公正是优秀男子的美德，以礼示人是自我荣誉的体现。[④]然而，这些蕴含在竞争游戏中的精神要素，我们在组织儿童游戏中又能体会多少？我们又在多大程度上意识到游戏蕴含着如此多的道德要素？力量、勇气、才智、包容、赞赏、敬仰等，都能在儿童游戏中寻找生长土壤和表达方式，如何避免它们被认知惯性、常识习俗、教条制度等观念遮蔽，需要我们重新思考教育与游戏的关系。

罗素曾说，所有游戏的心理学依据是：人类具有共同的心理习惯，即总会自然而然从事那些喜欢而非厌恶的活动。[⑤]那么儿童喜欢游戏中的什么呢？儿童喜欢游戏精神带来的理智生长，而这种生长能满足儿童自我需

①〔美〕尼尔·波兹曼.娱乐至死［M］.章艳，译.桂林：广西师范大学出版社，2011：153.

②〔美〕约翰·杜威.民主主义与教育［M］.王承绪，译.北京：人民教育出版社，1990：222.

③〔荷〕约翰·赫伊津哈.游戏的人［M］.傅存良，译.北京：北京大学出版社，2014：60.

④〔荷〕约翰·赫伊津哈.游戏的人［M］.傅存良，译.北京：北京大学出版社，2014：73.

⑤〔英〕罗素.罗素论教育［M］.杨汉麟，译.北京：人民教育出版社，2018：20.

求与能力需求，这是儿童游戏的持续动力。我们以游戏中的紧张为例。尽管游戏本身不归善恶管辖，但其重要要素"紧张"，却赋予了游戏某种道德价值，这是游戏的精神所在。紧张意味着不确定、有风险，意味着要努力判断自己的行为后果以维持游戏并结束游戏。玩游戏的人总是希望"通过自己的努力"获得"某种成功"，或与同伴顺利完成角色扮演游戏，或一个人完成拼图游戏，或与团队成员共同努力取得竞技体育的胜利……在游戏过程中，正是"紧张"要素及"紧张"消解支配着各种个体游戏与集体游戏的繁衍生息。而在此过程中，"紧张"考验着儿童的各种智能与美德：技能、勇气、坚韧、智谋、公平等，这是游戏中蕴含的精神实质，是它们引导本无善恶之分的游戏多面体朝理智方向发展。

（三）实现游戏与课程的双向驱动

关注儿童教育最根本的任务应理解儿童快乐的学习之本质以及儿童学习的快乐之体现。如此，思考游戏与课程的关系也就成为本研究主题的应有之义了。

关于游戏与课程的关系，已有很多研究对其进行了概念化，不论是课程游戏化还是游戏课程化，都体现了建立游戏与课程正当关系的良好夙愿。如何妥善处理二者的关系？我们参考维果茨基的游戏思想——概念意识做进一步阐释。维果茨基认为，明确确定游戏对儿童发展的作用至关重要，但分散的材料只能为孩子们的游戏提供可能性，[①]游戏只能为儿童发展提供可能性。儿童通过与材料的直接互动，对如何做事产生直观理解，例如一个4岁的孩子将烹饪原料混合到碗中，以及将食材放入烤箱中烹饪。在这个层面上，孩子们了解的是日常概念。换言之，此处的游戏仅仅为儿童的理智发展打开一扇窗、铺了一条道。如果没有成人及时而恰当的介入，他们不知道与烹饪时物质的热量或日常烹饪材料的密度相

---

① Liz, B.& Susan, E. (2010). *Engaging Play*. England: Open University Press, McGraw Hill Education. p.74.

关的化学反应，而这些概念即所谓的科学概念是游戏发挥教育价值的基本体现——游戏的目的是成为某种形式的教学，进而将上述案例中的热量、密度、化学反应等科学概念引入儿童的生活，发展儿童的理解。[①]在这个层面上，游戏便具有了课程价值，儿童在"玩材料或设备"的过程中发现并理解科学概念，在儿童从事的活动中实现了游戏课程化与课程游戏化的融合。

所以，儿童游戏的教育价值可能体现为两个层次：低阶层次的生活概念与高阶层次的科学概念。前者主要指儿童在游戏中理解一般生活概念，比如把食物混起来，把锅加热，然后把食物放到锅里煮熟就可以吃。这是当前儿童教育中课程游戏化后教师普遍采纳的游戏形式，它以儿童自由游戏为主，即教师为儿童游戏提供材料，孩子们使用这些材料进行游戏，自由使用各种规则。但如果要进一步发挥游戏对幼儿高阶思维的发展，还需要将科学概念引入其中。比如，在模仿"医生与病人"的游戏时，要想让孩子在"药物分配与接受"环节中既能获得有关"医学和关怀"的日常理解，又能有意识探索"物质混合"等科学概念，就需要教师根据游戏情境及时参与进来，与儿童共同思考同一个活动，引入一个额外的故事情节，为儿童进一步理解提供支架。例如，向儿童提问，假如这种药不起作用，该怎么办呢？由此将"物质混合"等科学概念引入儿童游戏中。[②]

我们将以荷兰阿姆斯特丹自由大学伯特·范奥斯（Bert van Oers）教授对数字学习与儿童游戏有效结合的教学方式来进一步支撑游戏与课程双向驱动的必要性。

范奥斯教授认为，游戏过程中最重要的要素是互动：同伴互动，师生互动，以及亲子互动等。互动的质量影响着游戏价值的实现。比如，幼儿对数学概念和数量关系的首次认识来自成人对他们行为与语言的反应，这

129

---

① Liz, B.& Susan, E. (2010). *Engaging Play*. England: Open University Press, McGraw Hill Education. p.68.

② Ibid., pp.73-75.

种反应最明显的表征方式就是：教师为学生的表现命名，以此打开学生的数学思维的大门。让我们借用一个课堂观察实例来做进一步阐释。

在一项城堡建造活动中，两个孩子（5岁）正在为老师读过的国王建造一座城堡。在他们的建筑活动期间，当他们用完一种类型的长条方块时，孩子们遇到了问题。经过几次试验后，其中一个孩子使用了两个较小的方块（长度与长块相同），然后继续建造。老师及时注意到了孩子的行动，并用语言表达了出来："非常好，你用两个短的方块替换了这个长的。"经过多次尝试和讨论后，孩子们证明了长方块和两个短方块一样长。然后男孩们继续建造。一开始，每次他们需要更长的时间，他们互相说话（甚至自言自语）："我们可以用长方块替换两个更短的方块。"[①]

在这个案例中，老师及时观察到了孩子行为的变化，并及时而明确地给孩子的行为命名（即运用科学概念理解儿童的游戏行为），引导孩子在游戏中开始减法与相等等数量关系的思考，这为孩子的进一步数学思维打开了一扇窗。

概言之，不论是游戏课程化还是课程游戏化，都试图将游戏作为概念形成的教学工具，这既可赋予儿童游戏"逻辑品格"，避免游戏肤浅化，又可赋予课程"情境理性"，实现概念（conceptual）与情境（contextual）在教学实践中的双向驱动。换言之，在游戏过程中，教师既需要确定儿童的日常概念及其生活情境，也需要明确在儿童游戏中希望引入的科学概念。正如维果茨基所说的那样，游戏可以让儿童对世界的体验变得可见，并同时要通过科学概念的引入，为他们与他人互动时获得的日常概念提供一些见解，[②]这是游戏发挥教育价值的根本目的，也是游戏教育学需要思考的重要问题。

① Van Oers, B.(2012). Emergent mathematical thinking in the context of play. *Educational Studies in Mathematics*, (74),pp. 23−27. https://doi.org/10.1007/s10649-009-9225-x.

② Liz, B& Susan, E. (2010). *Engaging Play*. England: Open University Press, McGraw Hill Education. p.75.

（四）重新理解儿童学习

当我们仔细观察一个幼儿的日常生活并由此推断他的世界构成，不难发现，如果成人不对他们的行动进行干预与控制，他们几乎会将所有的时间都用来游戏。在游戏中，他们扮演各种角色，建构各种关系，理解各种现象，想象构成了他们整个世界。而在此过程中的学习不过是他们建构想象的副产品。因为儿童的世界并没有被分割成"生活世界"和"学习世界"，他们的生活和学习总是融为一体。又因游戏占据了儿童生活的大部分空间，所以，唯有游戏中的学习才能与儿童的生活实现统一，并使学习具有了意义，而意义则为他们进一步提供了学习理由，假如游戏的权利被剥夺，他们便无法将学习与自己的生活经验联系起来，对于幼儿而言，学习也就丧失了意义。

然而，我们也一再强调，儿童游戏特别是自由游戏，只为儿童发展提供了可能性，在幻想游戏中他们可以派生出无穷的快乐，但其中渗透着竞争、掠夺等人类必须超越的野蛮天性，这些天性如何升华才能服务于儿童的理智发展？在同伴游戏中，游戏一方面可发展社会性技能，但另一方面也支持排他性做法，如何避免儿童复制现实社会生活中基于性别、能力和家庭差异的不公平现象？如何解决这些问题，需要我们重新思考儿童的快乐学习与深度学习的关系。英国学者苏珊·爱德华（Susan Edwards）等人的研究结论告诉我们，要实现二者的统一依赖于教师的深度专业理解能力。他们研究了两位不同专业理解能力的物理老师带领孩子探索物理现象的日常例子。孩子们的游戏主题是"风筝"，需要理解的科学概念是"运动与力量"。他们的研究结论显示，假如儿童游戏或活动仅仅停留于儿童的生活经验，没有对学科概念的深度理解，概念探索永远停留于低水平阶段，教师只能依靠经验来支撑儿童学习。比如，风筝的形状、制作步骤等等。老师会忽略孩子在风筝制作和试飞过程中经历的"事物如何移动，吹、推、拉、滚动、摆动和下沉"等科学体验。①这类学习我们称之为以操作为主要目的的浅层学习，它们大量存在于各类以探究之名实施的"研究性学习"中，游戏中热闹非凡，思维却寂静如水。那理想的游戏化学习应当怎么做呢？

爱德华等人认为，需要在游戏或活动中为拓展儿童思维提供机会，但前提是教师对概念的深度理解。同样是制作风筝，指向高阶思维发展的探究活动则需要在风筝的颜色、制作过程、放风筝等基础上进一步为孩子探究创造机会。比如，教师通过头脑风暴讨论可能的相关活动。艺术、舞蹈、音乐或教科书设计，以此吸引学生的兴趣。这些活动可能包括：通过空气流动提升物体的模型（吹），制作飞镖、风筝、气球、降落伞、游艇、滑翔机、飞机、直升机；观察梧桐叶的飞翔以及蒲公英种子，以及昆虫、小鸟和蝙蝠完全不一样的物理结构和飞行原理。同时，在头脑中为孩子的探究提供这些多元化资源时，必须仔细观察孩子的年龄发展特征与兴趣所在。②

简言之，基于游戏视角的儿童学习，必然是快乐学习与深度学习的统一体，亦是维果茨基所言的日常概念与科学概念的统一体，还是杜威所言的儿童经验与学校课程的统一体。因为在游戏中，每个孩子都是自己学习的决策者、控制者与责任人。然而，要达成上述统一，所有游戏活动都必须建基于：教师认为他们的责任是学生学习的决策领导者，学生兴趣的研究者，某个学科的博学者，支持学生自己理解和持续学习的真实学习机会的提供者。③

游戏本身没有好坏之分，一切取决于你如何利用它们。如果游戏建基于对儿童的深入了解，对儿童真实生活的深度参与，并得到成人及时而恰

---

① Liz, B& Susan, E. (2010). *Engaging Play*. England: Open University Press, McGraw Hill Education. p.101.

② Ibid., p.102.

③ Ibid., p.106.

当的指导与协助，则游戏具有持久的认知效应和社会效果。但如果在一个父母放弃责任的家庭中，儿童的游戏陷入一种"滥用的滑坡"中，儿童就会滑向真正的成瘾。这种成瘾暗含着儿童的心理需求。研究证明，所有孩子都渴望感受到"家庭中的安全与依赖"。当安全缺失时，孩子会对所缺失的关爱产生近乎绝望的渴求。当一个人在情感上缺乏安全感与爱，在屏幕上度过的时光将为之提供某种转移和替代。在线社群将替代真实生活中的社群。兼具刺激和疗伤功能的视频游戏，将缓解他们在真实生活中因为求之不得而带来的痛楚。[①]也正如此，创造了《超级马里奥》（历史上销量最高的游戏系列，其扮演主角的数十款游戏曾为"任天堂"公司创造了高达330亿美元的巨额商业利润）的日本游戏设计师宫本茂在给孩子们签名的时候，他通常会写下："如果是晴天，请去户外玩耍吧。"[②]

最后，我们不得不再次进入电子游戏这一话题来探讨基于游戏进行教学或学习时，教育者在批判与建构时还应借鉴的经验。众所周知，指向当前儿童生活世界的电子游戏设计与基于游戏的学习环境创设面临着同样的挑战：如何基于对儿童思想的深刻理解，让用户精通游戏中的学习资料。就游戏设计而言，游戏设计师比学校做得好。当孩子们不去学习那些已经给他们安排好的功课时，学校教育通常会从孩子生活问题上找原因：贫困、精神创伤、父母教育不力、睡眠不足、学习技能不足等。研究证明，上述种种因素确实会影响孩子的学习能力。但是假如在游戏中呢？如果玩家玩不好视频游戏，游戏设计师显然不会归因于父母和孩子，他们会通过自我反思和不断调整，创造出任何人，哪怕是父母教育不力、睡眠不

---

① 转引自：〔美〕格雷托·托波.游戏改变教育［M］.何威，褚萌萌，译.上海：华东师范大学出版社，2017：240.

② 转引自：〔美〕格雷托·托波.游戏改变教育［M］.何威，褚萌萌，译.上海：华东师范大学出版社，2017：240.

够充足的人，都可以享受的体验。游戏设计师深刻理解到，真正的学习总是和快乐相关联，他们试图将深度学习和快乐学习的法则运用于游戏设计中。①这不正是教育领域花了百年时间才开始运用的法则吗？不正是指向素养发展的21世纪教育孜孜以求的学习理解吗？

①〔美〕格雷托·托波.游戏改变教育〔M〕.何威，褚萌萌，译.上海：华东师范大学出版社，2017：27–28.

第六章
儿童权利

　　儿童权利是教育与社会中的权利体系的基本构成部分。用权利意识和思维来观察、判断、分析和解决涉及儿童的教育现象与问题，并构建起儿童权利保护的制度体系和话语体系，这是依法治教的必要环节，也是走向现代教育文明的应有之义。当前，学界较一致的共识是儿童权利保护的现状跟不上依法治教的时代要求，儿童权利仍处于被忽视的状态。有鉴于此，在教育领域中谈论儿童权利保护就具有重大的现实意义。本章就主要围绕着儿童权利这一主题，讨论儿童权利的内涵、内容以及儿童权利保护的要求。

一、儿童权利的内涵

　　对儿童权利保护的讨论以恰当地认识儿童权利的内涵和内容为前提，儿童权利领域所存在的问题与人们缺乏成熟的儿童权利认知有很大的关系。不过，作为一项基础工作，在谈论儿童权利之前，我们需要预先对权利的基本含义做一个大概的分析，以为儿童权利的讨论做好铺垫。

（一）权利的含义

　　"权利"是一个在现代社会中司空见惯的词汇，一种经常被人们挂在嘴上的语言，或者说，使用权利概念已经是现代人们越来越广泛运用的一种表达和主张利益的话语策略。不过，一个概念越是大众化，就往往意味着其越容易在不同的意义上甚至在不合理的意义上被理解和使用。不幸的是，权利就是这样的概念，《牛津法律大辞典》中就认为权利是一个"受到相当不友好对待和被使用过度的词"①。因此，我们使用权利概念时，首先要厘清和确定是在什么意义上使用的。

1. "权利"的词源

现在的"权利"概念，是译自英文rights，也就是说，权利概念是个舶来品，它是西方文化的产物。但实际上，汉语"权利"一词在古语中早已有之，且并不少见，不过其内涵实大异于今日之权利概念。要而言之，古语中的"权利"一词，多在贬义上使用，如《汉书》中所谓"贵仁义，贱权利"中的"权利"，就是与仁义相对的权力和利益的统称。

据考证，英文rights一词在19世纪中后期伴随着东西方文化的碰撞被西方传教士传入中国。最早将rights一词翻译成中文"权利"的是美国传教士丁韪良。丁韪良是全面地将国际法著作介绍到中国的第一人，"'权利'一词在中国近代最早出现于丁韪良所翻译的《万国公法》中"②。但也有考证说，是日本人借用了古汉语，把rights翻译成"权利"，之后再从日本传入中国。

不过，英文right的基本意思是"正确"、"恰当"和"正义"等，因此，从字面意义上来说，英文rights在语义上是要凸显和表达正义。而从词源上来说，英文rights就是"源自拉丁文中的'jus'"③，其含义即正当或正义。在古希腊古罗马社会中，并没有今天意义上的专门权利概念，但权利的内涵却已体现在与其相近的词汇"正义"之中，今天西方的权利概

---

① 〔英〕沃克. 牛津法律大辞典［M］. 北京：光明日报出版社，1988：773.
② 董长春. 近代西方"权利"概念的中国化［J］. 学习与探索，2008（6）.
③ 常健. 当代中国权利规范的转型［M］. 天津：天津人民出版社，2000：7.

念，就是从正义概念中分化出来的。

从上述词源学考察来看，似乎用在中国传统文化下带有贬义色彩的汉语"权利"一词翻译西方的rights并不算理想。日本人最初是把rights翻译成"权理"，后来才统一译为"权利"。据有的学者推论说："以'权理'而不以'权利'译right，大概正是因为汉语'权利'一词多含贬义之故。"①也正是基于此种疑虑，有些学者"建议将'权利'改译为'义得'、'义有'、'义利'或'正义'"②，这种建议委实有合理之处。不过，也有学者认为："中国在道德传统上总是倾向于将个人私利视为洪水猛兽，非除之而后快。然而，当我们将这种贬义词当作褒义词来用时，恰恰可以通过这种褒贬翻转来推动观念上的革新。倘若用一个传统上的褒义词来掩盖这种文化上的差异，反倒难以产生这种特殊的效果。"③从推动观念翻转的意义上来说，这种观点是成立的，不过我们还是要注意用一个贬义词来翻译一个褒义词时该贬义词可能对该褒义词的理解和使用所带来的负面影响，古语"权利"所唤起来的争权夺利的想象可能干扰我们对权利中所内含的"正义"精神的端视和理解，在今天，"以'权利'为'争权夺利'的误解恐怕至今犹存"④。

2. 权利的内涵分析

权利不只是学术概念，还是大众概念和日常语言。作为一个大众概念，它更倾向于被从字面意义上去理解，例如法学家孔庆明就通俗地把权利界定为"有权得到的利益"⑤。这个通俗定义包含了权利的两大要素，即利益和正当性依据。无论利益是什么，"一项权利之所以成立，总是为了

---

① 余涌. 道德权利研究［M］. 北京：中央编译出版社，2000：3.

② 常健. 当代中国权利规范的转型［M］. 天津：天津人民出版社，2000：11.

③ 同上，11.

④ 余涌. 道德权利研究［M］. 北京：中央编译出版社，2000：4.

⑤ 孔庆明. 法律与权利——孔庆明法学论文集［M］. 长春：吉林人民出版社，2013：13.

保护某种利益，总是体现某种利益于其中"①，没有无利益的权利，权利就是规范利益的一种概念设计，如果没有利益涉及其中，人们也就不会热衷于要求权利和使用权利概念。不过，利益这一要素并非权利的内核，利益本身是中性的，不具有道德意蕴。根本上来说，权利不是对利益做出设定，而是对利益的合理性做出设定，也就是说，它要确定某种利益是"应当的"，说权利是"有权得到的利益"，实际上这句话的中心词不在"利益"上，而在"有权"上，有权即有正当性。确认正当性就是确认资格，一个人有某种权利就是有某种资格诉求权利所规定的利益。

不过，通俗的定义往往不够全面和深入，例如在上述通俗定义中，没有点明正当性的依据是什么，也没有点明权利的一些本质特征。孔庆明教授在通俗地定义权利的同时，也给出了一个严谨的学术性定义："权利是由社会关系客观规定的、具有度量分界的、通过人们主观意志主要是以法律形式表现出来的意志能够实现的利益。"②这个学术定义比通俗定义高明的地方，在于它直接说明了权利的本质和表现形式等。从本质上来说，这一定义是基于马克思、恩格斯的权利思想，把权利理解为"法"的体现。"法"在这里明确地不等于"法律"，法是"社会关系客观规定"的观念抽象，而法律则是条文和规则。从表现形式来说，权利"主要是以法律形式表现出来的"，以法律形式表现出来的权利就是指法律权利，换个角度来理解，权利的表现形式实质上也就是权利的依据，即依据什么来认定权利的存在及其合理性，依据法律来认定的权利就是法律权利。需要注意的是，定义中说权利主要以"法律形式表现"，言外之意是除了法律权利之外，还有法律权利之外的其他权利类型。另外，说权利具有"度量分界"，就是突出了权利的界限性质，权利主要是从肯定的意义上为自身划出了合理的活动范围，但也从否定的意义上为自身划出了限度，限度之外

---

① 余涌. 道德权利研究 [M]. 北京：中央编译出版社，2000：36.
② 孔庆明. 法律与权利——孔庆明法学论文集 [M]. 长春：吉林人民出版社，2013：13.

主张权利可能就是滥用权利，而"不得滥用权利是权利的应有之义，根本不存在滥用权利的权利"①。

在法律权利之外还有什么权利呢？法学家夏勇教授把权利定义为："权利是为道德、法律或习俗所认定为正当利益、主张、资格、力量或自由。"②这个定义中实际上是认为权利的认定有三种依据，分别是道德、法律和习俗，换言之有三种权利类型，分别是道德权利、法律权利和习俗权利。不过，在法律权利之外是否有其他权利类型，或者说是否有道德权利或习俗权利，这在法学界是有争议的，考虑到篇幅和本章旨趣，所以关于这些争议的细节我们不必过多讨论，另外，关于道德权利、法律权利、习俗权利以及用其他概念表述的权利类型之间的关系，我们也不多论。实际上，权利概念在当前是越来越在拓展性的意义上来使用的，道德权利的概念基本已获公认，因此，我们这里只需要指出，我们是在拓展性的意义上来使用权利概念的，否则儿童权利的讨论空间就相当有限。

另外，在夏勇教授的权利定义中，把权利最后归结为"利益、主张、资格、力量或自由"。这几个词汇都是在权利讨论中常用的，不同的权利论者借用其中的某个词汇来解释权利的本质属性或者给权利下定义，从而形成权利的利益论、资格论、自由论等。"利益"是否可以与"主张""自由"等放在同一个概念范畴或平面上来谈论，似乎是可商榷的。不过这里也存而不论，我们毋宁把利益、主张、资格、力量和自由等都可看成是权利的要素，一项权利越完整，越要体现这些要素的齐备和统一。例如就自由来说，从有利于权利实现的角度来说，自由就应该是权利的必备要素，一个人享有某种权利，就是享有自由地使用这种权利的自由，权利主体相对于权利内容的自由权是权利真正存在和能否实现的基础，破坏了这种自由，也就是破坏了这种权利本身。

---

① 余涌.道德权利研究［M］.北京：中央编译出版社，2000：41.

② 夏勇.中国民权哲学［M］.北京：生活·读书·新知三联书店，2004：312.

（二）儿童权利的含义

在学校教育范畴内的权利讨论中，儿童权利这一概念似乎并不怎么被大众接受。有些人可能会认为儿童权利是耸人听闻的词汇，因此应该用"'儿童的需要'这一比较平实的概念"来代替。实际上，"需要"这个概念只具有心理学和教育学的意义，但"权利"概念自带有一种法学和伦理学的属性，用"需要"概念代替"权利"概念，无形中就回避了"权利"概念所具有的法学和伦理学的敏感性。我们认为，无论是在依法治教的视角下，还是在教育伦理学的视域下，儿童权利概念都是无法绕开和替代的，不能用"权利"概念来界定儿童所有的需要，但是儿童的有些需要应该被上升到权利的高度来理解和看待。

可以通俗地把儿童权利界定为儿童有权得到的利益，然而要从深层上把握儿童权利的内涵并不容易，因为这首先涉及我们是在什么意义上使用"儿童"这个概念。我们是在广义上使用"儿童"这一概念的，在广义上使用就不会只是把儿童仅仅解释为生理学意义上的未成年人，在广义上使用就是把每个儿童看成是一个由多种身份构成的整体，他不但是一个未成年人，也是一个人、一个公民，在学校里则是一个学生或受教育者。实际上这些身份即有独立性，也往往是相互联系、相互界定的，例如未成年儿童的学生或受教育者身份就是未成年儿童的公民身份和未成年人身份在学校里的特殊表现形式。

基于上述对儿童的复合身份的理解，我们可以尝试给儿童权利下这样一个定义：儿童权利是由法律或道德认定为正当的儿童作为未成年人、人、公民、受教育者等多重身份相互整合所构成的利益。

这个定义实际上是把儿童权利视为一个整体，它是由各种各样的权利种类互动构成的。从权利的依据来看，可以分为儿童的法律权利和儿童的道德权利。依据儿童的多元身份来划分，儿童权利则包括儿童作为人的权利、儿童作为公民的权利、儿童作为未成年人的权利、儿童作为学生或受教育者的权利。每种身份都提供了讨论儿童权利的一个视域或空间，我们谈论儿童权利，就是在广义上既谈论儿童的未成年人的权利，又谈论他作为一个人和公民的权利，也谈论他作为一个学生或受教育者的权利。

不过，正如我们不能孤立地看待儿童的某种具体的身份，我们也不能孤立地理解儿童的某种权利构成。因为儿童多种身份的相互联系和渗透性，所以对每种权利的谈论都可能会延伸到对其他权利的谈论中去。这些不同类型的权利可能处于相互影响、相互限定、相互包含等各种关系之中。

（三）儿童权利的内容体系

人们在谈论儿童权利时，最关心的恐怕还是儿童到底有哪些权利，也就是关心儿童权利的内容。在此，我们在法律权利和道德权利这两个概念框架下，把儿童的权利内容分为儿童的法律权利和儿童的道德权利两部分。

141

1. 儿童的法律权利

儿童的法律权利以不同的权利名称被书写在相关的法律文件之中。实际上，儿童权利已经有较为可观的国际法和国内相关法律的依据，也就是说，这些法律文件已经有了许多有关儿童法律权利的具体规定。

（1）国际法视域下的儿童法律权利

从国际法来看，联合国已经制定了一些涉及儿童权利的法律文书。这其中最为著名的法律文件是1989年联合国出台的《儿童权利公约》，该公约是国际上最为广泛接受的国际公约，几乎所有国家都已在该公约上签字。该公约基于《联合国宪章》和《世界人权宣言》等文件，尤其立基于《世界人权宣言》所宣称的"儿童有权享受特别照料和协助"。"儿童有权享受特别照料和协助"出现在《世界人权宣言》中，意味着"享受特别照料和协助"是作为一项基本权利被确定下来的，只不过因为公约才具有法律效力，宣言不是法律文书，不具法律效力，所以出现在《世界人权宣言》中的这一基本权利最开始只具有道德权利的性质。不过之后的两份联合国人权公约《公民权利和政治权利国际公约》与《经济、社会及文化权利国际公约》则是把《世界人权宣言》中的基本权利法律化了，这其中，儿童应"享受特别照料和协助"也以不同的陈述方式出现在这两份公约中，从而儿童的这项基本道德权利就变成了法律权利。

实际上，在《儿童权利公约》出台之前，已经有两份关于儿童权利保护的国际文件，分别是1924年出台的《日内瓦保障儿童宣言》和1959年出台的《儿童权利宣言》，只不过这两份文件都是宣言，因而不具有法律效力。《儿童权利公约》是在这两份宣言的基础上，把两份宣言中确定的儿童权利加以更完善地陈述并通过公约的形式进一步法律化。

《儿童权利公约》共有54项条款，内容非常全面。其最具有创造性的地方，在于确立了儿童权利保护的四项基本原则：无歧视原则、儿童最大利益原则、确保儿童的生存和发展的原则和尊重儿童意见的原则。其中"无歧视原则"在公约第二条得到了具体的论述：缔约国应遵守本公约所载列的权利，并确保其管辖范围内的每一儿童均享受此种权利，不因儿童或其父母或法定监护人的种族、肤色、性别、语言、宗教、政治见解、族裔或社会出身、财产、伤残、出生或其他身份而有任何差别。"儿童最大利益原则"实际上早在1959年的《儿童权利宣言》中已经提出来了，在公约中则是出现于第三条款：关于儿童的一切行动，不论是由公私社会福利机构、法院、行政当局或立法机构执行，均应以儿童的最大利益为一种首要考虑，这项原则后来在1990年出台的另一份文件《儿童生存、保护和发展世界宣言》中又进一步确定为"儿童第一"或"儿童优先"原则。"确保儿童的生存和发展的原则"主要体现在公约第六条：缔约国确认每个儿童均有固有的生命权；缔约国应最大限度地确保儿童的存活与发展。"尊重儿童意见的原则"主要体现在公约的第十二条：缔约国应确保有主见能力的儿童有权对影响到其本人的一切事项自由发表自己的意见，对儿童的意见应按照其年龄和成熟程度给以适当的看待，这条原则在之前的儿童权利文书中没有出现过，在公约中出现是第一次。

这四项基本原则为认定儿童权利提供了论证基础，所有实体性的儿童权利内容都可从这些原则中推论出来。在四项原则之外，人们从《儿童权利公约》中概括出四大儿童权利内容，其分别是生存权、受保护权、发展权和参与权。这四大实体性权利具有高度的概括性，公约规定的几十项具体权利，都可以归纳入这四大权利之内，甚至对儿童或儿童权利来说至关重要的受教育权，也统摄在发展权这种权利之中。

从儿童权利这个概念和角度上来说，《儿童权利公约》规定的儿童权利内容非常全面，它全面地考虑到了儿童作为一个人、公民、未成年人和受教育者所应享有的权利，可以说，《儿童权利公约》是国际上最重要的一份儿童权利保护法律文件，后来的一些相关国际文件，都没有超越该公约所占据的立意高度和突破其所规定的儿童权利内容。

（2）国内法视域下的儿童法律权利

从有法可依的角度来说，客观地说，在我国，已经有一套比较完整的法律体系来认定和保障儿童权利。

对外，我国早已在1991年批准了《儿童权利公约》，这意味着不管我们应该如何实施该公约，该公约所规定的儿童权利内容的法律性质原则上应该在我国同样有效。对内，一些有关儿童权利的立法也早已成体系。我国政府批准《儿童权利公约》之后，为落实该公约，于同年制订颁布了《中华人民共和国未成年人保护法》（以下简称《未成年人保护法》）。《儿童权利公约》取"儿童"概念，《未成年人保护法》则用"未成年人"概念代之。《未成年人保护法》从家庭保护、学校保护、社会保护和司法保护等方面较为详细地规定了未成年人权利保护的具体要求。相对于《儿童权利公约》重在设定权利，《未成年人保护法》则重在谈权利保护，即重在谈义务，但它也在总则中概括确认了未成年人应该享有的权利。具体言之，该法第三条规定：未成年人享有生存权、发展权、受保护权、参与权等权利……未成年人享有受教育权……未成年人不分性别、民族、种族、家庭财产状况、宗教信仰等，依法平等地享有权利。也就是说，《未成年人保护法》明确规定了生存权、发展权、受保护权、参与权、受教育权和平等权等六大权利，其中受教育权是单独提出来的，而平等权比较特殊，它自身没有具体的利益内容，而是嵌入其他权利的一项具体权利原则，通过其他权利来体现。

除了《未成年人保护法》，我国未成年人或儿童权利保护还体现在一些相关的法律法规中，例如《禁止使用童工规定》《中华人民共和国残疾人保障法》《未成年人特殊保护的规定》，甚至体现在《中华人民共和国婚姻法》之中。单纯就受教育权而言，我国也有一些专门的法律法规来认定儿童在受教育权下的一些具体权利规定，这方面的法律主要有《中华人民共和国教育法》（1995年颁布，分别在2009年和2015年经过两次修正）和《中华人民共和国义务教育法》（1986年颁布，分别在2015年和2018年经过两次修正）。这两份法律对儿童的受教育权做了具体的权利设定和权利解释，总体来说，在法律和行政易于合理干预和操作之处，权利的设定和陈述比较具体，例如在义务教育阶段对于违反学校管理制度的儿童，学校"不得开除"儿童，这种权利设定就非常具体并具有很强的强制性，但在属于教育教学过程和方法的范畴之内，权利的规定和陈述就比较抽象，从而为学校和教师自主理解和落实儿童权利留下了灵活的解释空间，从有利于学校和教师的教育权力的合理运作来看，这种抽象是合理和必要的。

2. 儿童的道德权利

儿童的法律权利之外，还会有其他的一些法外权利，这些法外的权利我们统称"儿童的道德权利"。所谓儿童的道德权利，就是不是在法律中而是在道德上得到认定或确证的儿童的利益。

法律权利和道德权利不是截然区分的，不是说一项权利是法律权利就不是道德权利，是道德权利就不是法律权利。实际上，从权利的形成过程来看，一项法律权利在成为法律权利之前往往首先是一种道德权利，法律权利只是把这种道德权利法律化，因此一项权利可能既是法律权利，又是道德权利。

在有关儿童权利的立法越来越完备的情况下，要找到一种完全属于道德权利而在法律上没有丝毫的权利依据的权利实际上是不太容易的。更多的是，一些权利作为道德权利的性质更强些而作为法律权利的性质比较弱，比较弱是因为它的法律权利的性质依靠推理才能确定，或者因为相对应的法律义务要求比较模糊或者缺乏强制性，通常司法实践也不愿意或者无法合理地介入。

我们把那些在法律上没有提出明确要求或者其法律权利的性质很弱的权利称为儿童的道德权利。大量的教育学类文章会用"权利"这个概念来表达一些教育教学的主张，例如"把自主探究的权利还给学生""把结课的权利交给学生""把发现的权利还给学生""把问题设置的权利交给学生""请把'答错'的权利还给学生""请赋予学生成功的权利"，等等。用"权利"概念来表达这些教育教学的主张，可能被质疑为权利语言的泛滥，但是从积极的一面来看，这些所声称的权利可以广泛地被归于道德权利的行列。

不过，一项权利作为道德权利还是法律权利的性质的强弱也不是绝对的，而是可能处于动态变化甚至相互转化之中。这里我们可以举例来说明：

> 1968年，美国内华达州一位叫伊迪丝的三岁小女孩告诉妈妈，她认识礼品盒上"open"的第一个字母"O"。这位妈妈非常吃惊，问她是怎么认识的。伊迪丝说："薇拉小姐教的。"这位母亲表扬了女儿后，一纸诉状把薇拉小姐所在的幼儿园告上了法庭，理由是幼儿园剥夺了伊迪丝的想象力，因为她女儿在认识"O"之前，能把"O"说

成是苹果、太阳、足球、鸟蛋之类的圆形东西，然而幼儿园教她识读了26个字母，伊迪丝便失去了这种能力。她要求幼儿园对这种后果负责。三个月后，此案在内华达州州立法院开庭，幼儿园败诉。因为陪审团成员被这位母亲在辩护时讲的故事感动了。她说："我曾到东方某个国家旅行，在一家公园里曾见过两只天鹅，一只被剪去了左边的翅膀，放在较大的水塘里；另一只完好无损，被放在较小的水塘里。管理人员告诉我，这样能防止天鹅逃跑。剪去一边翅膀的天鹅无法保持平衡，飞起后会掉下来；完好无损的虽然没被剪去翅膀，但起飞时因没有必要的滑翔路程，而只能老实待在水里。我当时非常震惊和悲哀。今天，我为我女儿打这场官司，是因为我感到伊迪丝变成了幼儿园的一只天鹅。他们剪掉了伊迪丝的一只翅膀，幻想的翅膀；他们早早地把她投入了那片小水塘，只有ABC的小水塘。"这段辩护词后来成了内华达州修改《公民教育保护法》的依据。现在美国的《公民教育法》规定，幼儿在学校拥有两项权利：玩的权利；问为什么的权利。[①]

很明显，在一般的社会和教育中，在幼儿园教孩子识字母是否合理的问题是属于教育学和心理学的问题，从权利的角度来说，这个问题至多被放在道德权利的范畴内来讨论，完全不需要通过司法实践来解决。但是这个事件最后却上升为一个司法事件来处理，让原本属于道德权利的问题变身为法律权利问题，从此，幼儿园是否能够教授孩子字母或幼儿是否有在学校不得被教授字母的权利就放在"玩的权利"和"问什么的权利"这两项法律权利上来审视了。

①家庭文摘报，2002（32）.转引自《云南教育》，2003（14）.

二、儿童权利保护

保护儿童权利是依法治教和走向现代教育文明的题中之义。儿童权利保护可以在不同的领域和视角下来谈，例如，可以在立法的层面上来谈论儿童权利相关法律的可操作性不足的问题，再如，儿童权利保护会关涉到家庭，因此可以从儿童与其家庭之间的关系上来谈。但人们对儿童权利保护问题的关注，实际上主要还是聚焦于学校教育领域，聚焦于儿童与学校及教师的关系上来讨论。本文也聚焦于此，着眼于保护儿童权利这一主旨或目的，我们接下来在学校教育的范畴内，从几个方面提出儿童权利保护的原则性要求，这些要求或建议，会与对儿童权利现状的分析结合在一起。

（一）教育者要养成权利本位思想

把教育者要养成权利本位思想作为儿童权利保护的第一要求提出来，是借用了梁启超的观点。梁启超是近代中国知识分子接受西方权利概念的主要代表人物之一，他在《论权利思想》一文中曾鲜明地提出："为教育家者，以养成权利思想为第一要义。"①这里借用梁启超的"权利思想"概念，但不必过于细究权利思想的具体内涵，我们把它当成一种概括性的词汇来使用，可以把它看成是权利意识、权利思维和权利意志等的合体。这里把权利思想置换成权利本位思想，所谓本位，就是凭依、基础，在梁启超的语境里，权利思想是可以置换为权利本位思想的。

而从法治的意义上来说，法治就是以权利为本位作为基本要义的，与以权利为本位相对的思想或思维方式就是以权力为本位或以义务为本位。顾名思义，以权力为本位就是看重权力运用在治理和管理中的作用，以义务为本位就不是强调个人的权利，而是强调个人对国家、社会和他人等应尽的义务，权力为本位和义务为本位思想在我国有悠久的伦理传统、政治

147

---

① 梁启超. 新民说·论权利思想［M］，选自《饮冰室合集》专集之四，第39页.

传统和社会治理传统，它在根本上会妨碍权利本位思想的形成，从而在根本上影响了法治的实现。

与梁启超的构想相比，一百多年之后的中国教育者的权利本位思想养成状况如何呢？以儿童权利保护的视角来看，现实中暴露出的许多涉及儿童权利的事件都在在说明，我们教育者的权利本位思想养成状况并不乐观。在此首先举一例类来说明之。

多年前，辽宁省阜蒙县某中学发生的"劝转学生"的事件曾经引起媒体和舆论的广泛关注，甚至中央台的"新闻纵横"栏目都曾专题报道过。①该高中是当地一所比较好的高中，被评为辽宁省示范性高中，校长是全国优秀教师和辽宁省特级教师。这所学校建校时间不长，但办学成绩卓著，曾有一年有5名同学考上清华大学，这对于一所建校不久的县城高中来说，堪称奇迹。学校以管理严格见称，其校长认为，学校之所以能取得今天这样的成绩，就是因为管理严格。

学校有一项明文规定，即新生入学后，儿童及其家长要同学校签订一份《承诺书》。《承诺书》是学校进行儿童管理的刚性依据，其共有27条规定，这些规定极其详尽地规范了儿童的日常学习行为和生活行为，包括早恋、个人卫生、节水节电、衣食住行等。根据学校要求，儿童及其家长必须签字承诺，如果违反任何一条规范，儿童需自动转学。开学之后，学校会给予新生半年的适应期，半年之后，学校就要按照《承诺书》严格实施。

正是依据《承诺书》，学校对5名同学做出了勒令转学的处分，电话通知家长领回孩子，理由是儿童违反了《承诺书》中的第25条：进入厕所，不污染蹲位两侧和过道，便后当即冲洗，不用脚踹冲水按钮，不乱倒垃圾。在这5名同学中，4名同学是因为上厕所没有冲水被值日同学发现后上报学校，另1名同学则是因为在厕所里吐了一口痰被校长当场抓住。

---

① 劝转学生起风波［EB/OL］.（2007-09-28）［2017-03-04］. http://learning.sohu.com/20070806/n251428334.shtml.

虽经儿童和家长百般请求，学校依然坚持勒令转学的决定。结果，这5名儿童中，4名同学在家长借钱交了4200元择校费后，被隔壁的另一所高中最终答应接收转学就读，但因两校的教学进度不同，成绩均出现明显下滑，并且心理上也承受了很大的压力，其中周某平时爱说话，现在则变得沉默寡言，吴某则说自己会经常想起这件事，见到过去的同学心理上会有自卑感。4200元择校费对这几个农村家庭来说都不是一个小数目，尤其对石某家来说更是如此，因为石某家里拿不出这笔择校费，石某不辞而别，离家出走，后自己电话告知父母在大连打工，后石某最终放弃了高中教育，到大连的一所技术培训学校读书。

这5名学生家长曾就这一事件投诉到阜新市投诉中心。根据市政府要求，阜蒙县教育局向学校下达过召回学生的通知，认为"学校对违规学生的处罚方式过当，应以批评教育为主，希望该校纠正处罚的错误方式"，但学校以"学生已在其他学校就读"为由，没有执行召回要求。

这是一起典型的儿童权利或学生权利事件。在这个事件中，要害就在于《承诺书》，因此我们接下来聚焦于《承诺书》本身来做分析。

转学这种处分方式是依据学校、家长和儿童已签署同意的《承诺书》这一校规做出来的，正是因为这一点，在讨论这个案例时，有些人会认可和支持学校的做法，他们认为，既然家长已经签署了《承诺书》，那么学校的做法就符合程序正义，如果学校不照《承诺书》的规定处理，则《承诺书》本身就失去了意义。这种看法在很大意义上来说是合理的，因为校规的实施也必须符合有法必依的原则，那么，这一事件问题的主要症结在哪里呢？答案就在《承诺书》本身。

《承诺书》存在的第一个问题就是，它仅仅规定了学生应担负的义务，而对权利问题只字不提。在我国，学生管理规章、守则等仅仅规定义务而不列明权利是一种普遍的文化现象。这一问题有些学者也意识到了："我们大中小学的教室里，都张贴着学生守则。有的学校甚至还要求学生一字不差地背下来。但是，我们仔细研究一下，就会发现这些守则几乎全是学生的义务。学生的权利呢？没有明文写出来。"①

《承诺书》存在的第二个问题是造成这一事件走向极端的根本所在。整个事件的最要害所在，就在于在《承诺书》中，所有的义务规定都配以转学这种单一的、近乎最严厉的惩戒或处分方式，并且只要儿童违反一次就被强制转学，而不考虑一次违反和屡次违反之间的区别。这种处分规定直接触及了受教育权的核心。受教育权作为宪法明文规定的人的基本权利而具有某种意义上的神圣性，体现这种神圣性的核心就是儿童的受教育机会不能被随意剥夺或侵犯。《中华人民共和国义务教育法》第二十七条已经用"对违反学校管理制度的学生，学校应当予以批评教育，不得开除"的规定确保了义务教育阶段儿童的受教育机会不能被学校剥夺的绝对性。在高中阶段学校是否有开除学生的权力，现行法律并没有明确的规定。不过，不管学校是否能开除学生，在开除这种处分方式之外，另有一种处分方式为学校提供了更为灵活的操作空间，那就是"转学"。转学是一种无论在义务教育阶段还是在高中阶段都没有法律明文禁止的处分方式，或许这可以解释为，考虑到学校教育的特殊性和复杂性，所以法律通过留白为学校教育权力的运作留了一张底牌。因为没有明文禁止，所以有学者甚至建议用强制转学的方式处理在义务教育阶段有严重德育问题的儿童，②既然在义务教育阶段都会有这样的操作空间想象，那在高中教育阶段更不在话下。实际上，即使学校有强制儿童转学的权力，这种权力也不能随便使用，转学的处分只能发生在学生的犯错行为的严重性与这种处分方式相匹配的情况之下，也就是说，学校不能随意强制学生转学。在该案例中，核心问题还不在于学校是否有权力强制学生转学，而在于强制转学规定的随意性。通过《承诺书》本身，学校把学生可能出现的各种各样的犯错行为

150

---

① 李金艳.不可缺少的"学生权利书"[J].林区教学，2006（3）.

② 冉亚辉.一个建设性建议：德育问题学生的强制转学[J].中小学教育，2015（2）.

都和转学这种处分方式紧密联系起来，由此强制转学这种手段一方面变得异常强大，另一方面又因为其使用的随意性而变得异常廉价。

这样的案例并非个案，类似的事件屡屡见诸报道。例如，广西平南某中学开除了20多名带手机进课堂的学生，对于所引起的争议，学校回应称：禁止带手机是学校校规，学生也签订过《承诺书》，开除学生合情、合法、合理、合乎大部分学生和家长的利益。[1]再如媒体曾报道过河北曲阳某学校开除了4名学生，原因是他们的家长都曾在微信群发过学校的"负面信息"[2]。这两个事件比之上述案例之违法和侵犯学生权利的性质要更为严重，因为事件发生在义务教育阶段，并且处分的性质是开除，处分的理由更为随意。可以毫不夸张地说，这是一种毫不避讳违反《义务教育法》、置该法如无物的行为。

上述案例典型地反映了义务本位的思想和权力本位的思想在学校学生管理中的支配地位，义务本位和权力本位都是一种非权利思想方式。这种思想方式根深蒂固，长期禁锢着教育者的职业思维和职业习惯，对学生管理实践有广泛深刻的影响。这种思维方式游走在法律的边缘、空白地带或薄弱之处，有时甚至无视法律，它的存在对儿童权利构成严重威胁。在各种有关儿童权利的法律法规日益健全的背景下，儿童权利保护落不到实处或者说儿童权利不彰，与这种非权利的思想方式的广泛存在和根深蒂固有根本的关联。因此，对于儿童权利保护来说，最重要的是要养成权利思想或权利本位思想，这是依法治教的根基，不能从义务本位和权力本位思想转向权利本位思想，通过依法治教达到儿童权利保护的目的就不能落到实处。

（二）教育者要涵养人文主义精神以促进儿童权利更完满地实现

儿童权利的名称和条文规定都是以概括的语言表达出来的，这种概括

151

---

[1] 李国民.随意开除学生岂能拿违法校规壮胆撑腰［N］.检验日报.2011-11-21（004）.
[2] 张淳艺."家长吐槽开除学生"的三重谬误［N］.广西日报.2018-9-5（005）.

性意味着儿童权利的实现依赖于与儿童权利实现相关的义务主体对权利的感受和认识状况，正是这种感受和认识状况的差异导致不同的教育者即使都保护了儿童的权利，但儿童权利保护的程度是有差异的，有些教育者可能只是机械地遵守儿童权利的条文，从而停留在保护儿童权利的底线标准上，有些教育者可能最大程度为儿童利益着想，从而客观上实现了从高标准上保护儿童权利的结果。

我们依然以上述转学事件加以说明。该事件见诸媒体后，校长辩解说："就是转的意思，不是开除，开除的话孩子们历史上有污点，当成自己家孩子看，尽可能让他转走，兄弟学校很可能他们培养的条件、师资力量或者他们的环境更适应这些孩子。"校长的辩解，和5位被转学生的结果对比，具有相当强的讽刺性。这让笔者想起在课堂上亲耳听一位本科生讲过的发生在她高中时期的一则案例。在她上高三时，班上有一名男生，因屡犯学校纪律，学校决定劝退该同学。但这事被该班的班主任知道后，班主任立即找到学校领导，表示坚决不同意学校的处理决定。最终，学校做出了让步，收回了劝退该学生的决定，但有一个前提条件，就是该生不能再住校。班主任同意了，因为该生家离学校很远，班主任就让该生住在自己家里。该生在班主任家里吃住了三个月后参加高考，最后考上了一所大学。在这个案例中，或许学校有相当的理由劝退学生，或者说，学校并没有侵犯儿童的权利，但即便如此，校方和班主任的不同处理方式所产生的保护儿童权利的效果是远远不同的。

这位班主任的特殊之处在哪里？答案就是，这位班主任虽为普通教师，但却站上了一个教育家的精神高度。教育家是一个没有明确定义的概念，但是，教育家应拥有一种共同的品质，那就是人文主义精神，人文主义也是一个含义宽泛的概念，但是尊重和关心应是人文主义精神的核心。

教育精神的本质就是人文主义。从教育学上来讲，"教育"的英文名称是education，而education在词源学上又来自拉丁文educare。日本著名教育学家佐藤学教授关注到了educare的词根care，care即关心、关爱、关照、照料等。由此佐藤学把教育（educare）界定为一种"操心生命体的生存和成长的活动"①，这种活动以儿童与成人的交互作用的关系为前提，它是一种"应答性"的活动，是一种应答人的脆弱、悲伤、呼叫和烦恼的活动。

关心往往立基于对象的错误或脆弱性，犯错或具有脆弱性是未成年儿童的一种生命常态，他们作为儿童或未成年人在成长过程中会不可避免地产生错误和某种脆弱，儿童生命中犯错误或产生脆弱性的那一时刻，更是需要由教育的关心来矫治和喂养，这是学校教育和儿童教育的特殊之处，儿童的受照顾权，也需要从这种意义上去理解。

从这个意义上来说，教育在本质上就是一种以关心为核心的人文主义活动。相应地，具有以关心品质为核心的人文主义精神就是一个教育者所应具备的内在品质，教育者的素养的高低，在根本上取决于他对关心的理解和践行所达到的高度。

因此，对儿童权利的保护来说，重要的是教育者要涵养一种人文主义的教育精神，这种人文主义精神的养成情况，在很大程度上影响着儿童权利实现程度的高低。上述的案例中，一种做法是在儿童犯错误的时候把儿童强硬地推开，一种是用宽广的胸怀把儿童拥在怀里，在儿童成长的过程中愿意陪伴着儿童的错误，两种格局之高下，显而易见。儿童权利本是为保护儿童利益而设计的，教育中的人文主义精神，决定了我们在实现儿童的最大利益的道路上能够走得有多远。

（三）建立儿童权利与教育权力的平衡

在学校教育中，儿童权利可以换成学生权利概念来替代表述。说学生的权利处于弱势地位有较为充分的现实依据，但这种说法可能不符合有些

---

① 佐藤学. 学习的快乐——走向对话［M］. 钟启泉，译. 北京：教育科学出版社，2004：191.

人的感受，尤其是不符合一些中小学一线教师的感受。有一位中学教师的困惑或者说是"吐槽"可能代表了许多教师的心声：

> 十年的教学经历，使我越来越产生一种感觉，学生越来越难教，越来越难管。学生起哄、谩骂老师、给老师脸色看是经常的事，殴打老师的事件也时有发生。老师的尊严和威信已经受到严峻的挑战。在人们希望推进素质教育的今天，把更多的自由和权利还给学生，这本没错。但现实中师生之间出现的问题，一些人动不动就把责任归咎于老师，竟全是老师的不对，社会上更变本加厉总以"为人师表"为攻击标准，对老师挑三拣四，似乎任何人对老师都可指手画脚，于是学生在老师面前便有恃无恐，造成管理学生的手段越来越少，越来越无力……老师的权利大打折扣，而学生的权利却被过度保护。①

154

这位老师的感受不是个例，它具有一定的代表性。笔者就亲耳听一位老师说过："现在的孩子，你不能骂不能打，打了骂了不但家长来找，被外界知道了也会说我们做教师的侵犯学生的人格权利。但是我们的人格权就不需要尊重了吗？现在的学生甚至都敢公开骂老师，实在难以管教。我们也是人啊，我现在真不喜欢这份工作。"

上述两位教师所描述的种种问题，可以概括为学生权利的僭越。关于学生权利的研究和讨论，在学校教育范畴中，最后都会绕到学生权利与教育权力的关系这一论题上来。学生权利僭越以与教育权力的矛盾和冲突显现出来，正是它们之间存在的矛盾和冲突导致了在学校中谈论学生权利问题的敏感性。曾有一位研究者想到某学校做学生权利问题的调查，当他通过朋友把这个意思跟校方表明时，学校某领导开玩笑地说："如果他到我们

---

① 孔令强.关注"教师权利与学生权利"的平衡［J］.内蒙古教育，2007（6）.

学校做调查，老师们会把他骂死。"此话虽为玩笑语，但却很大程度上真实反映了教师对学生权利话题的敏感性和抗拒态度，可以想象，这种敏感和抗拒与他们有上述案例中的教师类似的感受有很大的关系吧。

确实，教师与学生之间如何建立恰当的关系是学校和教师最为关注的基本问题，无论如何，在依法治教的背景和逻辑下，权利必须介入进来，在建立和调整师生关系上发挥根本的作用，一味地逃避学生权利问题不是解决问题的根本之道。不过，师生之间存在的矛盾以及背后的学生权利和教育权力的冲突提醒我们，儿童或学生权利的认定、主张和保护都要放在与教育权力之间的结构关系中去考察和展开。从这样一种观点出发，可以引出关于学生权利的合理性限度的三种理解：

第一，学生会有各种各样的利益、主张和行为，但不是所有的利益、主张和行为都被认定为权利，当学生的某种利益、主张和行为被认定为权利时，就意味着它们已经取得了正当性，而取得正当性意味着它们已经被放在整体和关系中被加以考虑过了，即它们被认定为权利后不应对整体和健康的关系造成必然的伤害。从这个意义上来说，学生没有谩骂和殴打教师的权利，因为假如其被认定为权利，则教育的根基就会迅速塌陷。

第二，学生权利与教育权力之间不是此消彼长的关系，而是一种相互界定、相互依赖的有机关系，一个人除非意识到这种相互依赖性和有机关系，否则他就不是真正懂得自己的权利。权利起着约束权力的功能，但权利的设计是为了约束不合理的权力，而并非排斥权力。例如，如果所有的教育惩戒权都被取消了，则可能的结果是不但达不到保护儿童或学生权利的效果，反而可能是破坏了儿童或学生的权利，或者，因为合理的教育惩戒权的退场，虽然表面上看似保护了学生的某种权利，但可能最终妨碍或损害了学生的其他权利的实现。

第三，学生权利的实现或保护应该是一种理性计算的过程。权利是为了保护利益的，但利益有眼前利益和长远利益之分，有局部利益和整体利益之别。即使学生的各种权利之间在逻辑上是圆融的、无矛盾的，但因为主张、保护和实现的方式、程度等原因，可能在保护利益的功能和结果上是矛盾和冲突的，因此，权利实现的过程必须考虑到方式和程度的问题，甚至有时候，为了保护更长远和更整体的利益的实现，可以放弃某种权利主张，因为权利不是必然要求履行的。

概而言之，学生权利是有合理性限度的，这种合理性限度的清晰性必须得到厘清。具体的做法是，需要通过立法或建章立制等把学生权利的合理性范围明文确定下来，另外，需要培养学生及替代学生伸张权利的利益相关者例如父母等的权利认识和主张能力。

对于教育者来说，也必须认识到，随着教育民主理念的扩张，儿童或学生权利保护是一个越来越无法回避的问题，由法律授予的教育者的权利派生出来的合理权力以及教育自身的要求延伸出来的必要权力必须理直气壮地得到伸张和保护，但是教育权力的内容和方式必须根据保护学生权利的要求做出一些改变。例如，体罚或棍棒教育在古代教育中是一种教育的内在构成部分，但是它已经从现代的教育法学观念和教育伦理观念中逐渐被排除了，因此，今天还依然通过体罚实施教育权力的教师，更不具有权力的合法性，必然会较之于过去更容易遭遇师生关系间的冲突，但是，合理的惩戒权不能伴随着体罚权力的消失而消失，它必须被保留下来并加以明文规定，因为这不仅是保护教育者的教育权力，在终极意义上，是为了更好地保护儿童或学生的权利。

第七章
儿童文化

在国际范围内，儿童文化的概念在20世纪下半叶经历了从成人为儿童创造的文化，到儿童自身参与创造的文化之变迁，儿童由儿童文化的消费者一变而为儿童文化的创造者。这一巨大变化已经得到儿童人类学、童年社会学等领域扎实研究的有力支撑，并对儿童研究、儿童教育、儿童政策等实践领域发生了重要影响。本章循着这一脉络，尝试梳理儿童文化研究发展史上的这一段重要历程，并以此为基础审视我国儿童文化领域的研究与实践现状，以为其进一步发展提供学术史和全球化的坐标。

一、儿童文化的概念转变

儿童文化作为一个概念和研究领域是在19世纪建立起来的。儿童的境遇在19世纪发生了根本性的变化，对童工这一丑恶现象的揭露和批判最终导致其瓦解。童年时代开始与工作世界相剥离，儿童保护观念出现，而义务学校教育制度的建立使得离开了工作世界的儿童有了一个更符合儿童特点的去处，去接受教育，长大成人。正是这种在观念上、制度上逐步落实儿童/童年独特性的过程中，独属于儿童的文化创造活动正式登场。

（一）早期儿童文化形态及其本质

根据斯蒂芬·克雷恩（Stephen Klein）的阐释，儿童文化活动（包括游戏场、玩具等）的建立，主要是为了创造一种"像孩子"（childlike）的行为，以代替儿童被迫混迹于成人世界（比如工作场所）时身上的那种"不像孩子"（un-childlike）的行为。在这个过程中出现得最早的儿童文化产品就是"童书"（child's book）。①因此，在很长一段时间里，儿童文化几乎等同于儿童文学，儿童文学研究即是儿童文化研究。这种情况似乎不独国外如此，在我国亦然。

早期的儿童文化有一个起初不大容易被注意到的特点，即这种儿童文化产品中，文化的创造者和消费者是分离的，创造者是成人，而消费者是儿童。这一特点之不被注意，是因为从当时的眼光来看这是顺理成章的，它代表的是这样一种观念：儿童需要独属于自身的文化产品，而这些文化产品需由成人来为他们创造和提供。

早期儿童文化虽名为儿童文化，但实为成人文化，具体说是成人将自身文化以尽量贴近儿童的年龄、发展水平和兴趣的方式提供给儿童的产物。之所以如此，与当时对儿童及儿童文化作用的认识有关。传统社会对儿童的看法往往呈现为两种极端状态，一种把儿童看作是已有社会规则、秩序的威胁，因而要对其加以规训和限制，另一种则把儿童看作是脆弱的、需要保护的对象。但不管哪一种，都是从成人的视角和要求来看儿童，而很少赋予儿童一定的主体性和责任。可以想见，在这种情况下，儿童所能参与的文化活动只能是由成人提供的，并且往往渗透着成人规训儿童，使之遵守成人社会的规则，或者用文化资本武装儿童，使之逐步成为为主流社会接纳和认可的成员的意图。从这样的视点出发，儿童文化的创造主体只能是成人，其作用则是用儿童"喜闻乐见"的形式接受成人文化

---

① Klein, S. The making of children's culture. In: Jenkins, H. (ed.) The Children's Culture Reader. New York: New York University Press, 1998: 95-109.

的熏陶和教化。这一当年顺理成章的观念在今天的儿童文化研究者那里虽然未被完全抛弃，但已不是唯一。今天的儿童文化研究者们对儿童文化的界定里已经包含了更多的层面和形态。

（二）儿童文化的当代界定及其特点

丹麦奥登塞大学（Odense University）的儿童文化研究者弗莱明·莫里特森（Flemming Mouritsen）将儿童文化划分为三种类型：其一，主要指成人出于教育目的和\或商业目的为儿童制造的文化产品（for children by adults），如儿童文学、玩具、电视节目、计算机游戏等；其二，是成人和儿童一起利用各种文化技术和媒介开展的文化活动（culture with children），包括在校外的舞蹈课、音乐课，以及儿童在家里和成人一起进行的各种非正式活动；其三，指儿童自己或者和同伴一起创造的儿童专属文化，也称之为"儿童的文化"（children's culture），通常表现为口头文化和游戏文化。[①] 如果从儿童在儿童文化中的地位角色的角度来看，莫里特森的三种儿童文化类型可进一步归结为两类，即"成人为儿童创造的儿童文化"和"儿童自身参与创造的儿童文化"，其划分的第二、三种类型的儿童文化实际上都属于儿童自身参与创造的儿童文化，只不过参与的程度有深有浅。与"成人和儿童一起创造的儿童文化"相比，在"儿童的文化"中，儿童的参与程度无疑是更深的，有时看起来甚至完全摆脱了成人的影响。

相比之下，瑞典学者安娜·斯派尔曼（Anna Sparrman）等对儿童文化的划分结果异曲同工，但更明显的是在儿童文化和成人文化关系的框架下做的界定。斯派尔曼区分了儿童文化（child culture）和儿童的文化（children's culture），其中，儿童文化是由成人为儿童生产和提供的那些文化产品，如音乐、戏剧、电脑游戏、主题公园、电视节目等组成。这种

159

---

① Mouritsen, F. Child culture-play culture. In: Mouritsen, F. & Qvortrup, J. (ed.) Childhood and Children's Culture. Odense: University Press of Southern Denmark, 2002: 14–42.

儿童文化是建立在成人对于儿童和童年所持有的理念甚至想象基础上的。而儿童的文化指的则是儿童如何利用成人为他们生产的那些文化产品，如电视节目、电脑游戏、主题公园等。[①]同样，从儿童在儿童文化中的地位和角色角度看，斯派尔曼所说的儿童文化实际上仍是"成人为儿童创造的儿童文化"，而"儿童的文化"则是"儿童自身参与创造的儿童文化"，只不过她着重强调了即便是儿童参与创造的文化，也是以成人为他们提供的文化产品为基础的，是以成人为儿童提供的文化产品为对象的一种文化创造。

深入对比莫里特森和斯派尔曼对儿童文化的界定和分类，可以发现两者代表了两种不同的界定儿童文化的思路。莫里特森的思路可称为一种"使用者—创造者"模式，即从文化产品由谁创造又由谁来使用这一维度来进行划分。从这个维度看，儿童文化的创造者和使用者有时是分开的，比如莫里特森所说的第一种形态的文化，是由成人创造、儿童使用的；有时又是合为一体的，比如第二、三种形态的儿童文化，儿童既是创造者又是使用者。而斯派尔曼的界定和分类思路则可称为一种"客体—主体"模式，即无论何种儿童文化都既包含客观的物质或非物质载体，也包括主体的意识行动。两种界定模式并不矛盾，相互结合有助于更为完整地揭示儿童文化的不同侧面。而且不管两者的思路有何差异，描绘出的却是一致的方向：儿童文化不仅包括成人为儿童创造的文化，也包括儿童和成人一起创造的文化，以及由儿童单独创造的文化。

（三）儿童文化概念转变的轨迹探寻

回顾从早期的儿童文化形态到当代儿童文化界定的演变过程，我们不难发现，儿童文化概念变迁的背后是成人文化和儿童文化关系的变化。起初的儿童文化在本质上是成人文化，之后独立的儿童文化登上历史舞台，

[①] Sparrman, A., Samuelsson, T., Lindgren, A. & Cardell, D. The ontological practices of child culture. Childhood, 2016, 23(2): 255−271.

两者妥协融合构成完整的"儿童文化"。这样一番文化探险历程的积极成果是，儿童作为文化创造者的形象确立了起来，儿童独有的文化在儿童文化的版图上拥有了一席之地。作为人类社会的组成部分，儿童也和成人一样在从事着鲜活生动的文化创造，其文化创造成果的价值也应得到认可和尊重，也应走出儿童世界，为更大范围的文化事业做出自己的贡献。

值得注意的是，我国在儿童文化研究方面虽然起步较晚，但在其发展中，在对儿童文化的界说上似乎也隐约经历了一个类似的演变过程。比如在20世纪90年代初期学界开始着手探讨儿童文化问题时，有学者将儿童文化界定为"是在社会大文化背景下，在成人文化模式与社会化模式的引导下，为儿童所共认、共创、独有、独享的社会群体文化"[1]。而到了21世纪初，学者们对儿童文化的界定就发生了一些较为明显的变化。如杜晓利认为，"儿童文化是儿童自己在与同伴交往过程中形成的、儿童之间相互认可的文化，是一种以儿童自己的思想和行为来决定其价值和标准的文化"[2]。刘晓东认为，"儿童文化是儿童表现其天性的兴趣、需要、话语、活动、价值观念以及儿童群体共有的精神生活、物质生活的总和"[3]。前后对比可以明显看出，早期对儿童文化的界定虽然也强调了儿童群体对儿童文化的独有和创造，但仍未脱离"成人文化模式和社会化模式"的规限；而在后来的界定中则可以看到儿童在文化创造方面更大的潜力和可能。其轨迹虽与国外研究不完全相同，但同样表现出日益重视儿童文化创造的趋势。

此外，国内儿童文化概念研究的另一个较为不同的地方在于对儿童文化与成人文化关系的自觉探讨。这一议题在国外研究者的概念分析中虽隐

---

① 张东娇.儿童文化与预期社会化［J］.教育科学，1992（2）.

② 杜晓利.走向儿童文化［J］.教育理论与实践，2001（9）.

③ 刘晓东.论儿童文化：兼论儿童文化与成人文化的互补互哺关系［J］.华东师范大学学报：教育科学版，2005（6）：28—35.

约可见，但并未得到清晰梳理。有作者对国内学者探讨该问题形成的主要观点进行了概括，提出大致存在三种说法，即冲突关系说、共生关系说和"对立统一"关系。①冲突关系说认为，儿童文化与成人文化之间存在的较大差异，使其相互之间不可避免地产生冲突，且在冲突中，成人文化往往处于强势地位，而儿童文化则通常处于弱势地位；共生关系说借用生物学中的共生概念，认为"儿童文化与成人文化之间可以沟通交流、互惠互利，互相补充、互相哺育，互相学习、互相滋养，是一种紧密联系、共栖共存的文化状态"；而所谓"对立统一"关系则是前两种观点的综合，即认为儿童文化和成人文化之间既有冲突的一面，也有互补的一面。②假如我们从儿童文化概念转变的历程来重新审视儿童文化与成人文化的关系，或许不难发现两者之间一直是一种共生关系，儿童文化打从诞生之日起就有成人文化的投影，而即便成人文化再"强势"，儿童的文化创造也从未停止。所谓儿童独特文化的发现并不意味着它在被发现之前不存在，而只是被有意无意忽略或贬低了而已。至于在如今的共生状态下，两者是相互冲突，还是互补互哺，恐怕更多地还要看人们如何去处理。这一点在本文的第三部分或许会体现得更为明显。

二、儿童文化概念转变的基础

儿童文化概念的转变并非仅仅出于学者们的浪漫主义想象，也不是到20世纪90年代末遽然发生，而是建立在20世纪中叶以降，儿童人类学家对儿童拥有独立于成人的文化的实证发现，以及童年社会学家对社会化理论的反思与超越基础上的。

（一）对儿童文化创造的人类学发现

早期的人类学研究中缺少对儿童的价值、信念和社会行为的关注，然

---

① 王任梅.冲突与共生：儿童文化与成人文化关系研究述评 [J].上海教育科研，2011（2）：9-11.
② 王任梅.冲突与共生：儿童文化与成人文化关系研究述评 [J].上海教育科研，2011（2）：9-11.

而这种情况在20世纪六七十年代发生了变化，一些研究揭示出儿童在文化生产中具有主体性，他们拥有自己的文化，特别是在游戏情境和口头文化中。艾奥娜·奥佩（Iona Opie）和彼得·奥佩（Peter Opie）出版的《学校儿童的语言和知识》（1959）和《街头和游戏场中的儿童游戏》（1969）揭开了这一变化的序幕，而夏洛特·哈德曼（Charlotte Hardman）受其启发开展的进一步研究最终促成了儿童人类学对儿童独有文化的发现。

哈德曼批评了早期的人类学领域对儿童的价值、信念、行为研究的缺失，并基于实证研究提出了两种观念：一是儿童拥有一个自主的世界，儿童的这个世界在一定程度上独立于成人的世界，而不只是反映着成人文化的早期发展，相反，成人对此知之甚少；二是只要我们不要试图从成人的角度去加以解释，儿童的想法和行为对成人来讲也并非完全无法理解的。①

支撑哈德曼观点的研究资料来自她对于圣巴拿马学校（St Barnabas School）游戏场的观察。在这个简陋的游戏场上，一群5—10岁的儿童花大量时间开展游戏活动。但哈德曼在观察中发现，如果从游戏的角度看，这个游戏场环境中的各个要素其实并没有什么特别的意义，除了长凳、游戏场大门、将游戏场一分为二的一扇门、一罐沙子、台阶以及一处游戏区当中的两条排水沟之外，就是孩子们自己了。然而就是这些在成人眼中只是平平常常的物件，却借助儿童的想象、规则、目的而被赋予了完全不同又丰富多彩的意义，使得游戏场成为和成人的认知完全不同的一个意义系统。

例如，游戏场里有两条长凳，当孩子们把它们靠墙摆放围出一块空间来时，就变成了一个拳击台，儿童在里面你来我往、相互竞技；而到了另外一天，这两条长凳又成了孩子们搭建房子的基本架构。可见，环

---

① Hardman, C. Can there be an anthropology of children. Childhood, 2001: 501–517.

境中的事物不是以其本来面目被用于游戏，或者说不是以成人眼中该物品的属性、用途用于游戏，而是儿童出于自身目的和想象在游戏中赋予了它们独特的意义。此外，每个游戏还有一些由儿童共同创建的规则，对这些规则需要有起码的了解才能参与到游戏当中，而成人有时候会由于不了解这些游戏规则不知不觉破坏了他们的游戏。在哈德曼描述的一个游戏片段中，她参加了一个用翻过来的长凳玩的军用卡车游戏。起初卡车由本吉（Benji）驾驶，哈德曼当乘客，后来本吉"中弹"翻出车外，哈德曼说她可以继续开车，而本吉则冲她生气地喊，说再继续开就压到他了，因为他正倒在那条长凳的前面。[①]显然，在这个案例中，哈德曼并没有完全了解，甚至可能没有意识到这个游戏的全部规则。

164

哈德曼对儿童在游戏场上的活动所做的细致描述有力地说明了儿童的确拥有一个独特的、自主的世界。这个世界的空间、物品成人世界也有，但却借由儿童独特的想象和规则而成为一个截然不同的意义系统。成人如果只是从自己的视角出发或许认为其中充满了幼稚和混乱，但假如能从儿童视角来看待，则会发现其中包含了复杂的象征和秩序。在这个意义上，哈德曼的研究为儿童的文化主体性的确立、为儿童文化的概念演变提供了最直接的基础。

尽管如此，对哈德曼的研究也有一些批评意见，主要的批评意见是哈德曼的结论过于强调了儿童创造的文化相对成人而言的独立性，和对成人而言的不可知性，这无形中将儿童文化和成人文化割裂并对立起来，导致现实中任何成人对于儿童文化的介入都似乎是在干扰、破坏儿童文化，儿童一时间竟成了成人文化传递努力下的受害者，好像只有将成人完全排除出儿童的生活世界才能彻底解决这一问题。这不仅在理性上令人心生疑惑，就是在实践中也断难实施。

---

① Hardman, C. Can there be an anthropology of children. Childhood, 2001: 501–517.

詹姆斯等人（James et al.）进一步反思了研究的方法，认为哈德曼研究儿童文化的现场是学校操场和游戏场，而这些地方主要是儿童和同伴聚集的地方，但詹姆斯等人认为儿童的文化不应该只局限于儿童与儿童的关系中，而且还包含在家庭、学校以及更广的范围内儿童与成人的关系中。从这个角度重新审视会发现，儿童的文化并非儿童在文化真空中创造的文化，而是在其生活世界中的现有文化基础上加以"再生"或"重塑"的结果。即使儿童生活在成人为其创造的文化产品里，也不意味着他们就会原封不动地接受、复制成人文化。实际上，儿童在学校里经常会以各种形式反抗、修改，最终重塑所谓的"官方文化"。因此，和成人文化的接触无损于儿童的文化创造，儿童依然不会是"文化延续和变革这一复杂过程中简单的旁观者，而是积极的贡献者"，他们既受到他们所生活环境中结构背景的限制，也会因这种背景的存在而拥有了创造的基础。[1]这些真知灼见我们在童年社会学研究超越传统社会化理论的努力中也同样能够发现。

（二）对社会化理论的反思与超越

社会化（socialization）理论长期以来一直是童年社会学的主导理论。社会化理论强调，儿童来到世间，最初是远离社会的，甚至对社会秩序构成威胁的，必须接受外部力量的塑造和引导，内化社会的要求，才能逐渐成为合格的社会成员。然而随着研究的进展，这一理论受到了极大挑战。德国学者尤根·岑尼科尔（Jürgen Zinnecker）对社会化理论提出了六点批评：（1）社会化概念主要指向成长的目标和结果，它只看重儿童的未来生活，而忽略了儿童当下的行动及其内在价值；（2）社会化概念重视发挥社会化作用的专业机构，而忽略了儿童是拥有自身权利的行动者；（3）社会化概念把社会化的过程限定在某一年龄群体，而人的学习和发展实际是个终生的过程，在人生的每个阶段都在发生；（4）社会

165

---

[1] James, A., Jenks, C., Prout, A. Theorizing Childhood. Cambridge: Polity Press, 1998: 83.

化概念并未把儿童看作社会化的积极主体，而只是成年人举办的社会化机构的消费者；（5）社会化概念仅着眼于发展的个体层面，而忽略了它实际上是一个发生于中观（meso）（如同伴群体）和宏观（macro）社会层面的过程；（6）社会化概念缺乏历史性和文化性，它试图发展一个统一的成长模式，它忽略了儿童是在一定的时间和空间中社会化的。①岑尼科尔对传统社会化理论的批判不可谓不全面，但相比之下，知名的童年社会学家、美国印第安纳大学的科萨罗（William A. Corsaro）的研究更为系统。他不但全面梳理总结了传统社会化理论的整体脉络及对它们的批判，而且通过对儿童同伴文化（peer culture）的系统研究，提出了解释性再生产（interpretive reproduction）理论，对儿童文化概念的发展提供了非常充分的理论和实证依据。

科萨罗认为传统的社会化理论有两种模式：一种是决定论模式（Deterministic Model），一种是建构主义模式（Constructivist Model）。在决定论模式中，儿童对于社会而言，既是有可能做出贡献的新手，又是未经驯化的（untamed）威胁，因而必须通过仔细的训练对他们加以控制，而儿童在这一过程中扮演的则是消极的角色，要接受规训以适应社会。根据社会观的不同，决定论模式又包含两种具体模式，一种是功能主义模式（Functionalist Models），一种是再生产模式（Reproductive Models）。功能主义模式假设的是一个有秩序的、平衡的社会，儿童最初对于有序的、平衡的社会则构成一种威胁，必须通过正式训练接受、遵守社会规范，才能内化（internalize）社会系统，成为有用的社会成员。再生产模式则认为社会是充满冲突和不平等的，这种不平等也表现在不同阶层掌握的文化资源上，较高社会阶层的儿童在文化资源的控制上原本就占优势，因此当功能主义社会化模式以儿童掌握文化资源的情况决定其社会化程度时，实际

---

① Zinnecker, J. Children as agents of change. In: Mouritsen, F. & Qvortrup, J. (ed.) Childhood and Children's Culture. Odense: University Press of Southern Denmark, 2002: 103-123.

上是在复制或维护原有的不平等的社会结构。两种模式都忽略了儿童其实不仅仅是在内化现存社会，而且也会给社会带来变化，在限制儿童在社会规范内化和阶层再生产过程中的主体性的同时，也忽视了他们对文化发展的贡献。①

在建构主义模式中，儿童则被看作是积极的主体，积极建构他们的社会世界及他们在其中的位置。这一模式中最有代表性的理论就是瑞士心理学家皮亚杰（Jean Piaget）的认知发展理论和俄罗斯心理学家维果茨基的社会文化理论。皮亚杰认为，儿童自出生起便在解释、组织、利用来自环境的信息建构知识，而他提出的儿童认知发展阶段理论则提醒童年社会学家们，儿童是在以一种不同于成人的方式在理解和组织外部信息，其中包括来自成人世界的信息。因此，儿童在面对现有社会规范、体系时不是被动的，而是积极主动的。皮亚杰认为，推动儿童认知不断发展的是一种先天的对于平衡（equilibrium）需要，这种需要促进儿童通过活动来回应外部的扰动。恰恰在这一点上维果茨基与皮亚杰有所不同。尽管维果茨基也强调儿童在发展中扮演积极角色，但他认为儿童活动的动力不是来自"平衡"这类先天需要，而是由尝试解决日常问题引发的。维果茨基也讲内化（internalization），但这种内化不纯然在个人内部发生，而是首先在社会层面，在与他人的互动中获取心理、社会技能，然后才在个体层面予以内化。因此，儿童是通过一个分享、创造文化的公共过程逐渐融入成人世界的。但建构主义模式最大的问题在于，它还是太关注发展的终点了。②尽管儿童在发展中更为主动了，但目的地仍是成人世界，"童年"仍然是一个急需加以摆脱的"不成熟"的发展阶段。在这种观点下，儿童的各种文化活动只具有过渡意义，是不可能被认为有独立价值的。

从上述对决定论模式和建构主义模式的描述分析中不难看出，尽管

167

① Corsaro, W. A. The Sociology of Childhood (3rd ed.). L.A.: SAGE, 2011: 9–12.

② Corsaro, W. A. The Sociology of Childhood (3rd ed.). L.A.: SAGE, 2011: 18.

儿童在两种模式的社会化过程中所扮演的角色有被动和主动之别，但两者都将儿童社会化看作是一个儿童个体吸收内化成人世界知识技能的过程。与之相对，科萨罗提出了解释性再生（interpretive reproduction）理论，其中的"解释性"强调的是儿童的社会参与具有革新性和创造性的一面，即儿童在实际参与社会生活的过程中，不仅仅是吸收内化来自成人世界的信息，而且通过创造性地利用或调整这些来自成人世界的信息生产着他们自己独特的同伴文化；而"再生"强调的则是儿童在社会化过程中不仅受到现存社会结构及社会再生产的限制，而且还积极贡献于文化的生产和变革。①可见，和原有的社会化理论不同，儿童对成人世界的理解首先不仅仅是模仿和内化，而且还产生了他们自己的文化；其次，这种文化的生产和创造不是儿童个体孤立进行的，而是儿童和同伴共同进行的。一言以蔽之，儿童在社会化过程中同时创造了一个儿童的世界和儿童的文化。

需要注意的是，强调儿童同伴文化的独特性和创造性并不意味着将儿童文化与成人文化割裂开来，甚至对立起来。尽管儿童同伴文化是儿童的集体创造，但不可能不受到与成人的直接互动，以及通过成人创造的各种制度、空间、产品等与成人进行的间接互动的影响。因此，儿童的同伴文化仍然是在成人搭建的外部世界框架基础上进行的创造，是对成人文化的调整、重塑和再生。在这个意义上，儿童实际上总是既参与并归属于儿童的文化，又参与并归属于成人的文化。②当然，这并不意味着儿童的文化相对于成人的文化处于从属地位，事实上，儿童的文化创造不仅仅是不同于成人的，而且还会推动成人社会及其文化的发展变革。和原有社会化理论下个体发展需经历一系列线性发展阶段的设想不同，儿童共同创造的同伴文化并不会随着儿童的成熟和发展而消失，其中很多都会沉淀在儿童的经验之网中，随着一代人最终走入成人社会，成为成人社会文化中的新传

① Corsaro, W. A. The Sociology of Childhood (3rded.). L.A.: SAGE, 2011: 20–21.

② Corsaro, W. A. The Sociology of Childhood (3rded.). L.A.: SAGE, 2011: 29.

统和新元素。

三、儿童文化概念转变视角下的儿童事业

随着儿童文化概念的转变，儿童文化不再局限于成人为儿童创造的文化，增加了儿童自己创造的文化。这一转变代表着，儿童不再仅仅是成人为儿童创造的文化的消费者，而且自身也是文化的创造者。它同时消解了原有儿童文化格局中因成人作为创造者、儿童只是消费者而造成的不平等的、层级式的、主动—被动关系，而建立在这一关系基础上的诸多原有儿童文化事业领域也将随之发生改变。我们将围绕儿童研究、儿童教育、儿童文化政策三个领域，探讨儿童文化概念转变对于这些领域的现实意义。

（一）儿童文化概念转变视角下的儿童研究

169

儿童研究是一项重要的儿童文化事业。对儿童和童年的认识在很大程度上取决于儿童研究的发展，但反过来，当庞大的儿童研究领域中出现局部的突破与转型，逐步改变了人们对于儿童和童年的认识，只要其足够有说服力，也能撬动儿童研究领域发生翻天覆地的变化。可以说儿童文化的概念转变在某种程度上就起到了这样的作用，即先借助儿童人类学、童年社会学等儿童研究的某些领域取得突破，得到越来越多的认可和接受后进一步推动了整个儿童研究领域的转变。而这种转变中最为核心的便是儿童在儿童研究中的角色发生了转变，由以往的成人的研究对象，变为和成人研究者同为主体的合作研究者，有时甚至是主要研究者。伴随这一角色转变的，则是整个儿童研究领域逐渐由"对儿童的研究"转向"有儿童的研究"[①]。

20世纪初儿童研究领域确立以来，基本上形成了以成人为研究主体，

---

① 刘宇. 论"对儿童的研究"与"有儿童的研究"[J]. 全球教育展望，2013（6）：48–55.

儿童为研究对象，以心理学为主要阵地，以科学方法为主要手段的儿童研究格局，这就是所谓"对儿童的研究"。"对儿童的研究"的最大弊端在于，"这种看来以儿童为焦点的研究却恰恰忽略了儿童自身的观点，研究体现的与其说是儿童自身毋宁说是成人眼中的儿童"①。对儿童的研究整个过程，包括问题的选择，方法和工具的采用，研究资料、数据的搜集和分析都是在成人掌控下进行的，看似非常"客观"，但实际上早已融入了成人研究者自己的倾向。例如，成人确定的研究问题可能并非儿童认为重要的问题，而只是成人基于学科发展或立项需要而选择的问题，结果导致有不少宝贵的研究资源被用在了对儿童福祉并无实质价值或迫切需要的研究上。又如研究方法和工具的选用，往往更多考虑的是成人世界的科学性标准，而很少顾及儿童表达方式的特殊性，导致儿童实际上没有机会以自己擅长的方式表达意见，结果却被错误地认为是儿童没有什么像样的意见可表达。

从儿童文化的角度看，"对儿童的研究"其实反映的是成人为儿童创造的儿童文化，但却遮蔽了儿童自己创造的儿童文化。由于儿童自己创造的儿童文化具有根本上不同于成人的内容和表达方式，因此很难靠成人研究者用更适用于成人世界的研究方式来揭示，而必须让儿童参与研究过程，和成人一起开展研究，即"有儿童的研究"。"有儿童的研究"首先是真正扎根于儿童群体的生活和文化创造的研究。就如赫希菲尔德（Hirschfeld）指出的，如果我们的目标是要理解儿童如何为文化创造做出了贡献，那就必须把研究的焦点放在儿童做出其主要文化创造的舞台上，即儿童群体的生活上。②其次，"有儿童的研究"应采用更适合儿童表达方式特点的研究方法来进行。对此，已有一些研究者试图突破原有的研究方法框架，采用创新性的研究方法对儿童自身创造的独特文化开展研

---

① 刘宇. 论"对儿童的研究"与"有儿童的研究"[J]. 全球教育展望，2013（6）：48-55.

② Hirschfeld L. A. Why don't anthropologists like children? American Anthropologist, 2002, 104(2): 611-627.

究。如Wee和Anthamatten（2014）认为可视化方法对理解儿童的文化很有价值。他们在研究城市低收入地区儿童的文化时使用照片作为工具，鼓励小学生参与研究，并采取焦点小组访谈验证儿童对于游戏的看法。研究发现，成人经常界定游戏的物理边界，但儿童能在很大程度上决定他们的活动的本质。[1]

国内学者近年来也注意到并分析了儿童研究中正在发生的种种变化。例如，有作者指出，儿童研究正在从一种"研究结果从头到尾都是源于研究者的观察、测量与评价而得出的"儿童研究，逐渐转向"儿童视角研究"，即"通过关注儿童以自己的视角所发出的声音来探索儿童的想法，了解儿童世界"。[2]亦有研究者从儿童在研究中所充当的角色的角度解释了儿童研究的变化，认为儿童在研究中的角色经历了三种样态的演变，儿童作为研究的对象、研究的参与者和研究的领导者。在19世纪末至20世纪上半叶，儿童在儿童研究中主要扮演研究对象的角色（其间经历了从单纯具有生物特征的研究对象到具有社会文化特征的研究对象的转变）；20世纪八九十年代，在童年社会学研究、《联合国儿童权利公约》颁布的推动下，儿童开始成为儿童研究中有权被倾听，或作为合作研究者的参与者；而到21世纪初，又出现了儿童作为儿童研究领导者的提议和行动，"在儿童领导的研究中，儿童自己选择研究问题，制定研究计划，完成研究报告，成人作为研究的支持者或儿童的助手帮助儿童完成研究"。[3]无论是"儿童视角研究"，还是儿童在研究中的角色从对象到参与者、领导者的变化，都见证着儿童研究中对儿童的文化的肯定和认同，这显然与儿童文化的概念转变思路具有内在一致性。

171

---

① Wee, B.S & Anthamatten, P. Using Photography to Visualize Children's Culture of Play: A Socio-Spatial Perspective. Geographical Review, 2014, 104(1): 87-100.

② 莫迪. 儿童视角研究：儿童研究的新转向［D］. 上海：华东师范大学，2015：1-2, 13.

③ 席小莉、袁爱玲. 对象、参与和领导——论儿童在研究中的角色演变［J］. 华南师范大学学报（社会科学版），2013（4）：38-44.

（二）儿童文化概念转变视角下的儿童教育

如前所述，儿童文化自开始就和儿童教育有着密切的关系。早期的儿童文化以成人为儿童创造的文化为主，而成人为儿童创造文化产品的主要动机，便是借此向儿童传递成人世界认可的，同时也是步入成人世界所必需的价值取向、知识经验。莫里森曾把成人为儿童创造的文化进一步分为两类，第一类是形成取向（the formatively oriented）的儿童文化，另一类是市场取向（the market-oriented）的儿童文化。[①]所谓"形成取向的文化"便是和教育的意图紧紧联系在一起，即通过提供高质量的文化产品向儿童传递正确的观念和启迪，促进儿童成长和发展。而后者则是出于商业利益的考虑为儿童制造提供的文化产品，因而一度被认为会因为本性逐利而损害儿童的成长和发展，从而起着反教育的作用。尽管这种批评并非全无道理，但它忽视了，所谓市场取向儿童文化其实常常也是通过满足儿童的教育需求而获利的。因此，所谓"形成取向"和"市场取向"的儿童文化，与其说彼此矛盾，毋宁说倒是经常以教育为纽带互相牵连结合，其实质都是名为儿童文化，实为成人文化以符合儿童年龄、兴趣、发展水平的形式转化，以帮助建立符合社会需要的理性的思维方式、生活方式。假如从前述儿童文化概念转变的角度来审视，儿童教育中只有形成取向和市场取向的儿童文化显然是不够的，甚至会抑制儿童独有文化的创生空间，进而影响其对社会文化变革可能产生的积极影响。时至今日，教育界正日益认识到这一危险，并采取措施试图加以校正。这一点从儿童教育中游戏与官方课程关系的演变中即可见一斑。

游戏是儿童独有文化的重要表现形式，而官方的、规定性的课程则代表制度化儿童教育中成人为儿童创造的儿童文化，检视两者关系的变化可以反映儿童教育中包含着何种儿童文化概念。从历史上看，通过将游戏和

---

① Mouritsen, F. Child culture-play culture. In: Mouritsen, F. & Qvortrup, J. (ed.) Childhood and Children's Culture. Odense: University Press of Southern Denmark, 2002: 14–42.

学习（义务教育制度化后主要是学校官方课程的学习）二分，强调学习贬斥游戏，儿童教育中一直存在重成人文化传递、轻儿童文化创造的现象。这种现象不仅在东亚教育文化中广泛存在，甚至在美国这样历来被认为拥有更为开放的教育体系的国家也有愈演愈烈的趋势。在2009年美国"童年联盟"（Alliance for Childhood）发布的一份报告中曾这样描述幼儿园的情形："在最近的十到二十年，很少有美国人意识到幼儿园实践方面发生的激进变革。相比于通过游戏、探究学习，锻炼身体和运用想象，孩子们现在要花多得多的时间接受读写和数学方面的教学和测验。许多幼儿园使用和标准化测验相联系的高度规定性的课程。越来越多的教师必须按照他们不能偏离的脚本来教。许多孩子要努力达到和他们的发展不相适宜的学术标准……与此同时，我们还通过不适宜的标准增加了孩子生活中的学习压力，设法破坏他们应对压力的首要工具——自由选择的、儿童自主的、内在驱动的游戏。"①

173

造成这一现象的原因无疑是复杂的，其中既有认为学前阶段会为后来的学习和发展奠定重要基础的推动，也有试图弥补低收入、处境不利背景的儿童与中产阶级儿童之间在入学准备方面差距的动机，还有《不让一个孩子落后法案》（No Child Left Behind Act）强调高利害的标准化测验的压力驱使。但就如尼科洛布罗（Nicolopoulou）指出的，利用学前教育阶段去提高入学准备质量的确是个好主意，但幼儿学习的方式和年长儿童或成人是非常不同的，他们更多依赖游戏、探究、想象来理解世界，如果充分了解游戏对于儿童理智、社会情感及身体发展的重要性，那么压制游戏只会伤害儿童的发展。当然，尼科洛布罗并未完全否认直接教学的作用，一个平衡的课程并不是要在直接教学和非结构的自由游戏之间二选一，而是

---

① Miller, E., & Almon, J. Crisis in the kindergarten: Why children need to play in school. College Park: Alliance for Childhood, 2009: 15.

应"系统地以促进学习和发展的方式把游戏元素整合进学前课程"[①]。

在我国,儿童的游戏作为儿童独有文化的主要表现形态也被越来越多的学者认识到。例如何卫青(2006)区分了所谓"代言形态"的儿童文化和"本体形态"的儿童文化。"代言形态"的儿童文化是成人为儿童生产的文化产品,其在本质上是成人"为儿童"的"一种代言叙述",它"不是在'再现'儿童的意愿,而是某种'自我表现'";而"本体形态"的儿童文化则是以儿童为生产主体的、"原生态的、儿童在其中最大程度地彰显着主体性的"儿童文化。"幻想式"的角色游戏就是这种本体形态的儿童文化的主要表现形态之一。遗憾的是,这种最能体现儿童文化主体性的文化形态在当代面临种种挑战而正在"消逝"。不过在近些年来的儿童教育改革中,这种情况已经得到一定程度的改变。儿童的自由、自主游戏在儿童教育,特别是学前儿童教育课程中的地位正得到越来越多的重视,这可以视作儿童教育中不同形态的儿童文化之间走向平衡的起点和方向。

(三)儿童文化概念转变视角下的儿童文化政策

在20世纪晚期、21世纪早期,世界各国的儿童文化政策受到《联合国儿童权利公约》(United Nations' Convention on the Rights of the Child, UNCRC)(以下简称《公约》)的极大影响。仔细考察《公约》中与儿童文化权利相关的条款,似乎可以发现儿童文化概念转变产生的影响。例如《公约》第17条中规定,缔约国应鼓励大众传播媒介"传播在社会和文化方面有益于儿童的信息和资料","鼓励儿童读物的著作和普及";而第31条则提出"缔约国确认儿童有权享有休息和闲暇,从事与儿童年龄相宜的游戏和娱乐活动,以及自由参加文化生活和艺术活动","缔约国应尊重并促进儿童充分参加文化和艺术生活的权利,并应鼓励提供从事文化、艺

174

① Nicolopoulou, A. The alarming disappearance of play from early childhood education. Human Development, 2010, 53: 1–4.

术、娱乐和休闲活动的适当和均等的机会"。这当中虽未明确提出应将儿童视为文化创造者，鼓励、尊重他们创造属于自己的文化，但通过已有研究可知，所谓与儿童年龄相宜的游戏、娱乐、休闲、艺术活动正是儿童文化创造的主要舞台及核心载体。同时，《公约》也并未否定成人为儿童创造文化产品的必要性和重要性。可以说，《公约》既吸纳了儿童文化概念转变的成果，同时又很好地处理了成人文化与儿童文化的关系。

相比之下，一些传统上被认为高度重视儿童文化参与的北欧国家，如丹麦、挪威、芬兰等在这方面起步更早。如丹麦文化事务部（Danish Ministry of Cultural Affairs）早在1975年就建立了"儿童与文化工作委员会"（Working Committee on Children and Culture），提出在文化领域对儿童应持有的五种观念：（1）童年有其特定的价值和表达方式，这些价值和表达方式应该得到保护，并允许其随着儿童长大而得以成长和发展。（2）儿童不全都是一个样，年幼的儿童和学校适龄儿童在发展、成熟和能力上有很大差别。这要求做出文化上的努力，考虑不同年龄段和成熟程度的儿童。（3）儿童是文化活动的下一代使用者和参与者，因此，把儿童培养成有意识的、积极的参与者，也就意味着对未来文化的前瞻。（4）多种多样高质量的文化供给是对大众文化为儿童提供的商业化产品的最好回击。同时，我们也必须确保这种文化供给真正地具有公共性，能为所有儿童接触到。（5）丹麦儿童必须保证了解丹麦文化，特别是在多元化的国家文化产业之间竞争越来越激烈的情况下。在丹麦，必须有适合儿童的丹麦文化，以便保护儿童的文化认同。[①]这些观念的表述中包含了丰富多元的对儿童文化的认识，既包括要求为儿童提供高质量的文化，将儿童视为丹麦文化的继承者，又肯定了儿童拥有独特的价值观和表达方式，明确了儿童既作为文化的使用者又是文化的参与者的地位，可以看出是将成人为儿

---

① Buchhave, B., Wanting, B. Children's culture in Denmark. Scandinavian Public Library Quarterly, 1993, 26(3): 20-26.

童提供的文化和儿童自身创造的文化兼收并蓄的结果。

丹麦不仅在文化政策理念上试图整合成人为儿童创造的文化和儿童自己创造的文化，在政策实施上也采取积极措施加以推动，特别是在鼓励儿童特有文化的发展上。例如，1989年，丹麦文化事务部引入了一项名为"自己做"（Do it yourself）计划，目的是大力发展由儿童界定、规划和实施的文化活动，以避免过于集中在专业化的、成人创造的儿童文化上，使儿童在文化生活中由消极的接受者和使用者转变为积极的参与者。儿童文化政策研究者Buchhave和Wanting指出，这样一种文化政策不仅考虑了文化代代相传的文化传承问题，而且也融入了向儿童学习，在儿童和成人之间开启更为广泛对话的文化机制。①

我国当前对儿童文化政策方面的研究还不多，但已初步显现出和儿童文化概念转变之间的重合。例如，有学者从儿童文化权利的角度评论我国儿童文化政策，提出儿童文化权利包含四种，即享有既有文化资源的权利，参与文化活动的权利，进行文化创造的权利和文化成果受保护的权利；而目前中国主要通过五个途径和机制来实施儿童文化权利政策，包括立法保护、法规和条例、指导纲要与中长期规划、其他政府规范性文件以及项目支持，从儿童的四种文化权利的角度看，各项权利基本覆盖到了。但与儿童作为文化创造主体有关的权利，即进行文化创造的权利和文化成果受保护的权利方面的政策，还有很大的改进空间。如在儿童文化创造创新权利的维护保障方面还"缺乏条理，存在着明显不足"，而对于儿童创造的多样的文化产品，"保护意识还比较薄弱"等。②

儿童文化概念的转变是儿童文化研究史上的重大事件，它有助于我们从一个新的架构出发，重新审视儿童事业各领域的现实和未来。尽管我们

---

① Buchhave, B., Wanting, B. Children's culture in Denmark. Scandinavian Public Library Quarterly, 1993, 26(3): 22.

② 郑素华.论儿童文化权利及其保护——中国儿童文化政策的视角［J］.青少年犯罪问题，2009（9）.

看到许多领域已发展出与之相应的变化，但我们也不得不承认，许多变化并非在儿童文化概念转变的自觉意识下发生的，有些甚至还有很长的路要走。这都提醒我们，在厘清儿童文化概念转变的路径和基础的前提下，如何促进各项儿童事业的升级创新，仍需要不懈努力和智慧投入。

177

第八章
儿童哲学

儿童哲学（Philosophy for Children，简写为P4C，近年来也有人称之为Philosophy with Children，简写为PwC）在中国已发展了30年，然而它依然是一个极其新颖的概念。很多人遇到此概念，都会产生惊奇、不解和迷惑的反应。究竟儿童哲学的哲学起源是什么？它的核心教学法——探究共同体有什么独到之处？儿童是否能够并应该学习哲学？儿童哲学在世界上的演进与发展的状态如何？本章对儿童哲学的这些问题进行初步探讨。

一、儿童哲学的诞生及其实用主义思想渊源

（一）李普曼与儿童哲学的兴起

儿童哲学的出现是在美国20世纪60年代，由美国哲学家马修·李普曼（Matthew Lipman）最先提出并进行发展，逐步引起世界各地教育工作者和哲学家的关注。儿童哲学的发起有着独特的时代特征。据李普曼和相关学者所言，李普曼当时所在的哥伦比亚大学的思想氛围深深受到越南战争的影响。学生在越战的问题上分歧非常严重，时常陷入争吵与抗议，甚至对哲学系都开始不信任。李普曼发现，哪怕是受到了良好教育的大学生，在就这个问题互相交流的时候，也表现出了缺乏辩论和理性思考判断的能

力。也就是说，进入高等学府的学生依然不善于在敏感复杂问题面前，与持有不同观点的人们进行理性、平和、互相尊重的讨论。这不仅仅是一个高等教育无法根本解决的学生能力缺失的问题，更是产生深刻负面社会影响的问题。李普曼的隐忧因此被触动，他认为，逻辑学的教育和思维能力的培养需要从更早的时候开始进行，早到儿童时期，比如10岁到11岁。[①]从一定程度上来讲，儿童哲学至今都延续重视学生思维能力培养、追求理想社会公民理性思考与平和沟通的传统。

儿童哲学这一概念的最初提出并没有立即引起李普曼所在的哥伦比亚大学哲学系的兴趣，于是李普曼去了愿意大力支持这一教育运动的蒙特利尔州立大学进行实践和发展。蒙特利尔州立大学和其所在的新泽西州门德汉姆（Mendham），因此被公认为是现代儿童哲学的发源地。儿童哲学在世界各地都有着不同的发展形态，各自绽放其独特的风采，而以门德汉姆为标志的儿童哲学的实践，象征着P4C最原初的形式。

李普曼的儿童哲学工作是从撰写哲学小说开始的，将哲学、文学与教育融合，在日常对话之中自然表现出涌动着的儿童的哲思，可以说有些许柏拉图《理想国》的风貌。《哈利·史图迈尔的发现》（*Harry Stottlemeiner's Discovery*）一书是以亚里士多德的名字（Aristotle）进行巧妙的转换而得，以儿童的生活视角，将逻辑问题和哲学思辨引入其中，既暗含了哲学史，又有很多妙趣横生、令人捧腹的细节（比如哈利因为上课走神被老师点名和提问太多被父亲搪塞）。笔者在新泽西州门德汉姆的儿童哲学研讨会时了解到，就是这本书吸引了儿童哲学另一位奠基人安·玛格丽特·夏普（Ann-Margaret Sharp）的极大兴趣与加入。之后，李普曼

---

① Naji, S., & Hashim, R. (Eds.). (2017). History, theory and practice of philosophy for children: international perspectives (Vol. 191). Taylor & Francis.

Brandt, R. (1988). On Philosophy in the Curriculum: A Conversation with Matthew Lipman. *Educational Leadership*, 46(1), 34-37.

又创作了大量类似的书籍，比如《思思》（*Pixie*）、《李莎》（*Lisa*）、《马克》（*Mark*）等，每一本都有自己的着重点。例如，《李莎》包含了很多伦理学的问题，而《马克》着重讨论了社会政治哲学。儿童哲学的创立方式注定了艺术创作本身是这个教育传统中不可缺少的元素。哲学教育与艺术教育（art-based education）自然地融合。很多儿童哲学课包含了学生与老师即兴创作，将哲思融入绘画、表演与文学之中，释放哲学和艺术的想象力。比如，加拿大的Brila儿童哲学项目就鼓励学生画出自己在哲学对话结束之后的所思所想。笔者所在的得克萨斯州儿童哲学夏令营，也每年都组织学生在活动的最后一天将一周的哲学体验以戏剧创作的方式表达出来。这些过程看似随意，但是也都可以促进哲学小说的创作。

（二）探究共同体与儿童哲学的实用主义思想渊源

安·夏普是一位一生致力于儿童哲学运动的教育哲学家和女性主义者，也是儿童哲学的奠基人。20世纪70年代，她与李普曼及其他同事在蒙特利尔州立大学建立了儿童哲学研究促进协会（Institute for the Advancement of Philosophy for Children，简称IAPC）。夏普提出了儿童哲学的核心教学法——探究共同体（community of inquiry）。在过去，儿童哲学界对她的学术贡献的肯定和研究不足，甚至时常错误地认为是李普曼或者皮尔士提出了探究共同体的概念。[1]李普曼在接受哲学家戴维·肯尼迪（David Kennedy）的采访时曾指出是夏普给出了这个概念，并欣喜地预见到这一概念作为实用主义教育哲学和哲学方法论的潜能。[2]近年来，大量文献的发表和书籍的出版逐渐向全世界的教育工作者展现了这位教育哲学家的思想。

探究共同体可以被理解为一群人在一起进行对话和探索的哲学方法和

---

① Gregory, M. R., & Laverty, M. J. (Eds.). (2017). *In Community of Inquiry with Ann Margaret Sharp: Childhood, Philosophy and Education*. Routledge.

② Lipman, M. and Kennedy, D. (2010) Ann Sharp's Contribution: A Conversation with Matthew Lipman. *Childhood and Philosophy 6* (11): 11–19.

教学方法。在李普曼—夏普的儿童哲学的教学实践中，探究共同体是以这样的方式实现的：第一步，一般情况下学生坐着围成一个圈，一起朗读一段儿童哲学的教材。一般是一个人读一段，轮流把文章读完，从而一起分享阅读的过程。第二步，每个学生对这段文字提出一个哲学问题。然后，大家在所有的问题中选一个进行探索。①这个教学法看上去是很浅显的，夏普与李普曼对此方法的深意需要通过了解它的哲学谱系学才能更好地理解。

这个概念的最重要的思想渊源来自美国实用主义哲学创始人，杜威的老师，哲学家、逻辑学家和数学家查尔斯·桑德斯·皮尔士（Charles Sanders Peirce）。他在19世纪末和20世纪初对经典的欧洲现代哲学进行批判并引发了知识论上的哲学革命。探究共同体的概念与儿童哲学的教育哲学基础也与此有密切关系。

皮尔士关注的第一个问题是探究（inquiry）的本质。以笛卡尔为代表的知识论提出普遍怀疑论（universal skepticism），也就是说哲学应当从彻底的、普遍的怀疑为开始，放弃相信所有的事物。然后，逐个检验每一个命题。只有当一个命题有彻底的确定性时（apodeictic），才能被认为是普遍的和绝对的真理，从而成为知识的基础。皮尔士对笛卡尔的怀疑论进行了新颖而大胆的批判。第一，我们根本不可能从彻底的怀疑开始进行知识的探索。对一切进行怀疑是不可能真正达到的，也是没有意义的。第二，笛卡尔相信的知识是需要绝对正确、无法被怀疑的，这是一种对人类会犯错误的根本特性的否定。这一点我们从教育哲学和社会意义的角度来看，笛卡尔的知识论是有隐患的，因为它是一种让个体成为绝对真理的判断者，会鼓励教条主义，抑制自我修正的能力和谦虚的态度。如果每一个学生都认为自己相信的事物是绝对正确和不容置疑的，对教育工作者来说，这可能不是一个好现象。

181

① Lipman, M. (2009). Philosophy for Children: Some Assumptions and Implications. *Children Philosophize Worldwide: Theoretical and Practical Concepts*, 9–23.

在批判过后，皮尔士在他的文章《信念的确定》（*The Fixation of Belief*）中创造性地给出了对于探究这个概念的现象学描述：探究是一种从不舒适的疑惑状态（the state of doubt）中努力去到达平静的相信状态（the state of belief）的过程。探究的目的只有一个，就是消除疑惑，寻找内心的平静。也就是说，从皮尔士的角度来看，我们接受自己所有的偏见和可能存在的错误，不否定已经相信的命题，直接从当下真正激发了心理上的波澜的疑惑问题开始思考和探索，而当不再疑惑之后，就放弃对这个问题的继续探讨。而通过探究获得问题的答案也因此是暂时的，以后有可能再次被怀疑，是会出错、可以进行改正的答案。从西方哲学史的角度来思考，皮尔士和他所倡导的实用主义思想是独特的。第一，他要求人们不是将一切所了解的东西彻底推翻，然后再进行"推翻后的重建"。或许这样的思考对于很多人来说不够激进，但是却更为实际和温和。第二，接受一个人所可能存在的偏见和错误，在此基础上进行探索，这一思想注定了未来有可能发生错误，因而要求人们谦虚。以他所在的美国文化为基点来思考，就能发现这一简单的"谦虚"二字，背后的含义是深远的，是基于对美国根深蒂固的社会流弊的反思。

这个思想对于儿童哲学的意义在于：学习不再是从纸上谈兵的哲学问题开始进行，而是基于实践生活；儿童哲学教育中的问题不应该是从书本上直接选取一个历史问题与学生进行讨论（比如"身心二元论的分析"），然后让学生在茫然之中开始被动思考，而应当是从学生有真情实感的、紧迫的疑惑开始。比如，对于一些学生来讲，"什么是友谊"就是一个关键问题；"教育的意义（为什么要上学）"或许也是一个核心的问题；对科学感兴趣的学生而言，"什么是实证证据"，"物理学为什么要假设理想条件"，或许也是与他们生活切身相关的知识论问题。正如李普曼关注20世纪60年代的学生为越南战争而辩论那样，皮尔士实用主义给我们的启示是：儿童哲学不是为了纯粹哲学史的学习而服务的，而是为研究当下重要的问题提供平台；在哲学课堂上获得的答案也不应是最终答案，否则就会步教条主义的后尘。这也就能理解为什么在"李普曼—夏普探究共同体"的课程中，强调要倾听学生的声音，让他们给出哲学问题，然后再进行选择和讨论，去获得属于学生自己的答案，而非以传统的填鸭式哲学史课程的教学方式进行授课。这个思想也意味着儿童哲学具有很大的潜能和创造性的空间，它需要哲学老师因时因地设定课程，与当地的文化和学生的境况融合。

在重新定义探究的本质之后，皮尔士研究的第二个问题是我们应该以什么样的方式进行探究。他认为人们一般用四种方式进行探究从而消除疑惑和确立新的信念，分别是：固执的方法（the method of tenacity），权威的方法（the method of authority），先验的方法（a priori method）和科学的方法（the method of science）。"固执的方法"就是拒绝和压抑疑惑的存在。皮尔士给出了一个比喻：就像鸵鸟把头埋在沙里一样，就算外在世界确实和自己一直相信的事物相冲突，喜好"固执的方法"的人也会拒绝重新思考自己信念的合理性。"权威的方法"就是让机构将信念强加给群体，但问题在于因为实证信息可能与既定信念不同，怀疑依然会存在于个体的脑海中。第三个方法是先验的，就是用理性来消除怀疑，但不同的理性思考并不能给出一致的答案，也不稳定。今天觉得这一群人说得有道理，明天或许觉得另外的观点也很理性。对于皮尔士来说，只有第四种探究方式是合理的，他称之为"科学的方法"，该方法不同于其他三种。作为一个科学家和哲学家，皮尔士认为科学工作者的特点就是他们承认和关注人类脑海以外存在的客观事物（不是以理性为唯一的工具），而且他们在一个追求真理的共同体里进行工作，倾听别人的意见，分享自己的经验。更重要的是，科学工作者承认知识的可错性（fallibility），和人会面临的不确定性。这就是作为儿童哲学的核心教学法的探究共同体之"共同体"的来源，也是李普曼和夏普主张让学生围在一起，共同朗读和探讨哲学问题

183

的原因。因为学习、探索和研究应当是一个有群体性的社会过程（social process），发生在互相尊重的理智共同体中，和别人一起对当下有切身感受的问题寻找非永久性的答案，着眼于生活经验（lived experience）而非仅仅是孤独的、想象的世界。

虽然皮尔士提出了对教育哲学有深远影响的知识论，但其实是哥伦比亚大学做皮尔士研究的哲学家Justus Buchler将这一思想引入课堂教学之中，把课堂对话看作是一种发生在共同体之中的探究。[①]夏普与李普曼提出的"探究共同体"的概念进一步将这一思想深深印刻在世人的脑海中。同样是实用主义哲学核心人物的杜威和乔治·赫伯特·米德（George Herbert Mead）也都对儿童哲学有影响，并与皮尔士有着连续性。李普曼也曾直截了当地说，杜威的核心知识论思想来源于皮尔士。这一点在杜威著名的"实验性思维"五要素的著述中就可看出。李普曼一生的哲学观点都深受杜威的影响，他本人的博士论文就分析了杜威的美学和艺术哲学。确切地说，实用主义哲学与儿童哲学的思想起源是不可分割的。然而，杜威如同皮尔士一样，看到了科学实践的意义，并将其延伸到教育领域，却在自己一生的著作之中并没有提到儿童是否可以学习哲学。对于杜威而言，儿童哲学依然是一个难以想象的概念。李普曼认为，其更深层的原因在于杜威思想对哲学的实用性的思考不足，而儿童哲学在一定程度上与杜威思想一致的同时，弥补这一缺憾。[②]对于杜威而言，哲学是广义上的教育理论（philosophy is the general theory of education），在将哲学与教育建立亲密的联系的同时，又划定界限要求哲学只具备理论功能。

夏普还探索了探究共同体与第二代女性主义的联系，并提出关怀思维

---

① Buchler, J. (1954). What is a discussion? *Journal of General Education, 8*(10), 7–17. Reprinted with edits by Lipman, M. (1979). *Thinking: The Journal of Philosophy for Children, 1*(1), 49–54.

② Lipman, M. (2008). Philosophy for Children's debt to Dewey. In *Pragmatism, education, and children* (pp. 141–151). Brill Rodopi.

（caring thinking）的重要性，使之与批判性思维（critical thinking）和创造性思维（creative thinking）并列。从这一点看出，虽然儿童哲学的创始之期极其看重思维能力，但夏普和马修斯其实对儿童哲学运动有更深广的理解和期待。很多人说早期的儿童哲学仅看重逻辑思维和理性批判能力，这种批判与事实并不相符。关怀思维意味着夏普认为儿童哲学不是让学生在孤独的一隅进行逻辑训练。传统思维时常把冷静的思考和对他人的关怀割裂开来，第二代女性主义的一个思想就是呼吁学者意识到情感因素或者是关爱的认知价值（the epistemic value of love）。[①]也就是说，一个好的思想者，需要对某些人、某些问题关切，需要有敏感性和内心的柔软。探究共同体是在传统教学法的环境之下，为学生提供一个培养内心丰富性、发展与人的关系（尤其是理智的联系）的温床。它不是一个伊甸园，而是儿童和老师聚集在一起形成的小圈子，时间长了必然有内在的纷争、尴尬、冲突、友情、关怀和合作，有痛也有快乐。在情感与理智的冲撞中，哲思的空间不是被缩小，而是被扩大了。每年夏季的儿童哲学研讨会都要求学者在同一个度假旅馆里住一个星期（最早是两个星期），从早到晚一起做哲学，就是要创造一种探究共同体的极致状态。

不难理解，探究共同体作为教学法对学生与他人相处的能力有独特的要求：不仅仅期待学生合作，也鼓励他们在聆听的基础上在重要问题上持不同意见，并有理有节地沟通；不仅仅要提升学生的思维能力，也希望能培养理智美德（intellectual virtues）和思想上的友谊。笔者在做儿童哲学项目的时候，就有学生提到她在儿童哲学之中，第一次因为思考，而非其他社交压力，结交到了朋友。从一定程度上，儿童哲学的学习过程与苏格拉底教学法很相似，它们都强调刺痛到内心的疑惑、让真正的学习成为可能，并认为哲学是一种生活方式，帮助学生引向智慧的哲学生活，

---

① Sharp, A. M. (1993). Peirce, feminism, and philosophy for children. *Analytic Teaching, 14*(1), 51–62.

学习与他人一同探究问题的理智谦卑（intellectual humility）和理智开放（intellectual open-mindedness）的态度，明白自己既有局限性又有思维的独立性和创造性。正如夏普所说，在儿童哲学中学生要认识到，个体与共同体是互相依赖的。一个共同体的成功需要个人的表达。然而，每个参与者需要学会约束自己，根据他人对这个共同体的贡献去提供自己的才智。这意味着学生需要接受人际关系的互相依赖并且不认为自己什么都懂。①归根结底，发起儿童哲学运动的李普曼和夏普，正如其他的实用主义思想家和苏联教育心理学家维果茨基一样，不认为社会与个体是二元对立的状态，而是坚信人的自我是从社会活动中逐步建立的。

二、对于儿童与哲学的重新思考

儿童哲学这一教育运动的出现本身就是对自古以来人们对于儿童、哲学及两者之关系的认识的再思考。儿童能够而且应该学习哲学的思想本身就是富有争议性的大胆尝试。儿童哲学的诞生也为童年哲学（Philosophy of Childhood）提供了决定性的发展动力，比如2018年教育哲学协会的主题就是探寻童年与成熟的复杂关系。

（一）教育和哲学思想史上对于儿童学哲学的一些看法

儿童是否应当学哲学的问题自古有之，但多数学者持否定态度，即认为儿童不能够学哲学，或者不应该学哲学，或者两者都有。然而无论是什么样的规范性（normative）判断，归根结底都基于哲学家本人对"什么是儿童"与"哲学的性质"这两个问题的理解。很多当代哲学家（如加雷斯·马修斯、戴维·肯尼迪、贾娜·莫尔·隆恩等）都认为，在西方思想史中，儿童一直被认为是成年人的"他者"，对儿童的认识往往是基于他们不同于成年人这一前提假设出发的。这也很好理解，儿童作为一个名

① Sharp, A. M. (1991). The community of inquiry: Education for democracy. *Thinking: The journal of philosophy for children, 9*(2), 31–37.

词本身，就是与成年人共同出现，彼此相依相存。这个世界上若没有成年人，儿童这个词也就没有任何意义，反之亦然。然而，这不代表儿童长期在西方哲学中被边缘化有足够合理性。

基于儿童是"他者"的理解，一般主张儿童还不够成熟，未有独立的意志，不够理性，甚至不足以被看作是一个健全的人（not fully human），因此不具备做哲学的能力。在这样的思想中，儿童的地位从属于成年人，更具有"动物性"和"非理性"的特征。这样居高临下和歧视性的思想在柏拉图的著作《法律篇》里被体现得淋漓尽致："在所有狂野的事物中，儿童是最无法被管束的……他们是最难以驾驭的动物。"①值得注意的是，柏拉图认为儿童不适合学哲学的思考其实不单纯来源于歧视，也有更深刻的担忧，那就是太早学习辩论（argumentation），尤其是在没有接收到足够的道德伦理教育之前，过多学习为各类观点辩护的艺术，容易诞生更多滥用各类争论技巧的诡辩家。这对厌恶诡辩（sophistry）的柏拉图和苏格拉底来说，如果儿童被此恶习感染，那么这样的教育对儿童和对哲学本身都没有益处。在柏拉图的《理想国》中，苏格拉底这样说，当年轻人第一次品尝到了什么是辩论，他们会误用它，把辩论当作一种游戏，永远地寻求反驳。②也就是说，为了反驳别人而反驳，或者为了实现自己的意志而强加辩解，使理智沦为一种工具，因而只为寻求辩论的成功性而非对真理的探索和诚挚地交流，那么这样的教育就有危害。问题在于，这样的思想容易导致拒绝儿童理性思考的空间。

尽管像柏拉图这样直白的表述不多，但将童年看作是理智上"有缺陷的"一个阶段的思想源远流长，并往往隐藏在对童年非常推崇和关爱的语境之下。其中，最典型的思维方式就是亚里士多德就曾经提到的，将儿童定义为还未长大的成年人。那么，教育就需要以某些理想成年人的形象

187

---

① *The Laws*, 252 [808d-e].

② Plato, *Republic*, 235 [539b].

为原型，去看儿童有哪些发展的空间。卢梭在《爱弥儿》这一教育哲学经典著作中将"发展模型"（developmental model）的思想发扬出来，使之深入人心。很多教育理论都遵循着这一基本思想，尤其是复演理论（儿童发展复演种族进化）和皮亚杰的教育心理学。童年是在理性上从初步到高级的发展过程，随着年龄和教育水平的发展，学生开始接触越来越深奥的领域。而哲学在人们印象中是极其复杂和晦涩的学科，依据这样的思维方式，自然不是儿童所可以承受的。皮亚杰就曾将哲学划分为元层次思维（对思维进行思维的层次），并认为儿童，尤其是在11岁到12岁之前，无法进行哲学思维。复演论（此理论如今基本退出了教育界的舞台）更是认为个体的发育过程是对生物的进化过程的重演。

（二）儿童哲学的反驳

儿童哲学告诉我们儿童其实有能力做哲学。我们不仅长期以来大大低估了儿童的认知能力，而且忽略了童年与哲学的共性和两者之间天然的、亲密的联系。

以皮亚杰为代表的教育心理理论越来越被认知科学家质疑。以艾利森·戈普尼克为代表的科学家通过实验科学掀起了对于儿童认识的革命，认为或许儿童比我们想象得要更加有洞察力、创造力和智慧。更重要的是，儿童和成年人之间并不应该存在高低之分，而是各自有不同的特长。在儿童哲学和童年哲学领域，加雷斯·马修斯（Gareth Matthews）系统性地批判了皮亚杰的思想，并给出了大量的案例说明儿童在哲学思考之中的天赋与创造力。其中一个非常震撼的例子是一个小朋友伊安的家里来了客人，其中有三个孩子，他们霸占了电视机，要看一个伊安不喜欢的节目。伊安在沮丧之时问妈妈，为什么三个人自私就比一个人自私更好呢？[①]我们通常在使用功利主义的论证时只会强调"最大幸福"的概念，然而伊安的一个

---

① Matthews, G. B. (1980). *Philosophy and the young child*. Harvard University Press. p.28.

问题直接将功利主义的另一面暴露出来，进行了反转。此等一针见血的洞察力让做哲学的成年人也为之惊叹。也就是说，儿童不仅能够做哲学，而且他们时常还能更敏锐地捕捉哲学问题和日常思维模式中的不合理性。从这一点上，他们与哲学有更亲近的联系。

有一次笔者在科学哲学课上和初中生以哈利·波特系列书籍为背景，探究魔法与科学的区别，这时学生提出了生活中也有奇迹这样的观点。这让本来准备讲波普尔的划界问题的我很震惊，从而不得不临时改变了课程计划，转而去讨论奇迹的存在。以当时的学生们的想法来说，生活中有无法用理性衡量的事物，比如爱就是奇迹。这样的想法或许很容易被认为是天真烂漫的随口一说，或是从其他地方听来的陈词滥调，但很明显没有学生在开玩笑，都在努力地给答案、认真地思考。若从列维纳斯（Levinas）的哲学角度来讲，一个人看到对方的脸，意识到一个绝对的"他者"，既呼唤又威胁着他，从而脱离自我的局限，将自己的实质给予他者（giving one's substance to the other）。这个瞬间行为超越理性的考量，超越文字，超越有限的存在，从一定程度上讲，就是奇迹。儿童的哲思能力进一步表明了他们不仅仅可以做哲学，更重要的是，以皮亚杰为代表的阶段理论（stage theory）有结构性的偏见。成长不一定在每个方面都是由低到高的线性变化，童年时期完全有可能在一些方面出色于成年人，比如更善于提出新颖的思路和更强的创造力。成年人思考时常有惯性（例如一想到科学和魔法就会就联想到划界问题，一谈到朋友来做客，就先考虑到功利主义"快乐最大化"的原则），然而在成为"答题机器"前的儿童时常能引领对话通往难以预料的方向。

三、儿童哲学项目的演变

（一）实证研究的演变和发展

从儿童哲学的社会科学研究，也就是教学效果评估的实证研究的角度看，也发生了很大的变化，值得进行讨论。在早期，李普曼和他所在的儿

189

童哲学研究促进协会（IAPC）做了大量的量化研究，并着重关注儿童哲学对于学生的认知能力与数理能力的提升作用。其他国家和地区的儿童哲学项目也纷纷进行一系列的实证研究。其中最为著名的两种通用测试是新泽西推理能力测试（New Jersey Test of Reasoning skills）和认知能力测试。认知能力测试的表达有两种，美国版的是CAT（Cognitive Ability Test），英国版的是CogAT，仅是同种测试在不同地区的不同名称。对于李普曼而言，哲学是最极致的提升思维能力的工具，[①]而多年来的实证研究也基本印证了这一假设。目前世界上包含这方面系统性综述的是三篇量化的元分析文章：特里克与托平对1970年到2002年、[②]加西亚·莫里翁（García-Moriyón）等人对1976年到2002年、[③]我们对2002年到2016年此方面的研究做了量化的元分析。[④]尽管在这46年间的论文有所变化，科研水平越来越高，方法更为严谨（例如从较为随意的测试逐渐转换为有预先试验，后续试验和对照组的研究），儿童哲学的实践地点从美国扩散到亚洲、欧洲的国家和地区，三篇文章都共同计算出了儿童哲学项目对于推理能力和认知能力明显的正面影响。

与此同时，人们开始对儿童哲学的其他效用产生兴趣，对于思维能力的培养的科研关注点开始发生了转移，更偏重情感（affective）方向。这与理论方面的概念性文章的发展趋势也是同步的。毕竟儿童哲学与哲学本身的目的不仅仅是为了提升学生的思维能力，更是引入哲学、使之作为一种生活方式。儿童哲学课上涉及的问题也往往是超出逻辑学和辩论的，例如友情是什么，如何面对失败，什么是勇气，等等。这些问题都和儿童的

---

① Lipman, M., Sharp, A. M., & Oscanyan, F. S. (2010). Philosophy in the classroom: Temple University Press.

② Trickey, S., & Topping, K. J. (2004). 'Philosophy for children': a systematic review. Research papers in Education, 19(3), 365–380.

③ García-Moriyón, F., Rebollo, I., & Colom, R. (2005). Evaluating Philosophy for Children. Thinking: The journal of philosophy for children, 17(4), 14–22.

④ Yan, S., Walters, L. M., Wang, Z., & Wang, C. C. (2018). Meta-Analysis of the Effectiveness of Philosophy for Children Programs on Students' Cognitive Outcomes. Analytic Teaching and Philosophical Praxis, 39(1), 13–33.

情感生活息息相关，更加关注他们感性的变化。只是对于这些因为哲学课而发生的变化难以精准地测量和评估。一方面是这些问题本来就很敏感，深受学生个人的生活环境影响，另一方面是哲学对学生潜移默化的浸润或许需要很长时间才能让研究者看到有规律性的变化。因此，对儿童哲学做实证研究的研究方法需要随之发生变化，当今儿童哲学界更加推崇质化研究而非仅仅是量化研究，也鼓励做长期研究（longitudinal studies）。例如，2004年以科罗姆（Colom）和加西亚·莫里翁（García-Moriyón）为首的研究者发表了一篇长达12年儿童哲学在西班牙的实践情况的文章，对照组300人，实验组400人，并研究了其对学生认知和非认知能力方面的影响。[①]该研究再一次发现儿童哲学对学生的认知能力有所提升的同时，发现长时间学儿童哲学课的学生进入学习危险区域的比例更少，性格上更具有亲社会性，还有点情绪不稳定。虽然这些研究结果仅是初步的，实验方法也不能说极其严密，实验结果目前没有更多的文献去核实，但作为长期研究的文章，它依然引起了关注。

另一方面，研究针对的学生年龄也有了变化，不再仅仅探索儿童哲学对中小学生的影响，还开始与学前儿童和大学生进行探究共同体的尝试性实践。其实与成年人一起做儿童哲学并不惊讶，因为探究共同体的起源来自哲学家对探索本身的反思，也完全可以作为一种常态化的教学法融入日常工作中。与小于6岁幼童尝试学哲学则更为惊人和具有不确定性，因为年龄极小、牙牙学语的儿童是否能用语言清晰表达自己的哲学观点，不得而知。达西等人在2013年发表文章称，[②]在经历几期儿童哲学课之后，5岁儿童有明显的社会心理方面能力的进步，4岁儿童有一部分的社会心理方

---

① Colom, R., Moriyón, F. G., Magro, C., & Morilla, E. (2014). The long-term impact of Philosophy for Children: A longitudinal study (preliminary results). Analytic Teaching and Philosophical Praxis, 35(1), 50–56.

② Dasí, M. G., Quintanilla, L., & Daniel, M. F. (2013). Improving Emotion Comprehension and Social Skills in Early Childhood Through Philosophy for Children.

面的能力进步。像之前的长期研究一样，这篇研究也需要更多的其他研究去进一步探索幼儿园或者学前班的孩子对哲学学习的反应。

（二）国际儿童哲学的发展

儿童哲学的发展在近几十年中，呈现了国际化与思想实践上多元化的趋势。从最初在美国实践到在各个国家发展，范围不仅仅局限于欧洲，亚洲（如日本、中国、土耳其、伊朗等）、拉丁美洲和非洲的一些国家都开始儿童哲学的实践。不仅如此，很多国家和地区对儿童哲学的重视远远超越了美国。以爱尔兰为例，儿童哲学正逐步成为核心课程，并每年为学生颁发"爱尔兰儿童哲学家奖"。与此同时，非英语和多语言的儿童哲学的期刊也蓬勃发展，每年世界上的儿童哲学会议、论坛、研讨会更是丰富多彩。

从教育哲学的角度看，儿童哲学早已超出了实用主义与古希腊传统，如今各种哲学传统荟萃，出现了多样性和本地化的特点。而教育的目的也从一开始更强调发展思辨能力的范畴，发展到其他各类目的，如提升学生对生活困难的抵抗力、减少本地冲突、增强哲学敏感性等。例如，"边界领土的儿童哲学"是一个在美国与墨西哥边界城市里进行的儿童哲学项目，在这里的学生面临的问题和人生体验是其他地区的孩子感到陌生的，如穿梭在国境边界的体验，成长在多种语境之下（英语、西班牙语和土著语言），在文化的交融和碰撞之间形成一种模糊和流动（ambiguous and fluid）的个人身份等。儿童哲学在这个地方自然而然就努力使用英语与西班牙语，逐步向学生引入拉丁哲学的元素，并和他们探索边界生活的哲学表达。儿童哲学从批判理论或者保罗·弗莱雷（Paulo Freire）的批判性理论的角度来说，它具有将学生和老师放置在更平等地位的优点，给学生说话的空间，从而解构传统的老师对学生的单向的、权力不对等关系的储蓄教育法（the banking method）。也就是说，儿童哲学如今具有多样性和灵活性，并不局限于一家之说。儿童哲学的受众群体也从少数的学习成绩优秀的学生作为课外班和天赋班（gifted program）的方式，转变到更多为本

192

地的学生服务。

四、儿童哲学的意义

从儿童哲学的发展过程来看，它具有重要意义和价值。本文在剖析儿童哲学的教育哲学与实证研究中已阐述了它的很多深意和潜能，以下几点是尤为重要的儿童哲学优势。

首先，儿童哲学本身对于思维能力的培养效果是极其惊人的。在教学中，老师期待学生做的，不仅仅是表达自己的观点，更是以现实和自己的经历，有理有据地为自己相信的论点进行辩护。逻辑思维能力的缺失其实是无法完全用数理化的学习来弥补的。而儿童哲学可以针对性地对很多人们常犯的逻辑谬误进行改正。我们在教研究生级别的课程时，依然可以看到逻辑不通的理论表述方式，例如，"A在道德上是错误的，因为它是非法的"。这就是哲学训练缺失常会有的现象，更别说日常生活交流中存在的大量的"稻草人谬误"。同时，哲学问题的提出可以培养学生的洞察力和抽象能力，使思路清晰，寻找到现象之后更深层的问题，极大提升学生的理性素养。此外，哲学不仅仅是一个理性活动，更是创造性的学科。它需要人们不断地给出新的思想、新的问题。这种创造能力的培养对儿童来讲也是极其关键的。

其次，对应前面所讲的夏普的理念，探究共同体不仅仅是一个思考能力培养的土壤，更是理智美德（intellectual virtue）与关怀性思考（caring thinking）培养的德育空间。我们需要对理性与感性、德育与智育的二元对立思考方式进行超越。在面对信息纷杂、观念多样的时代，如何与他人负责任地思考既是认知（Cognitive）教育、又是情感（Affective）教育的挑战。

最后，儿童哲学不仅着眼于未来，更致力于给孩子一个快乐的童年。长时间以来，哲学容易被人误认为是痛苦的代名词，即只有眉头紧皱的孤独长者才可以探索哲学的奥妙。事实上，很多学生通过哲学探讨获得了平日没有的快乐。一个叫露比的初中生曾经对我说，儿童哲学课是她在上学期间得到的最快乐的经历。小小年纪以成为作家为理想的她只有在儿童哲学课上体验过因为思想火花的绽放而与其他同学产生共鸣的感觉。每次哲学夏令营结束的时候，我们会发现很多学生开始在课下互相进行辩论，讨论宗教、科学和文学的想法。其他同事也曾经对我说，上过儿童哲学课之后，很多学生的阅读量自然而然地增加（比如开始读报纸），而且变得更喜欢和家人探讨社会问题和讲述校园生活。好的哲学一定是震撼人心的，并会融入日常生活中，带来因精神生活丰富而产生的乐趣。哲学始于惊奇，这种惊奇何尝不是一种孩童式的对于世界的疑惑和探索？儿童哲学对儿童、对哲学都有裨益。

第九章
儿童身体

　　随着生活水平的提高，儿童的身体素质和健康水平本应该随之提高，但现实中"眼镜侠""小胖墩儿""情绪障碍症"却越来越多。根据2018年《中国义务教育质量监测报告》显示学生肥胖、近视、睡眠不足等问题日益严重，如四年级男生超重比例为17.4%，其中肥胖率占8.5%，女生超重比例为13.7%，其中肥胖率占5.1%，八年级超重（肥胖）比例分别为男生16.7%（8.5%）、女生17.3%（6.2%）。部分区域学生肥胖问题突出，仅肥胖率就超过15%。在视力方面，四年级、八年级学生视力不良率分别为36.5%、65.3%，其中部分地区四年级和八年级视力不良率分别超过60%和80%。①据世界卫生组织研究显示，早在2017年我国青少年近视率就已经高居世界第一。科学技术和生活水平提高了，但儿童的身体在某些方面却越来越差了，好生活却培养不出健康的身体。其中有受信息化和电子产品等方面影响的因素，但信息技术的发展及其对人们生活和学习等方面的改变是不可逆的，其不可抗拒性是全球性的，但为何在我国儿童身上体现最为明显？其中不可忽视的重要原因是，我们忽视

---

① 教育部基础教育质量监测中心.中国义务教育质量监测报告［R］.2018年7月.

了儿童的运动和户外活动这一重要可控因素。也就是说，最根本的原因是我们的教育没有给儿童创造合适的更多的户外活动和运动的机会与时间。

身体是人的在世存在及其所有活动的基础，"动"是身体与世界联结的基本方式，它不仅是儿童的天性，还是儿童生存和认识世界的基本方式，是儿童生命中不可或缺的重要构成。但现实教育中，儿童的身体却总被排斥在学习之外，身体被压抑、管理甚至被控制、规训，儿童的探索、户外运动和游戏时间被挤占的现象一直存在。重要的不是儿童"不想动"，而是"不敢动"和"不让动"，没有更多动的时间和机会。排斥身体及其运动的教育不仅严重影响儿童的身体素质和心理健康，而且还阻碍着儿童的认知和情感等方面的发展。重视儿童的发展，释放儿童的想象，需要从重视并解放儿童的身体开始。

196

一、异化的教育对儿童身体的忽视

信息技术的发展确实从某种程度上使身体在现实场域中参与和互动的缺乏成为社会的普遍问题。因为它在带来便利和效率，解放了人的身体及其劳作甚至逐渐代替大脑思考的同时，人也有逐渐被科技理性控制和异化的危机，工作、生活和学习都严重依赖科技。当人们正在享受身体被技术替代的便利的时候，人的身体与世界的原始接触也在逐渐地被切断，人类长期发展而来的身体能力便会逐渐退化。对儿童来说更是如此，先进的技术成为一种外在的因素，通过"绑架"儿童的行为方式影响着儿童的学习与生活，儿童的视力、体重、生存能力和自理能力等越来越成为普遍的问题。但技术是中性的，导致问题的是用技术的人，教育和社会本应该为儿童提供更合理地使用技术的方式及其教育生活方式。但我们的教育却反而日益加强了对儿童身体和生活的侵占，异化的教育目的限制并管控着儿童的身体及其活动，最终使身心健康状况和身体能力的发展成了目前儿童生长和教育中的突出问题。

（一）抑身扬心的教育目的及其评价

从"双基"到"三维目标"，从素质教育再到"素养教育"，虽然我们的基础教育一直在改革，但现实教育中仍然存在着挤压学生身体、推崇唯一心智的问题。一直以来，我们的教育过多地注重心智的训练与发展，而忽视甚至排斥学生的身体及其运动。这种现象甚至已经从中小学蔓延到学前教育阶段。儿童的全面发展虽然是基础教育中一直在强调的目的，但是现实却一直是"智育独尊"的境况，"心"的发展成为教育的重要和突出方面，而身体及其情感和态度等方面的发展却得不到应有的体现。根据2018年《中国义务教育质量监测报告》调查显示，①义务教育阶段语文、数学周课时数偏多，体育、艺术周课时数偏少：四年级语文周课时数多于6节的学校占比72.0%，数学周课时数多于5节的学校占比67.2%，体育和艺术周课时数少于3节的学校分别占比为44.3%和12.9%，而八年级体育和艺术周课时数少于3节的学校比例则高达60.8%和90.7%。智育课程一直是学校中的主要课程，传统上所认为的音体美等"非智育"课程一直处于基础教育中的边缘。而且从时间的分布上看，语数英等心智训练学科都集中在"重要时间段"，即上午前三节，所谓"一日之计在于晨"。这样的课程安排，表明了这些心智训练的科目就是"核心课程"，是最重要的课程。

而就智育本身来说，也存在着"窄化"和"机械化"的现象，"智育"常常沦为"知育"。把智力从素质到能力，最后逐渐窄化到了知识，客观性知识的积累，还把智力的提升简单地寄托于抽象的机械训练。为了达到这种片面的教育目的，一方面压榨着儿童游戏、娱乐、活动甚至休息

197

---

① 教育部基础教育质量监测中心. 中国义务教育质量监测报告［R］. 2018年7月.

的时间,①一方面排斥和控制儿童身体及其运动。因为在挤榨了所有能够利用的时间之外,减少儿童身体的运动,把儿童的身体固定在课桌前,对客观知识的量的积累来说是奏效的。于是,儿童的教育生活甚至整个童年都被这些无谓的机械练习、抄课文、抄词语、背书、重复做题所占据。"在一个书本学习的世界里,儿童好动的天性和旺盛的精力被大幅度地限制。为了心智单向度的发展以获得令人满意的教育结果,控制和征服儿童的天性和身体成了教育的一个重要目的。"②这样,身体在过程和目的中都被排除在了教育之外。但是,缺乏身体的参与,失去了身体的摸索、探究,失去了抽象过程和知识生产过程的经历,直接让儿童接收结果并输出,人便只是信息的储存器,不能生成个人化的知识,更不能有效促进认知等方面的发展。这种片面的、死板的和机械的教育在相应评价的保障下走向了知识本位和分数追逐,身体其他方面沦为背景和从属地位,这样的教育方式是浮躁的,是急功近利的,更是鼠目寸光的。心智至上教育及其评价方式,在压抑着身体的同时,扼杀了创新与创造。

(二)"喜静恶动"的课堂教学

以客观知识数量增长为目的的教育需要传递接受式的教学和静听式的课堂。这种教育喜欢安静的课堂和安静的身体,厌恶坐立不安、喧闹和乱动的身体。"安静"和"不能乱动"好像是传统课堂中如影随形的两个"门

---

① 根据《2019中国青少年儿童睡眠指数白皮书》显示,62.9%的孩子睡眠不足8小时,8.64%的孩子周一至周四23点仍在忙于作业,其中繁重的课业压力成为影响孩子睡眠的第一因素,占67.3%,睡眠状况较好的孩子作业时间多为2到3小时,睡眠较差的孩子作业时长则集中在4到6小时。从2018年21世纪教育研究院发布的《从"应试教育"突围——中小学生"减负"问题研究报告》可看出,每天在校时间方面,全国小学生平均从2010年的6.7小时增长到8.1小时,中学生从平均7.7小时增长到11小时;作业时间方面,根据2015年中国青少年研究中心《中国少年儿童发展状况》调查显示,小学生作业时间超标率为66%,中学生超过78%;而课外补习时间也水涨船高,随之减少的是睡眠、休息和活动的时间。睡眠问题不仅严重影响青少年儿童的身体发育和健康成长,导致肥胖、视力和性格等健康问题,还深刻影响智力发育、认知能力、学习能力和效率。

② 〔美〕尼尔·波兹曼.童年的消逝〔M〕.吴燕莛,译.桂林:广西师范大学出版社,2004:68.

198

神"，时刻监控着儿童的身体。静听式的课堂表达着一种权威、服从的师生关系，消融了儿童的身体主体。"静听"意味着是被动的、吸收的，是一种单向度的传输，教师用语言控制儿童的耳朵，从而主导、压迫儿童被动地接受。课堂上一切对身体及其行为的约束和控制都是为更好地静听准备的。为了能够更有效率地"听进去"知识，上课要正襟危坐，屁股不能离开板凳甚至不能随便挪动；双手不能到处乱动，最好放在课桌上以防在下面做小动作；双脚要并拢，不经老师允许不能随意插话，不能左顾右盼，不能交头接耳，不能有与学习无关的小动作……因此，课堂中的"静"不仅体现在"声"的层面压抑儿童表达与沟通的本能冲动，而且还表现在肢体运动层面，一切无助于知识接受的肢体动作是不被允许的。

这种静听式的课堂是隐身化的，也是一种单向度参与的课堂，过多要求心智的单向度参与，身体的参与度极低。它将身体主体的活动限制在了听、说、读、写的极小氛围内，而且往往倾向于更多地听与写，说大多发生在教师身上，儿童没有太多表达与沟通的时间，更没有太多的活动与探究的机会。其实，当身体不能够深度参与的时候，大脑也不能深入其中，心智亦不能获得深度的参与。"静听式的课堂教学受知识传授论和普遍主义方法论的支配，极度青睐讲授法，而把发现、探究、对话等方法置于边缘和辅助的地位"[1]，致使儿童耳朵单向度地听，大脑单向度地思考，未能与基于身体的感知与行动、肢体的运动与表达、眼睛的观察与发现、双手的探究等形成有机的互补与结合。单向度心智参与的课堂教学势必会导致单一、静止、封闭和僵化的教育。

排斥身体参与的课堂教学既是对儿童发展特点的无视，又体现了成人对儿童的强权。"动"只是成人讨厌的对象，杜威说："如果一个儿童由于讨论中的一些激动的事情从椅子上跳起来，轻轻地手舞足蹈，我不认为

---

[1] 张华. 研究性教学论［M］. 上海：华东师范大学出版社，2010：98.

他应该受到严厉的责备。"①"乱和动"是儿童的天性，是他在好奇地尝试与世界、他人和自己互动，是在探索，只有被文明和制度规训过的成人才会趋于安静，才会对事物无动于衷，而这恰恰是缺乏原始冲动与兴致的表现。糟糕的是，他们还常常把自己丢失了的"好动"与"好奇"定义为"野性"和"不安分"，拿成人这种反对好动、不安分的所谓标准和常模来限制和规训儿童的本能冲动和天性，而且也一定程度上阻碍了儿童身心的自然生长，泯灭了儿童的个性。静听之静也是静坐之静，它与动，生动之动、动态之动相对，所以，静听式的课堂是对儿童身体本能兴趣和好动天性的背离。

（三）从缺失到控制：教育对儿童身体规训的形成

从对儿童身体方面的轻视和忽视，到通过排斥身体运动和管理身体行为来达到片面的教育目的，教育在这一过程中逐渐完成了对儿童身体的控制。教育的规训也往往是从这种对儿童身体控制开始的，建立了诸如"正确的坐姿""提问的方式""举手的姿势""统一的发型与服饰"等一系列标准化的身体"制度"。这种统一、标准的管理是工业化生产时代的产物，在这种标准身体状态及其位置的统一化管控中，生成了既方便管理又能提高所谓的课堂教学效率的秩序和规范。

凡此种种，皆指向心智的片面发展，更准确地说是为了更好、更有效率的知识传递。这种科学管理主义对效率的追求和标准的崇拜，导致教育实践越来越脱离儿童的身体体验和生活经验。户外游戏、团体活动甚至课程表中音、体、美和综合实践活动等重要的儿童课程被都严重挤压，以安全管理、升学和社会压力等各方面的借口来压榨着儿童的身体和其他方面的发展，而让位于唯客观确定性知识独尊的心智发展。由此导致偏重学科知识和儿童心智训练的教学实践仍然统治着我国大部分中小学的课堂；学

---

① 〔美〕杜威. 学校与社会·明日之学校［M］. 赵祥麟，任钟印，吴志宏，译. 北京：人民教育出版社，2004：8.

业评价中儿童的身体素质、道德品质以及其他方面的素养亦得不到充分体现，或者被象征性地带过，形式化现象严重；而教师的教学与课堂管理、学校的管理与各种校规也无不想方设法避免一切可能干扰或者"耽误"儿童知识学习的其他身体活动与运动。学校中的一切都为了儿童学习成绩的提高而运转着。讲授、灌输、静听充斥着课堂，儿童的身体被固定在方寸之间的"专属座位"上，限制着他们身体的运动、感官的开放以及与世界的接触，以静止、封闭的身体和范围极小的感知觉视界来"侍奉"着唯一的心智训练。这种课堂是无聊的、死板的，没有体现出儿童应有的生命活力和探究、创造的活性。在这种缺失身体感知、运动、体验、情感的教育中成长的儿童，不仅存在着身体和心智健全发展的危机，而且极易成为机械发展的"机械人"和片面发展的"单向度的人"。这种教育把人异化为产品和工具，压制和管控着儿童的肢体和语言的自然表达，在阻碍着儿童身心自然生长力量的同时，泯灭着儿童的个性。当儿童的身体及其活动空间被限制了，儿童便失去了自由，失去了真正的自我，儿童的想象力和创造力也会随之被限制。

二、抑身扬心的认识论根源

排斥身体、抑身扬心教育现象的理论根源是身心二元论，是人们在身心二元论的统摄下普遍"践行"的结果。身心二元论通过哲学和认识论渗透在行为主义和计算的认知主义心理学及其他领域中，继而全方面地包围着教育。其根深蒂固的二元论逻辑是，本体论方面，身心是互不干涉、相互分离的独立体，且心灵具有第一性；认识论方面，心灵对知识和理性的追求与身体和感性无关，或心智的发展只是脑中的符号计算，心智的计算不需要身体的参与。这种立场下的教育便认为心智发展的优先级高于身体的发展，身体的发展是为心智的发展而服务的，且片面地认为身体的感觉、经验和运动等是不稳定的，只能促进感官和肌肉发展，与认知无关，甚至是"分心"的，会影响和阻碍心智的训练和理性的发展。而人的生命有限，因此需要压缩身体运动和参与的时间与空间，给心智的"专心"发展让路，心智计算的时候，身体最好是静止的，于是身体及其运动便被排除在教和学的过程之外了。

身心二元论自柏拉图以来一直在西方哲学中占据统治地位，它自古希腊心灵哲学伊始，在中世纪宗教哲学和经院哲学中以不同方式得以延续，后又随启蒙理性在近代的唯理论中得以复辟，一直延续并渗透到现代的科学主义之中。苏格拉底对灵魂的深挖和定义，直接导致灵魂从结构、本质和作用等层面第一次系统地独立了出来，成为独立体。在苏格拉底那里，死亡只是灵魂和肉体的分离，处于死的状态就是肉体离开了灵魂，灵魂离开了肉体而独自存在。[①]灵魂和身体不仅是两个独立的存在，而且灵魂是不会灭亡的，是永恒的，"而肉体（和物质）则被认为是尘俗的、贪婪的、情欲的，是多变的和可以分解的"[②]。心灵始终是纯洁的、高贵的，是目的，身体则成为工具和附庸，甚至是心灵的障碍，是那个阻碍心灵纯洁和完满的原罪。灵魂的终极追求便是脱离肉身的自由，实现的办法在苏格拉底看来是成为有智慧、有理智的人。因此灵魂追求的是理性，是知识，是永恒的真理，而肉体则是不稳定的、腐朽的、杂乱的、被动的，容易受外物和自身所牵绊。"带着肉体去探索任何事物，灵魂是要上当的。"[③]所以，灵魂若要获得真理或知识，只能在思想里领会，尽量脱离肉体，摆脱肉体的感受，不让肉体也不让外物通过肉体干扰灵魂，用单纯的、绝对的理智才能寻找到事物中单纯的、绝对的实质，才能接近并获得知识。自此，知识开始与身体决裂，并与心灵或灵魂紧密联系在一起，一直影响着后继的哲学和认识论。直到近代二元论的集大成者笛卡尔把这种思想推向

202

① 〔古希腊〕柏拉图. 斐多 [M]. 杨绛，译. 沈阳：辽宁人民出版社，2000：13.

② 〔美〕杜威. 经验与自然 [M]. 傅统先，译. 北京：商务印书馆，2015：247.

③ 〔古希腊〕柏拉图. 斐多 [M]. 杨绛，译. 沈阳：辽宁人民出版社，2000：15-17.

了极致，他承袭了柏拉图感性世界与理性世界二分的观念，认为世界由两种彼此独立、互不依赖的实体构成——精神的实体和物质的实体。"肉体和物质实体只有广延性不能思维，而精神实体只能思维不具广延性。我的本质是思维，而不是身体。"①与此同时，他还进一步深化和明晰了心物二元和主客二元，身、心、世界完全割裂了开来，心灵的本性——思想只是在映射着外在于人的物体与世界，与身体无关。其著名的"我思故我在"确定了"我思"为最终不可怀疑的存在论信托根基，是其哲学解释大厦的基础，把"心灵之我"视作可以不依赖于任何物质性的东西而永恒存在的精神实体，从而把主体自我与客体世界截然分离与对立了起来。

在这种身心二元论的影响下，传统的认知理论一直认为身体只是心智的容器，"认为人类认知是心智处理信息的一种功能，而物质、生理的身体则是认知实现的硬件，身体只是作为一个黑箱和一种阻碍或辅助人类认知的仪器出现"②。无论是认知主义还是建构主义，传统的认知科学都是计算—表征的，认为认知的过程就是大脑中的抽象符号计算的过程，大脑负责信息处理与加工，身体感知觉器官只是外界信息的输入和输出途径，是信息的接收器和行为反应的效应器，而认知的结果便是对外在客观世界的如实反映与表征。在这里，大脑及其精神完全控制并命令着身体，身体被概念化为一种可以或多或少被利用的资源，它是一种实现或执行精神上目的的手段，身体沦为心智的附庸和工具。所以，基于身心二元认识论和传统认知理论的教育，不仅在目的上追求象征永恒精神的知识与理智、忽视身体方面的发展，而且为了防止身体感官和身体运动的干扰和阻碍，在过程中也排斥了身体及其感知经验的参与，于是身体便被搁置和"静止"了起来。

---

① 〔法〕笛卡尔. 第一哲学沉思集: 反驳和答辩［M］. 庞景仁，译. 北京: 商务印书馆，1986: 82.

② Gärtner C. Cognition, knowing and learning in the flesh: Six views on embodied knowing in organization studies[J]. Scandinavian Journal of Management, 2013, 29(4): 338–352.

　　杜威声称，这种身心二元论在教育上的后果罄竹难书，把儿童的身体及其活动看成是调皮淘气和"纪律问题"的根源，它使人分心，是专心功课的一种干扰，因此需要花很多时间去抑制儿童的身体活动，让儿童的心思放在教材和知识上。[①]他批判理智传统长期把理性作为生活的目的，而把那些所谓低级要素作为服从理性支配的工具和手段，认为这种观念在教育中明显存在着两种相对应的教育："一种是卑下的或机械的教育，一种是自由的或理智的教育。"[②]这种自由和理智教育的目的在于获得知识，训练智力，而且这些知识与实际事务和生产制造的关系越少，就越能够发展智力，把心智看作是独立于其他而存在的实体，身体活动充其量只是心智外部的附属品。而事实上，身心不仅是一个不可分割的有机整体，而且身体及其感觉运动是身心各方面发展的基础，包括认知、学习、创造、表达与沟通等所有在世活动都离不开身体和心智、感性与理性、意志和情感等整全身心的参与。

三、身体及其感知运动作为儿童存在与发展的基本样态

　　解决这种身心割裂、抑身扬心教育及其带来的儿童发展的各种问题，需摆脱其根深蒂固的身心二元及其认识论根源。而近现代以来的诸多哲学流派，无论是起始于叔本华和尼采的身体哲学、海德格尔与梅洛-庞蒂所发展的现象学，还是杜威的经验自然主义哲学、后现代哲学以及多学科汇聚的具身认知思潮等，他们反对的传统哲学观背后都隐含着一种二元论的逻辑旨趣，而且也从存在论和认识论等方面对儿童生存和发展的认识有了长足的进步。他们在强调身体突出地位的同时，也往往试图阐明身心、主客二者的关系与联系，认为人的认识和儿童各方面的发展离不开身体及其感知体验的参与，身心是相互融合的、不可分割的系统整体。

---

①〔美〕杜威.民主主义与教育〔M〕.王承绪，译.北京：人民教育出版社，1990：155.
②〔美〕杜威.民主主义与教育〔M〕.王承绪，译.北京：人民教育出版社，1990：271.

（一）身体作为儿童存在的第一性

儿童并非单纯表现为理性或精神性的存在，而是作为含混的身体存在的。含混的身体预示着儿童的身体并非纯粹物质性的肉身，而是精神性尚未清晰发展、心智尚未脱胎肉身的原初混沌状态，是原初的一元性存在。然而随着认知和心智的逐渐发展，身体及其感知觉对儿童的生存和发展来说仍具有存在论的第一性，心智仍然寓于身体之中，身体一直是精神和物质的糅合、感性与理性的合金，是感觉、知觉和意识的综合，是情绪、情感和意志、理智等的统一体。

身体作为含混的一元性存在，其基础性和优先性地位得以确立起始于梅洛-庞蒂，虽然身体在哲学的觉醒始于叔本华的"哲学的肉身化"和尼采的"上帝死了"。叔本华强调身体感官是主体认识的出发点，"而身体的感受就是悟性在直观这个世界时的出发点，认识是以身体为媒介而获得的"①。而尼采更激进地提出"我完完全全是身体，此外无有，灵魂只不过是身体上某物的称呼"②，因此，"我有身体，故我在"。但此时的哲学仍然是身心二分的，相反的是身体的地位被置于心智之上了。直到梅洛-庞蒂的身体现象学，身心合一的哲学目标才最终得以实现。梅氏在胡塞尔现象学的基础上，用身体意向性取代意识意向性，用身体间性取代意识间性，用知觉世界取代生活世界。"身体对心灵而言是其诞生的空间，是所有其他现存空间的母体（matrices）。"③在梅洛-庞蒂的现象学中，身体不仅是认知的基础，更是作为在世之存在，即把身体提高到了存在论的高度。对梅洛-庞蒂来说，心灵的诞生和寓居空间是身体，而身体的寓居空间是世界，"身体及其运动体验向我们提供了进入世界和进入物体的方式"④。

---

① 〔德〕叔本华. 作为意志和表象的世界［M］. 石冲白，译. 北京：商务印书馆，1982：150.
② 〔德〕尼采. 查拉图斯特拉如是说［M］. 钱春绮，译. 北京：生活·读书·新知三联书店，2007：31.
③ 〔法〕梅洛-庞蒂. 眼与心［M］. 杨大春，译. 北京：商务印书馆，2007：63.
④ 〔法〕梅洛-庞蒂. 知觉现象学［M］. 姜志辉，译. 北京：商务印书馆，2001：186.

身体是与物质世界的第一个接触点，亦是来自世界的精神内容的发展。身体是精神世界与物质世界的纽带，是行动的中心，并且也通过身体的行动而加强了这种身体与世界的联结。通过把心灵融入身体瓦解了身心二元论，通过把世界作为身体的作用场甚至是身体的延伸，实现了主体与客体、心与物、内部与外部的联结与统一。

所以，梅洛-庞蒂所谓的身体是具身意义上的身体，在这里，"身体既不是单纯的生理性的物质存在，也不是纯粹的自我意识，而是作为一个整体成为知觉和存在的主体，是此在通向世界的桥梁"①。他的肉身概念也是包含意识的含混性的、一元性的原始基质。这种"肉身"是作为在我的身体内部、我的身体与他人身体、个体与社会、自然与文化之间的某种原始根基，并非被物质和客体化的身体，"这种身体可以把自己融入自然、社会和他人之中，却又不被客体化"②。肉身并非完全除去意识的物质，而是带着原本的身体意识，是蕴含着原初的"心"而存在的。因为梅洛-庞蒂实实在在指出了意识联结的物质性身体基础，"意识投射在一个物质世界中，并且有一个身体，就像意识投射在文化世界，并且有一个习惯一样；意识是通过身体以物体方式的存在"③，"我的身体与世界、意识与世界是一个复杂的织体，相互缠结、紧密缠绕在一起"④，打破了二元论，实现了灵肉混合的身体与世界的联结。而且他的身体对知觉世界的知觉以及我与世界的共同的基质——含混的肉身，既联结了身体与世界，又联结了物质与意识。知觉、体验和身体是一体的，观念的合成来自身体，身体也会在意识形成的时候退出客观世界，把有感知觉能力的主体和世界意向性地

① 李重. 身体之境：现代性视野中的身体理论研究 [A] //张再林，等. 身体、两性、家庭及其符号 [M]. 西安：西安交通大学出版社，2010：136.

② 杨大春. 从生存到存在——梅洛-庞蒂在胡塞尔引导下的现象学之旅 [J]. 湖南社会科学，2005（5）：1-5.

③〔法〕梅洛-庞蒂. 知觉现象学 [M]. 姜志辉，译. 北京：商务印书馆，2001：183-184.

④〔爱尔兰〕德尔默·莫兰. 现象学：一部历史的和批评的导论 [M]. 李幼蒸，译. 北京：中国人民大学出版社，2017：441-442.

联结了起来。①在梅洛-庞蒂这里，体验与知觉指向观念和意义，但它的基础却是身体与世界。身体是人介入世界并与其建立种种联系的基础。身体不仅联结了自我和世界，还联结了自我和他者。"身体不仅是理解自我存在的重要因素，也是理解他人存在不可或缺的前提，或者说身体是沟通自我与他者最为重要的世间桥梁，它为自我通达他人提供了具体而实在的方式。"②我通过与他人之间的身体联结、身体时空场域的联结而获得彼此的理解和意义的相通，"我通过我的身体理解他人，理解他人的动作以及在动作中展开的意义"③。主体与他人的联结便构成了基本的社会。在具身哲学中，人即身体，身体即在世活动的主体和能动创造的人。通过身体这一介质而达到与他人和世界的联结，这种身体间的交织与联结是人之在世存在与活动的基础。

而这种身体对于包含心智在内的所有在世活动的基础性，以及心智与身体、精神与物质的原初性联结在儿童那里表现得尤为突出。甚至可以说，儿童的原初存在状态就是身体性的。作为心智追求的目的——理性，它是儿童从身体感性逐渐发展而来的属性，它是一个连续增长的过程，始终离不开身体感性作为其发展的基础。而且在儿童阶段，儿童的整体存在及其行为还不足以体现出像成人那样的更多的是理性支配的状态，而更多的是身体本能和感性的原初自然状态。这种原初自然状态首先表明儿童是以身体实体存在于世的，这是存在的第一性，也是存在的事实；其次，更重要的是它表明了身体对于儿童行为活动的基础性，它是儿童情感、认知和心智发生与发展的根源。这种身体性的存在状态，一方面表现为儿童往往通过身体去感知和把握世界，通过身体和身体在空间场域中的移动来与世界打交道，在被周遭改变的身体行动和主动改变周遭的身体行动

---

① 〔法〕梅洛-庞蒂.知觉现象学［M］.姜志辉，译.北京：商务印书馆，2001：105.

② 罗志达.具身性与交互主体性［J］.中山大学学报（社会科学版），2017（3）：143-150.

③ 〔法〕梅洛-庞蒂.知觉现象学［M］.姜志辉，译.北京：商务印书馆，2001：242.

中达成了他的在世存在，实现了与世界的共在；另一方面表现为儿童总是用身体来表达自己的行为和情感，用身体作为他与世界和他人沟通的媒介，这是从"世界对于我"到"我对于世界"的双向互动过程，在这里，身体、思维与环境通过身体的在世行为活动而交织为一体，并相互影响和塑造着彼此。

所以，身体作为儿童存在的基本样态，不仅仅体现在大部分儿童可见的在世身体行为和活动，而且还体现在不可见的儿童思维也往往是更加原始的身体性思维。不像成人能够善于脱离事物的长久冥思，儿童的思考往往是直接付诸身体行动的。如加德纳所言，儿童不存在思维引领动作或通过动作形成思维等问题，他们的思维与动作是融为一体的，听故事和音乐的儿童是用他们的身体在听的。①也就是说，在儿童思维未发展到能够脱离身体和现实具体事物而持续进行离线工作的时候，其思维的途径和手段往往是通过身体感知、身体或肢体移动以及对周围事物的移动与改变来实现的，而儿童思维也往往直接表现为这些身体行为，其内隐的程度相对于成人而言是比较低的。这也表明了对于成人而言，其思维和认知也是身体性的，只是其内隐性的程度和与身体经验的距离不同罢了。如同吴光明提出的"身体思维"概念，我们不仅通过身体这一工具进行思考（bodily thinking），而且身体本身也进行思维活动（body thinking）。②明显突出了身体在思维和心智过程中的基础性和构成性作用。我们之所以能够思考这个世界，是因为我们已经体验过这个世界；正是通过这个经验，我们才有了存在的概念，正是通过这个经验，"理性"和"真实"两个词同时获得了一种感觉。③我们的身体体验和身体经验使我们的精神性存在成为可能，

208

---

① [美]霍华德·加德纳.艺术与人的发展 [M].北京：光明日报出版社，1988：119.

② 张再林.吴光明"中国身体思想"论说 [J].哲学动态，2010（3）：43-49.

③ Ted Toadvine, Leonard Lawlor. *The Merleau-Ponty Reader*. Evanston，illinois: Northwestern University Press, 2007: 93.

使个体成为身心融合的存在者。身心作为一个不可分割的融合体，思维在这个意义上是一种身体思维，意识亦是以身体感知觉为基础的身体意识，身体是融合意识的存在统一体。

儿童的身体行为和活动具有明显的身体性存在论基，包括那些不可见的思维也往往伴随身体行为，是因为儿童的思考并非"逻辑先行"，而往往是"身体先行"，身体感知和行动的过程便是思考的过程。如梅洛-庞蒂所言，"一个孩子思考之前只知觉，他将自己的想象放入事物之中，将思想放入他人之中，和事物、他人一起构成尚未分清各自视角的共同生活整体，哲学不能简单地以内在分析的要求的名义忽视这些起源的事实"①。这也进一步说明了不可见的思想世界和科学世界是在那个可见的、可感的身体世界基础上建立起来的，可感知的身体世界作为心智世界的源头和发展源泉不仅更为丰富，也更为古老、更为基础。

生命之初，儿童便被抛入了这个世界并一直寓居于其中，他无法摆脱这个世界，但是他仍然可以用知觉的方式去面对世界的原初。"被知觉的世界不是科学意义上的综合，儿童与它的关系也不是思想者与思想对象的关系"②，而是儿童所寓身其中的原初世界。在儿童开始语言生活、概念化和理性认识之前，他就已经通过打开所有感知进入这个原初世界了，已经用他的身体来组织生活经验了。"世界不是我们想出来的，而是活出来的。我们作为具身意识存在于世界之中，以具身的方式向事物开放。"③梅洛-庞蒂认为，理性生活的发展建立在被感知到的现实的基础上，对自己"在场"便是与个人的原始知觉保持联系。④"被知觉的世界是所有理性、所有价值及所有存在总要预先设定的前提。如此理解与构思的方式并非对理

①〔法〕梅洛-庞蒂.可见的与不可见的［M］.罗国祥，译.北京：商务印书馆，2008：22.

②〔法〕梅洛-庞蒂.知觉的首要地位及其哲学结论［M］.王东亮，译.北京：生活·读书·新知三联书店，2002：3.

③〔美〕玛可辛·格林.学习的风景［M］.史林，译.北京：北京师范大学出版社，2016：289.

④〔美〕玛可辛·格林.学习的风景［M］.史林，译.北京：北京师范大学出版社，2016：2.

性与绝对的破坏，而是使它们降至地面的尝试。"①因此，知觉对于其他具有首要地位。理性根植于前反思、前理性的原初知觉景观中，也即是说，在我们反思之前的前反思便是知觉，是理性发动的基础。不仅如此，"观看先于语言""阅读世界优先于阅读文字"，思考的基础同样是直接感知。②这些在儿童的身上则更为突出，作为心智发展尚未成熟的儿童，其反思的程度往往更接近于身体知觉，身体知觉对于成人和儿童而言，都是不可缺少的。③也就是说，将思维和思想也纳入儿童的身体性存在的是"知觉"，而知觉产生的基础是身体在空间中的移动和变化，是身体感觉。知觉是意识的原初形态，但知觉不是智力行为，知觉的基础是感觉，但如果仅仅把知觉看成简单的感觉，它就只是私人的，不能通向他者。④因此，知觉产生于身体感觉和身体在空间场域中的运动，但又指向意识和心智，身体及其感知运动成为儿童的存在基础。也正是儿童的身体及其感知运动联结了身体、心智和周遭事物，联结了自我和他者（包括自己的身体和他人之身，自己的思想和他人的思想），使儿童成为真正的身体性在世存在者。

（二）身体及其感知体验是儿童把握和认识世界的基本方式

儿童是通过身体和身体感知体验来把握和认识世界的，儿童最初的认识与他的身体和动作是分不开的。当婴儿呱呱坠地，他们的身体与世界是浑然一体的，在自我中心阶段的幼儿同样没有主客之分，不能分清自我、他人与世界，这时，他们的心智具有天然的具身性。幼儿没有显示出任何自我意识，也不能在内部给予的东西和外部给予的东西之间作出固定不变

---

① 〔法〕梅洛-庞蒂. 知觉的首要地位及其哲学结论［M］. 王东亮，译. 北京：生活·读书·新知三联书店，2002：5.

② 〔美〕玛可辛·格林. 释放想象：教育、艺术与社会变革［M］. 郭芳，译. 北京：北京师范大学出版社，2017：92，140，258.

③ Merleau-Ponty, Maurice. *Child Psychology and Pedagogy: The Sorbonne Lectures, 1949—1952*. Evanston: Northwestern University Press, 2010: 148.

④ Ted Toadvine, Leonard Lawlor. *The Merleau-Ponty Reader*. Evanston, illinois: Northwestern University Press, 2007: 89—93.

的划分；这种"非二分主义"一直持续到儿童有可能在与建构非我概念又对应又对立的情况下建构自我概念的时候。①而即便稍长大一点，他们仍然更多的是通过身体的感知觉及其运动体验来认识自己和世界的。儿童首先是作为身体降落在这个世界，并通过身体而寓居于世，所以，身体也便成为个体存在与呈现的状态，一切的关系和意义也都是通过身体而建构起来的。而作为身体性存在的儿童，他的认知、情感、语言和思维等总是与身体的感知觉纠缠在一起。所以儿童的身体包含着原初的身体意识，是身体、知觉和意识的统一体。儿童最初的认识是格式塔式的，是身心交融的整体知觉体验。与成人那种更多的以二元分离的方式对待世界不同，儿童以一种整体身体知觉的方式把握世界，并通过身体对事物和空间的整体感知来体验着各种概念和关系。从起初的朴素宇宙观来看，灵魂、身体和自然是一个天然的有机体，这与具身认知所强调的身体和世界共同组成的认知生态系统具有内在的一致性，这时候，个体的认识普遍地从身体与周遭事物的整体关系出发，而不是从单一的心灵出发去解释外在于我的世界。所以，儿童并没有像成人那样通过心灵的知识，通过预先给定的知识体系去理解世界，也没有首先自我意识去反思自己的身体，而是通过含混性的身体整体直接与对象相遇的，是通过最朴素的、原初的身体与周遭世界和事物直接接触和联结。通过身体与世界的实在关涉与交互，儿童建构了自身的生活世界和意义世界。

这种整体性身体知觉作为认识基础的表现就是儿童的认知无法与他的身体和动作分离，而且也无法与他所处的环境和寓居的世界分离。这种无法分割的整体性体现在：儿童的存在活动和认识的产生与发展不是从身体或心灵的方面单独进行，而是从身体和大脑作为一个有机系统整体性地介入环境，并在与环境的交互作用中发生的。这时，身体和心灵成为一个有

---

① 〔瑞士〕让·皮亚杰.发生认识论原理［M］.王宪钿，译.北京：商务印书馆，1981：24.

机整体，自我和世界也成为一个整体。"儿童体验到身体和世界二者是一个根本的统一体，而且每一种感觉都和儿童的行动结合在一起。"①

在这里，最重要的是儿童的身体动作。儿童的身体动作使儿童的身体感知觉得以接触世界，是身体动作和身体在空间中的移动使儿童获得不断变化的知觉场，从而生成不断的感知体验和经验。皮亚杰就反复强调动作的中心性，"我认为人类的知识在本质上是动作的"，"在我看来，认识一个客体并不意味着复制它，而是意味着对它施加动作"，"没有什么是认识的，除非主体以某种方式对周围世界施加动作"。②一方面，儿童的心智和思维往往通过并表达于身体动作，"心智和思维始终是具身的，是基于身体和涉及身体的，尤其儿童的心智和认知始终与他的身体结构和身体活动图式内在关联"③。随着儿童的生长，他所拥有的图式越来越多，但其最基础的图式仍然是身体图式，所有的图式都有着动作图式和活动图式的根源。因此，心智和认知必然以在具体环境中的身体结构和身体活动为基础。而且儿童不仅在表达自身情感和思想的时候往往付诸身体动作，他在表达对外物的看法或状态时，也往往不自主地用到身体隐喻的词汇，如"小草被踩疼了"等具身性体现在儿童生活的方方面面。另一方面，认知发展来源于动作的内化。皮亚杰认为身体动作和行为活动既是感知的源泉，又是思维发展的基础。"语言根本上是一种行为活动，我们日常思维中的逻辑根源于我们的行为活动。"④儿童发展是身体探索和运动的结果，是从感知运动阶段对物体的接触和操作开始，并逐步以动作和身体图式开始发展到抽象运算等高级阶段的。感知运动阶段在儿童的发展中具有第一性的作用，没有儿童最初的身体感知觉活动和体验，儿童后来的抽象思维、

① Brock Bahler. Merleau-Ponty on Children and Childhood. Childhood & Philosophy, 2015(22): 203-221.

②〔瑞士〕让·皮亚杰. 儿童的心理发展 [M]. 傅统先, 译. 济南：山东教育出版社, 1982: 28.

③ 李恒威, 盛晓明. 认知的具身化 [J]. 科学学研究, 2006（2）: 184-190.

④〔瑞士〕让·皮亚杰. 发生认识论原理 [M]. 王宪钿, 译. 北京：商务印书馆, 1981: 8.

语言和概念等就不可能形成。

因此，即便发展到高级认知阶段，其认知发展和概念形成的基础仍然是身体及其感知运动体验。从感知运动到抽象思维的发展，儿童的认知从低级到高级的发展过程是连续的，这消解了身心二元论，也消解了儿童与成人截然二分的偏见，凸显了儿童与成人之间的连续性、儿童发展的连续性。儿童从感性存在逐渐发展为成人更多的理性生存状态，不但不能抛弃这种婴幼儿时期的含混的身体反射和感知运动，而且还需要以此作为理性发展的基础，这种意识与动作糅合在一起的身体行为在儿童认知发展和理性成熟的过程之中起到了重要的作用。部分高级思维活动看似只是大脑内部神经元的活动，但它其实是现实具身活动的内化。皮亚杰指出，"逻辑与数学概念在儿童身上首先是作为外部活动而显示出来的，只是在较晚的阶段才被内化了，并具有了概念的性质。它们可以用缩微的内化活动来表达，其中事物被符号所替代，而活动则被这些符号的运算所替代"[1]。儿童抽象思维或逻辑思维的发展，是符号逐渐替代身体动作的过程，抽象的高级认识活动是奠基于身体感知及其运动等这些初级的外部活动基础之上的，而且它始终具有第一性，是高级思维和认知发展的源泉，没有在世的身体动作和活动，时间久了，思维和认知便会枯萎。

儿童抽象概念的形成和理解同样如此。儿童抽象思维以及客体永久性、守恒、数量、因果性、时间、空间、速度、偶然性等概念都是建基于具有感知觉运动能力的身体与事物之间建立联系的基础上，儿童的发展就是与世界逐渐建立起联系的过程，包括所谓内部心理过程和结构的发展变化也是外部活动内化的结果。在抽象概念的理解中同样包含着对身体感觉运动信息的激活，认知无法隔断它与身体之间的关联。目前，很多研究发现儿童概念系统与感觉运动系统是同步发展的，儿童许多抽象概念的获得

---

① 〔瑞士〕让·皮亚杰.发生认识论原理［M］.王宪钿，译.北京：商务印书馆，1981：2-3.

建立在从具体经验中获得的图式之上，抽象概念的发展某种程度上依赖于感觉运动经验，如对空间关系和具体物体的感知在儿童数学思维的发展中起着重要作用。[①]这也一定程度上支持了皮亚杰的观点。因此，抽象概念和高级思维能力发展的基础均是感觉运动能力，抽象概念的形成及其理解离不开身体及其感知运动经验。与此同时，维果茨基的历史文化发展理论亦能作为很好的补充，不同的是皮亚杰相对于维果茨基来说，较少谈及历史背景和社会文化情境对个体发展的影响。但他们都认为人的高级心理机能是在人的活动中形成和发展起来的，基于人的身体活动以及与环境的相互作用。维果茨基认为，思维和语言最初是沿着两条不同的路线发展的，随着抽象和语言能力的发展，二者兼容在一起，难舍难分。例如，儿童骑假马（杆子）这个身体动作创造了儿童的感受领域，这个物体（杆子）和身体骑的动作这些实在的东西是儿童初级想象的替代，想象的情境通过实际类似的现实情境来替代，在通过多次想象情境模拟中语言的使用之后，语言便被赋予了这样的现实意义，于是语言的抽象情境便被发展，最终能够脱离模拟的现实环境而独立想象。这是语言和想象逐渐脱离现实和身体的发展过程，但它首先需要假借身体和现实环境逐步发展到想象的环境，这种发展是一个连续的过程，其基础无法脱离身体以及身体在现实环境中的感知体验。

这也进一步说明了，即便对于拥有高级思维和认知能力的成人，其身体感知运动体验仍然是基础性的。也就是说，身体知觉对于成人和儿童而言，都是不可缺少的。[②]梅洛-庞蒂认为行为的主体即知觉的主体，知觉的主体是身体而非意识，知觉是通过身体中介才通达了事物。[③]而知觉是

---

① 张恩涛，等.抽象概念表征的具身认知观［J］.心理科学进展，2013（3）：429–436.

② Merleau-Ponty, Maurice. *Child Psychology and Pedagogy: The Sorbonne Lectures, 1949—1952*. Evanston: Northwestern University Press, 2010: 148.

③〔法〕梅洛-庞蒂.行为的结构［M］.杨大春，张尧均，译.北京：商务印书馆，2005：278.

在感觉的基础上产生的，知觉是我们通过刺激感觉器官而产生的体验。①
知觉是通过多种感觉器官的在世体验以及与身体运动系统和神经系统相互
作用的结果。即，认知基于知觉，而知觉源自身体感觉运动体验。也就是
说，认知依赖于我们各种各样的身体体验，而这些体验源于具有特定知觉
和运动能力的身体，知觉离不开身体各个器官的感觉和运动能力，由此才
能产生感觉运动经验，进而生成知觉经验，并且它们一起形成了情绪、记
忆、推理、语言以及心智等所有其他方面所编织的一个有机生命体。②我
们对世界、他人和自己的了解，都是由我们的身体塑造的，不同的身体构
造及其活动方式造就了不同的身体经验和理解。

（三）身体及其运动是儿童大脑和心智发展的基础

人类进化至今，大脑的进化发展是与身体的需求及其运动紧密相连
的。人类身体需要面对随时变化和不确定的环境，尤其是身体在现实世界
中的运动使身体遭遇到环境的不断变化，给视觉、听觉、触觉和嗅觉等身
体与环境交互的系统产生了极大的工作负荷，因此便需要一个能够协调处
理这些复杂信息而能够让身体做出应对的辅助系统，这极大地促进了大脑
的进化。这也从一方面证明了身体并非大脑的附庸，反而大脑是身体的附
属，是为了更好满足身体的需求进化而来。人的大脑和肢体等各方面身体
属性最初都是在这种与自然的联结和互动中而获得进化与发展的。最初
的人类为了满足生理需求而进行的采摘、捕猎以及原始衣物和房舍的建
造等，为了应对自然环境的变化而做出自身行为和活动的改变以及工具
的使用和创造等，都是这种原初形式的与周围物质环境关系的改造，这
些人类的主动或被动的行为在满足了人的本能需求的同时，也改变了我
们身体与事物的联系、作用的过程和方式，使之为后人需求的满足和发

---

① 〔美〕戈尔茨坦.认知心理学：心智、研究与你的生活［M］.张明，等，译.北京：中国轻工业出版社，
2015：59.

② 〔美〕夏皮罗.具身认知［M］.李恒威，董达，译.北京：华夏出版社，2014：61.

展提供了便利。这些与世界的联结和相互作用不仅使人类生存延续了下来，还发展了人类的智力和身体能力等。

人的大脑和智慧的发展最初源自身体本能的需求，以及由此引发的身体在世界中的运动和对世界的改变。而人的创造就发生在对世界的各种改变（如对身体所在空间及其位置的改变、改变自然环境制造工具等）的过程中。所以，在世之身体构成了人的学习、创造与发展的存在论基础。学习与创造的基础是人在自然世界中的生存，以及身体在世界中的运动，而由此引发的种种人对自然世界的改变和创造活动，又反过来带动了人自身生存与身心各方面的发展。人在与世界打交道的过程中，比如在应对环境和满足自身需求而使用和制造工具的过程中，发展了快慢、多少、轻重等材料与材料、材料与目的与主体等之间的关系、结构和特征，发展了守恒性、连续性和对称、平衡等秩序，这些种种形式和人们对它的感受，一方面维系了人的生存、生活和生命（即人类自身），一方面又使人与世界共生共存，使人的理性、情感和生命力量与自然和社会世界的运行融为一体，这便是协同存在、天人合一。①

对于个体同样如此，身体在世界中的运动源自人之生存的与世打交道，打交道靠的是身体的感知运动能力，是运动使身体与世界联结、相互作用，并产生经验。"运动和视觉是我们和物体建立联系的特殊方式，运动把身体的一切移向并指向物体"②，知觉和意识才得以发生和变化，"灵魂和身体的结合也每时每刻在存在的运动中实现"③。个体一直主动或被动地处于与世打交道的过程中，这一过程使身体与世界一直处于动态性的联结和交互中，这也体现了个体一直处于"生"的状态，在应对着世界的变化，在从事着在世之活动。同时也表明了生长和发展的基础是身心和世界

---

① 李泽厚.李泽厚对话集：中国哲学登场［M］.北京：中华书局，2014：199.

② ［法］梅洛-庞蒂.知觉现象学［M］.姜志辉，译.北京：商务印书馆，2001：183-185.

③ ［法］梅洛-庞蒂.知觉现象学［M］.姜志辉，译.北京：商务印书馆，2001：125.

之间一直处于动态的互动和相互作用之中，预示着认知和经验发展的过程性和生成性。

  儿童的生长发展与人类的进化具有某种程度的一致性，儿童的身体能力和心理既遗传了人类当前水平的可塑性，其发展过程又不同程度地符合原始人类进化发展的一种自然重演。而从个体的生长层面来讲，同样是个体在适应和应对环境的各种运动和动作中不断发展了认知结构。个体认知是根植于自然中的有机体适应自然环境而发展起来的一种能力，它经历了一个连续的复杂进化发展过程，最初是在具有神经系统（脑）的身体和环境相互作用的动力过程中生成的，并发展为高级的、基于语义符号的认知能力。[①]正如皮亚杰所论的感知运动构成了认知和智力发展的基础。动作发展是认知发展的外在表现，动作使儿童的认知结构不断复杂化和高级化。有研究发现，爬行等运动经验对婴幼儿迂回行为和客体永久性认知的发展具有明显的促进作用。[②]运动促进认知也表现在信息获得、经验积累、图式和隐喻性概念的形成等方面。儿童的感知运动和动作不仅是他们获得信息的工具，使他们能够通过不断变化的视、听、触、闻等感觉中感知世界，"是运动给幼儿的身体与其所处环境提供了一个深度接触、互动与相互作用的载体。运动有助于为幼儿提供丰富的、情境化和动觉的实时刺激"[③]。身体及其感知运动让儿童认识对象并丰富了认知经验，而且还在这一长期的动作和行为的过程中，发展了身体图式，促进了意义符号和抽象概念等高级智能的发展。因此，从个体生长和人类进化的时间点和时间段上看，运动系统、感觉系统、神经系统是相互影响和内在关联的，而且运动系统具有基础性的地位。

217

---

① 李恒威，盛晓明. 认知的具身化 [J]. 科学研究，2006（2）：184-190.

② 费多益. 寓身认知心理学 [M]. 上海：上海教育出版社，2010：83.

③ Smith L B, Gasser M. The development of embodied cognition: Six lessons from babies. Artificial Life, 2005(11): 13-30.

当人类身体不再需要运动的时候，大脑也会逐渐停滞发展或随之退化。如神经生理学家鲁道夫·利纳斯（Rodolfo Llinas）所言："只有移动的生物才需要大脑"，就像海鞘刚出生时有一条简单的脊髓和300个神经元组成的"脑"，但当它安全附着一块珊瑚之后，就会吃掉自己的脑。[①]因此，运动促进了大脑进化与发展，大脑需要身体运动，当身体不再运动时，大脑就会成为能量负担，也便会随之萎缩。

从个体层面来讲，身体不仅为大脑的发展提供生理基础的营养与环境，同时也参与神经生成和认知的过程。越来越多的实验证明运动不仅能够给大脑提供充足的氧气、蛋白质和生长因子，它还能够增加血清素、多巴胺和去甲肾上腺素的水平，而这些都是思维和情感的重要神经递质，运动可以促进神经树突长出许多侧枝，促进大脑中新神经细胞和纤维的生成。[②]不同程度的身体运动对儿童大脑发展具有不同的作用，从简单的有氧身体运动到融合心智的复杂运动和活动，它们都会对大脑的发展产生有益的影响。但是简单的身体运动只能增加神经递质、建立新的血管向大脑输送生长因子，它的确能够促进大脑中新神经细胞和纤维的生成，而如果没有思维活动参与的话，这些细胞和纤维很难成为牢固的神经网络，随即便会退化。复杂的活动通过强化和拓展神经网络，让所有这些元素都投入使用，活动越复杂，突触的联系就越复杂。因此，融合心智的身体复杂运动和活动的必要性表明，大脑的生长和发育不仅仅是一个身体的生理性过程，也是一个心智参与的过程，儿童大脑的生长和心智的发展是相互影响的，身心是不可分割的统一体。

---

①〔美〕约翰·瑞迪，埃里克·哈格曼. 运动改造大脑［M］. 蒲溶，译. 杭州：浙江人民出版社，2013：32.

②〔美〕约翰·瑞迪，埃里克·哈格曼. 运动改造大脑［M］. 蒲溶，译. 杭州：浙江人民出版社，2013：VII-VIII.

四、儿童教育呼唤身体的回归

儿童教育中儿童身心发展本来就具整体性而非割裂为互相分离的部分。儿童的生活是一个整体，具有统一性和完整性，但是一到学校，多种多样的学科便把他的世界割裂和肢解了开来，事物在儿童的经验中不是分门别类地呈现的。①儿童把握世界的方式是整体性的、原初性的，如科学家产生知识之初一样，而非是经过多重加工过的、远离自然的这种抽象的、符号性知识样态的授受。儿童认识的发生并非从心智开始的，而是从身体与大脑这一有机的统一体开始，从有机体与环境的交互作用开始。而且这种以整体的身体和环境交互的认识发生作为一种底色，一直随着儿童认知的发展连续地保持到成人阶段，以身体及其感知运动和体验为基础的认知和发展一直在儿童的成长中占据基础地位。

与具身认知相符，感知运动在儿童发展中的地位早在卢梭、福禄贝尔、皮亚杰和蒙台梭利等教育家那里就有所强调，他们都注重儿童在环境中的身体运动教育。儿童的身体和心智只有在与他人和环境的亲身参与、游戏、运动、活动、协作、沟通及互动中才能获得充分的发展，儿童的自由也只有在实践的、不确定的身体运动中才能生长起来。解放儿童需要从解放儿童的身体开始。教育要解放并释放儿童的身体，让儿童"动"起来，让身体及其运动回归并畅游于儿童得以生存和发展的生活世界，用自己的身体去感知、体验、探索这个世界并建构自我。

儿童身体的回归与解放，具体到教育的实践中不仅仅是要重视儿童身体和身体能力，让体育课和健康课丰富起来，并成为儿童教育中的"重要课程"，还要把身体的基础性和身心的融合性原则贯穿到所有教育过程之中，释放儿童身体自由与自主。我们可以在宏观的课程规划上把育体和育

219

---

① 〔美〕杜威. 学校与社会·明日之学校〔M〕. 赵祥麟，任钟印，吴志宏，译. 北京：人民教育出版社，2004：112.

智相结合；在教育的整个过程中注重身体参与和实践，让儿童的身体参与到自身的探究与学习中去；在课堂教学实践中把课堂从教室延伸到自然和社会中去，给身体活动和运动提供存在场域，等等。

（一）育智和育体相结合

运动和体育会在社会和生活中占据越来越重要的地位，不仅因为逐渐减少的体力劳动和越发持久的静坐式作业以及日益变化的饮食习惯、生活节奏、环境气候等给人类健康带来了越来越多的问题和压力，而且随着科学技术和社会的发展，当人的身体和大脑逐渐从劳动中解放出来的时候，当创造成为人人分享和娱乐的时候，运动和体育将不仅是重要的娱乐和健身方式，它必然会成为人们日常生活的一部分，成为人们健康完满生活的重要构成。面对未来高度智能和变化的社会，对儿童各种能力的要求都会随之变化，然而身体和身体能力将一直会处于基础和核心的地位。在可见的21世纪，简单的记忆和计算等必然会被机器替代，教育越发需要关注人的非智力因素和创新创造等高级智能。体育的重要性不仅仅是解决日益增加的身体健康问题和日益增加各种心理健康问题，如抑郁、自闭症、焦虑症、社交恐惧症等；它还在团队协作能力、沟通交流技能、共情能力、分享和社会责任等21世纪核心素养方面发挥着重要的作用。因此，儿童教育中目前的首要任务是把健康问题和体育运动放在核心地位。

如上所述，儿童身体及运动更是认知和心智发展不可或缺的部分，是高级智能发展的基础。身体和心智的发展是不可分割的，体育和劳动教育同样能够促进儿童心智的发展，智育同样需要身体活动和运动的参与。而目前的教育中却忽视了它在生理学身体健康之外的认知与情感等层面的重要价值。导致育智（心）和育体（身）的割裂，体育仅仅是育体，肢体训练，常常是"去心化的"身的学科；而智育和德育却又忽视了身体的参与，沦为大脑精神和知识的灌输，常常是"去身化的"心的学科；而劳动教育也往往被割裂为纯粹的体力劳作和道德精神灌输身心分离的两个独立部分。因此，儿童身心的和谐发展还需要育体与育智的结合，首先需要实现体育和劳动教育的游戏化以及智育和德育的活动化。简单机械的体育训练和体力劳作是反人性的，不仅儿童对其缺乏兴趣，成人同样如此，而只有体育和劳动教育变得更有趣，更具有互动性、协作性和创造性，才能适应儿童的心理特征，也更能促进儿童多方面的发展。也就是说，体育和劳动教育需要融合心智的身体，而智育和德育需要融合身体运动的心智，实现双向互融。

例如，可以把体育课安排在上午的第一节（如"零点体育课"[①]），放在智育课程之前，在通过中等以上强度的有氧运动而获得大脑发展的充分准备后，进行复杂的智育活动，以此来促进大脑和认知的发展。因为，很多研究都表明，在有氧运动（而非高强度的无氧运动如肌肉训练等）之后，血液的回流会给大脑神经元的活动提供更丰富的氧气和能量，被试的认知灵活性、注意力和思维的敏锐性会大大提升。[②]如卓莱特（Drollette）等学者研究发现，运动有助于提高任务的准确性，对维持认知能力是有效的，同样也影响着儿童的学业成就。[③]运动对儿童认知能力存在有益影响，运动在发育过程中对大脑健康具有促进作用。而希尔曼（Hillman）等学者对221名7-9岁儿童进行的长达9个月的"身体运动干预对青春期前儿童的大脑和行为指标的影响"的研究，进一步证明了长期的有氧运动对认知能力的增强和大脑功能的改善具有显著作用。[④]但正如上所论，仅仅是简单、单一的身体运动，虽然能够为大脑提供氧气和生长因子，促进神经

221

---

① 零点体育课（Zero Hours PE）是一种通过运动提高学生意识状态，为一天学习做好准备的新型体育课，因被安排在第一节文化课之前而得名。它起始于美国内珀维尔203学区的教育实验项目，零点体育课不仅让这里的学生成了全美最健康、阳光的学生，而且还让他们变得更加聪明，各项学习能力和学业水平也稳居前列。

② 〔美〕约翰·瑞迪，埃里克·哈格曼. 运动改造大脑［M］. 蒲溶，译. 杭州：浙江人民出版社，2013：46.

③ Drollette E S, Shishido T, Pontifex M B, et al. Maintenance of cognitive control during and after walking in preadolescent children. Medicine & Science in Sports & Exercise, 2012, 44(10): 2017–2024.

④ Hillman C H, Pontifex M B, Castelli D M, et al. Effects of the FITKids Randomized Controlled Trial on Executive Control and Brain Function. Pediatrics, 2014, 134(4): e1063–e1071.

干细胞的生成，如果没有思维活动参与的话，这些神经干细胞和神经纤维很难成为牢固的神经网络，随即便会退化。因此，促进儿童新神经元和神经网络的形成需要简单运动、复杂活动和智力活动的共同参与，需要我们改变把体育课安排在下午或最后一节的习惯，让体育、劳动教育与智育、德育结合起来，并通过部分课程的活动化和游戏化，把它们融合起来。

（二）身体参与和体验

在通过课程的游戏化实现身体参与的时候，需要注意和警惕的是，这里的游戏并非流行的网络游戏，而是社会化的真实身体体验的现实游戏。因为对于儿童来说，在大运动、小运动、辨识、语言、情绪和社会等方面，电子产品只能帮助小运动和部分智力的发展，而对其他方面几乎没有贡献，且容易给儿童制造隐形的牢房，限制不断获得丰富体验的机会。具身化的学习游戏是能够获得充分、足够的身体参与的、社会化的真实活动。而课程的活动化不仅是具身认知理论的启示，更是儿童教育发展的必然趋势。身体运动是儿童参与世界的方式，而重要的是在这个相互作用中获得体验，获得经验的增长。儿童教育的主要目标本不应该是客观不变的死知识，而是生命本真的运动方式，是体现生活本身的在世之"繁忙"。成长对于儿童来说便是亲自动手的操作与尝试，身临其境的感受与体验。因此，课程的活动化其形式并非主要的，它同样可以通过问题解决、团体任务、项目式和表演等形式而进行，其主要目的是增加身体的参与和投入程度，让儿童全身心地沉浸在探究和创造的活动之中。

身体参与探究和学习的过程，并非仅仅是增加了多重的感知觉，使儿童的体验更加全面和立体地积累经验，而且儿童的认知和情感的产生和发展本就发生在整体的身体活动中。此时，儿童以身体为中介，协调外部感知和内部反思的相关内容，与周围环境频繁互动，获得对世界和自身的完整体验。^①这种原初体验的生长性表现在，儿童的认知能力和实践能力必须是发源于刚出生时期婴幼儿的那种顽强生命力的冲击下，通过身体行为完成对周围物体的主动的操控和能动性的探索。^②当某一感知处于缺席状态时，我们便会通过身体记忆去填补，如果自始至终都缺乏这种身体体验的记忆的话，即便是通过其他途径而进入了个体的经验或大脑记忆之中，那么由此而获得的对事物的整体印象和观念，也与正常情况下获得的完整印象和观念具有很大甚至是质的差异，而且这种差异有时候往往是默会的。因此，直接的身体体验始终是重要的，它是思想和心智的能量源和"补给站"。而且体验亦是一种具身参与的方式，是儿童与世界联结和打交道的最初本能，也是探索、理解及认识世界的基础能力，他们通过体验接近事物和他人，理解自然和社会，将心与物交互，生成自身的经验和能力。

杜威非常重视身体活动和体验在学习中的作用，强调做中学、手工劳作和探究等的重要性。"任何书本都不能代替个人的经验，任何地图都不能取代实际的旅行，物体下落的算术公式也不能代替抛掷石子或亲自把苹果从树上摇下来。"^③知识的获得不能只是简单地传递，现成性地给予，而是需要学生亲身体验、尝试与行动，强调个人化的知识是在实践和行动中生成的。而且"在做的过程中，他们的手足耳目和头脑等身体器官都成了心智发展的源泉"^④，这些主动作业和手工训练，不仅仅是身体技能和智力的训练，还是儿童判断力、创造力、兴趣、态度和勤奋、协作等素养和品质的全面发展。因此要摆脱过多静听式的知识授受，更多地让儿童身体参与，让儿童获得更多的亲身体验，如此才能形成属于自己的个人化知识与经验。儿童的生活世界是真实的、自然的、丰富和动态的，儿童生活在日

---

① Bengtsson J. Embodied Experience in Educational Practice and Research. Studies in Philosophy & Education, 2013, 32(1): 39-53.

② 张之沧，张卨. 身体认知论［M］. 北京：人民出版社，2014：11.

③ 吕达，等. 杜威教育文集（第1卷）［M］. 北京：人民教育出版社，2008：246.

④〔美〕杜威. 民主主义与教育［M］. 王承绪，译. 北京：人民教育出版社，1990：25.

常生活世界之中，并通过这种"寓世"的生活而不断地理解并认识着这周遭的世界、人和事，体验着"生活"，解释着生活世界的意义。同时，儿童也在他那自由的身体行为和行动中建构着自己的生活习惯和方式，建构着自己的生活经验，建构着自己的生活世界。

（三）课堂向窗外开放

"动"需要空间，探索需要更大范围地接触世界并与世界互动。因此，释放儿童的身体，首先需要摆脱传统教室的牢笼，越过那冰冷的高墙，走向窗外。封闭的教室限制并规训着儿童的身体及其自由，阻碍了儿童身心与世界的沟通。儿童本应该是接近自然的，他们不喜欢抽象的符号运算和概念记忆，他们需要的更多的是接近自然，是具体化的、自然化的、生活化的真实的课程，即便是抽象能力的发展也需要用接近儿童的具象化的方式进行。梅洛-庞蒂认为，认知必须向抽象观念背后的"存在"回归，向一般客体、可感知的开放世界的具体情境回归，就像我们生活的现场，我们身体所处的地方。①因此，儿童教育要打破传统紧闭、静态的课堂形态，为孩子打开一扇通往真实世界的窗。学习的环境不仅仅是教室，社区、家庭、车间、商场和大自然中，任何我们能够聚集在一起探索、互动或表达情感的地方都是课堂，都能让学习发生。在这里，教育不仅仅发生在学校，课堂不仅仅发生在教室，课堂的外延得以极大地扩展，儿童的感知觉世界也可以极大地得到丰富的刺激，儿童的兴趣和活力也会随之而得到释放。成长便发生在儿童与其所处真实世界的接触和互动之中。

这个世界的基础是人类诞生和得以生存的自然世界，也是人类得以延续和发展的原初生活世界，更是作为社会人而存在的现实日常生活世界，这个社会的、文化的世界。现象学和存在主义课程认为生活世界便是知识的源泉，"我更希望学生能够在生活中感知到这些景象。比如，水果摊上

---

① 〔美〕玛可辛·格林. 释放想想：教育、艺术与社会变革 [M]. 郭芳，译. 北京：北京师范大学出版社，2017：35.

224

多彩的色泽、深夜树枝划过夜空的痕迹、太阳下玩耍的孩子们的光影、街头演奏者的声音，甚至躺在公园长椅上人体的曲线，灾后建筑物的断壁残垣"①。他们都极力倡导课程要让儿童与丰富多样的生活世界联结。因此，教育不仅要回归自然与人类原初的生活世界，更要让儿童融入此时此刻的现实社会生活之中，去体验、去感知这个真实的社会和世界。在这里，课程不仅仅局限于课堂中的静听与阅读，爬山、游泳、参观、旅游、操场、田野、街头、博物馆等都是课程，这种自然的与社会的、理想的与现实的、他人的与自我的所有现实世界和生活中的人、事、物，凡是有助于儿童身心发展的，都可以成为儿童的课程与活动的对象。如此，也能够实现课程与儿童经验和社会经验的联结。

因此，强调身体活动和运动，释放儿童的身体，让儿童回归鲜活、动态、有生命活力的生活世界之中，不仅能挽救目前日益被摧毁的儿童的身体素质，更能促进儿童的心智和情感等方面的全面发展。"动"才是儿童应有的生活和存在方式，是儿童创造与生长的方式。生命的活力彰显在儿童这些"动"的状态上，身心的发展也孕育在这些"动"的活动和过程之中。儿童的生命和成长体现在那些能够彰显生命活力的身体运动中。也只有让儿童回归身体、回归自然、回归真实的生活世界，让儿童通过真实的身体运动、活动、体验、游戏去与自然、与文化、与社会、与他人和自己互动，让他们身临其境地用手触摸、用鼻嗅闻、用耳倾听、用眼观察、用脑思考、用语言和身体去表达与沟通，具身化地融入、沉浸在学习、生活和生存的现实环境与世界之中，才能真正促进儿童的发展，使儿童成为儿童，使儿童成长为他自己。因此，对儿童来说，学校在窗外，世界即课堂，生活即课程，运动即成长！

225

---

① Maxine · Greene. *Variations on a Blue Guitar: The Lincoln Center Institute lectures on aesthetic education*. New York: Teachers College Press. 2001: 20, 53.

第十章
儿童自传

现代语言哲学家认为：人是言说的存在，人活在言说中。儿童自传即儿童的自我言说，通过自我言说，儿童确立了自我的主体性存在。当前社科研究诸领域，除了儿童文学领域关注儿童自传的文学叙事意义，儿童史学领域以儿童自传为史料来厘清儿童生活的演化脉络，儿童心理学领域从精神分析的视角来发掘儿童自传潜藏着的儿童身份认同，还有一些教育学者对儿童自传展开研究以期揭示儿童生命成长和主体发展过程。其中，最富代表性的莫过于自传课程理论家的相关研究。本章即从自传课程理论的视角来探查儿童自传的课程论意义。

一、作为媒介：儿童课程经验的自传表达

（一）课程研究即儿童研究

"课程本质上是每一个人的自我经验。"[①]作为学校教育的主体，儿

注：本文所述"儿童"系指18岁以下的人士，即采用1989年11月20日第44届联合国大会第25号决议通过的《儿童权利公约》对"儿童"的概念界定。我国也是该公约的签署批准国家。具体言之，本文正文当中间或提及的中小学生亦属于"儿童"的范畴.

①张华.论课程领导［J］.教育发展研究，2014（2）：2.

童对课程的实际绝非等同于教育行政部门或学校规定设置的呈现在课程表中的课程名目，也非分门别类地记载各种学科知识的教科书，而是来源于儿童自我在课程学习过程中经由教师的指导所获得的全部经验。美国课程研究学者约翰·古德莱德（John I. Goodlad）确证了儿童课程经验的存在意义。他指出，儿童在学校中实际经验到的课程即"经验层次的课程"（experiential curriculum）较之于"观念层次的课程"（ideological curriculum）、"社会层次的课程"（societal curriculum）、"学校层次的课程"（institutional curriculum）、"教学层次的课程"（instructional curriculum）是最重要的层次课程，因为它是被儿童个体实际内化和个性化了的课程，真实地反映了儿童切身经历的课程学习实际影响。①基于此，对学校课程的深度研究，离不开对学校儿童的深度研究；在某种程度上，课程研究即儿童研究。

在课程学界，美国教育家约翰·杜威最早揭示了儿童与课程的内在紧密关联，并率先将经验与课程、将儿童研究与课程研究联系在一起。在杜威看来，经验是有机体与环境之间的相互作用，不仅包括经验的结果，还包括经验的过程。受杜威的思想启发，随后有越来越多的课程研究者如约翰·富兰克林·博比特（John Franklin Bobbitt）、拉尔夫·泰勒（RalphTyler）、德韦恩·休伯纳（Dwayne Heubner）、威廉·派纳（William F. Pinar）等人开始从经验的视角来界定乃至理解课程。迄今为止，在关于儿童课程经验的研究中，以加拿大教育学者丹尼斯·狄森（Dennis Thiessen）和美国教育学者埃里森·库克−萨瑟（Alison Cook-Sather）合作主编的《中小学生经验研究国际手册》（*International Handbook of Student Experience in Elementary and Secondary School*）一书中所述研究最为全面。狄森详细考察了儿童课程经验研究兴起以来的发展

---

① 张华. 课程与教学论［M］. 上海：上海教育出版社，2000：332−333.

史，指出儿童课程经验研究是发展中的研究领域，并阐述了儿童课程经验研究的内涵及目的。他认为，儿童课程经验研究批判性地考察了儿童的个体与集体世界，特别聚焦于他们是如何应对动态与多维的课堂与学校生活需求的。与之相关的有以下几个研究领域：儿童个体行为与群体互动，如儿童在科目学习、课堂教学、教学评价等活动中的表现；儿童在多种背景下的社会参与，如师生关系、生生关系、社会准则与规范、班级文化等；儿童的课堂及学校经验与其校外生活的交叉方式，如家校联系、参与社会团体及活动等；儿童的学校观感，如儿童的教学观及教师观、学习观、课堂决策话语等。[①]

在现有课程研究或儿童课程经验研究中，存在着两种研究取向：外部研究取向和内部研究取向。其中，当前流行的主要研究取向是外部研究取向，即侧重于研究儿童课程经验的显在外部行为表现，如研究儿童在课堂学习中的互动行为、话语交际、表情姿态、课堂作业、学习结果等，借此分析儿童的课堂学习实际成效。尽管依靠课堂观察、视频图像分析、数据统计、问卷调查等方法的外部研究固然能够揭示儿童的课程生活图景，但不得不承认的是，这些显在的外部行为表现可能并非儿童出自本心的结果，而是一种有意或无意为之的假象。例如，课堂观察或视频图像显示，某儿童在课堂提问环节频频举手跃跃欲试，实情则有可能只是故意迎合老师的期望，而并非真的想要积极参与互动以期表达自己的观点；与之类似，某儿童在课堂提问环节沉默不言，并非对问题不明所以，而有可能是单纯不想回答问题或对问题产生联想思考以至于无暇举手参与互动。又或，某儿童的课堂作业或学习结果显示其表现优秀，然而该儿童内心却对该学科十分无感。显然，这些假象并不能客观反映儿童的真实课堂学习生活情况，而对假象的研究则有可能导致研究结果失真。因此，外部研究

228

---

① Dennis Thiessen. *International Handbook of Student Experience in Elementary and Secondary School.* Dordrecht：Springer, 2007: 5.

并非深入洞察儿童课程经验的充分研究，还需要从儿童课程经验的内部着手，转入内部取向的儿童课程经验研究。

（二）儿童课程经验的自传解码

事实上，内部取向的儿童课程经验研究恰为课程研究的因有之义。它不同于外部取向研究侧重于研究外在的、可见的、宏观的、群体的、抽象的因素，而是聚焦于内在的、内隐的、微观的、个体的、具体的因素。然而，"课程领域一直强调'个人'，但往往流于口号，没有落实于实际生活，课程领域忘记了具体存在的个人，偏重公共的和可见的，如课程的设计、顺序、实施、评鉴和具体的内容，忽视了这些内容中的个人经验"[①]。有鉴于此，课程研究者需暂时悬置外在的一般性课程事务，"从内部着手"，探寻作为独特生命个体的儿童的内在具体课程经验，由此彰显儿童的主体性。如同派纳所言："除了注视着外部以外，还要注视我们自己的内部，并开始尽可能诚实和具体地描写我们内部的经验是什么……我们需要的是不断求助于话语背后的事实，求助于即时的经验，求助于把注意力永久地置于人的身体内部，以揭示人真正的情感、认知的状况，简单来说，也就是精神的状况……在通过集中注意于外部来理解教育本质的方法方面，我们已经走得足够远了。并不是公共世界——课程材料、教学技巧、政策指示——变得不再重要，而是说为了进一步理解它们在教育过程中的作用，我们必须把目光从它们身上转移开一段时间，开始漫长的、系统的对内部经验的搜寻。"[②]

在学校场域中，儿童个体与自身寓居其中的教育环境产生种种互动作用，从而获得丰富的课程经验。就内部经验来说，它由于自身的内隐性特征除了经验主体了然于心外，对他者而言仿佛是不可捉摸的黑箱。然后，

① 欧用生. 课程理论与实践［M］. 台北：学富文化事业有限公司，2006：35.
② 〔美〕威廉·派纳. 自传、政治与性别［M］. 陈雨亭，等，译. 北京：教育科学出版社，2007：8-9. 译文结合英文原文略做调整.

这并非意味着内部经验不可为他者所知，相反，通过某种适切的解码方式，内部经验也可展现真容。"经验表达可以通过多种方式，诸如仪式、神话、故事、表演、电影、歌声、论文或者自传。"①其中，自传无疑是从内部着手来表达经验的有效方式，这是由自传自身独特的内涵及特性确定的。"人特有的生活的主要特征是，不仅它的出现和消失、生和死构成了世界性事件，而且他一生当中也充满了各种事件，这些事件最终可以讲述为故事，或写成自传。"②自传既是人的生平经历和生活故事的载体，亦可称之为人的生命成长叙事。德国哲学家威廉·狄尔泰（Wilhelm Dilthey）就曾揭示了"自传"的生命意蕴，如他所言："自传是最高和最富有教益的形式，其中达成生命理解。"③在狄尔泰看来，自传是人对自身生命最完美的理解，"在自传中，自我能把握自身的生命历程，以致自我能意识到人的基础和他生活于其中的历史关系"④。通过自传，研究者不仅可以像普通读者那样直观了解传主的生命历程，还可以借助心理学、社会学、现象学等视角透镜洞察自传文本字里行间潜藏着个人内在心路，借此剖析人的自我乃至主体性的建构过程。可以说，自传是开展自我研究或主体性研究不可或缺的绝佳媒介。加拿大课程研究学者F. 迈克尔·康纳利（F. Michael Connelly）和D. 简·克兰迪宁（D. Jean Clandinin）曾指出："研究课程的最好方式莫过于研究我们自我。"⑤在此意义上，儿童课程经验的自传表达简言之儿童自传是从内部取向开展课程研究的绝佳媒介。

概而言之，儿童自传是指一切反映儿童本人生命经验的叙述材料，包括儿童创作的日记（学习日志）、作文、心得体会、诗歌、小说、信件、

---

① 〔美〕诺曼·K. 邓金. 解释性交往行动主义 [M]. 周勇，译. 重庆：重庆大学出版社，2004：14.

② 〔美〕汉娜·阿伦特. 人的境况 [M]. 王寅丽，译. 上海：上海世纪出版集团，2009：71.

③ 〔德〕狄尔泰. 历史理性批判手稿 [M]. 陈锋，译. 上海：上海译文出版社，2012：12.

④ 转引自洪汉鼎. 诠释学——它的历史和当代发展 [M]. 北京：人民出版社，2001：114

⑤ F. Michael Connelly, D. Jean Clandinin. Teachers as Curriculum Planners: Narratives of Experience[M]. New York: Teachers College Press, 1988: 31.

回忆录、口述纪录等叙述材料。①值得注意的是，不管叙述性质真伪，儿童本人的一切叙述都可谓是儿童自传。因为无论是儿童记述真实的生活经历，还是虚构想象的作品，都或明或暗地反映着儿童本人的内心感想，是儿童心声的外在呈现。通过借助语言学、社会学、精神分析心理学等研究视角及方法，可以对儿童创作的一切作品进行深入剖析，从而发掘出潜藏其中的儿童个体的生命体验。众所周知，每一个儿童都是独一无二的生命存在，都有着独特的人格特性与个性化的成长体验。当儿童在创作自传时，他们独特的生活经历及内在体验得以呈现，他们的生命个体性也随之反映在自传的叙述中。儿童自传不仅是儿童生活经历的自我叙事，还是儿童生命主体性的自我彰显与自我赋形。

在课程研究领域，有学者就采用自传的方式来解码儿童的课程经验。例如，美国课程研究学者玛丽莲·杜尔（Marilyn N. Doerr）将派纳的自传课程理念运用到自己执教的生态课程当中，整体设计了名为"环境自传"的项目活动。她有意识地引导学生回忆过往与生态环境有关的经历，鼓励他们讲述各自经历的生态环境故事，反思自己现在所处的环境境况，展望未来的环境愿景，进而要求学生在此基础上撰写个人的"环境自传"（Environmental Autobiography），以期推动学生从"我知道"到"我关心"，再到"我想为此采取行动"，促使学生体悟"与生态和谐共生"的哲学。杜尔非常赞同派纳的观点，坚信"自传研究是一些窗子，允许我们再次看到我们从前所爱的东西，以及在这样做的过程中，更清楚地看到我们现在所爱的人与物"②。又如，迈克尔·康纳利在自己的课程与教学行动研究中也曾采用自传作为媒介。"迈克尔以前的课是以经验作为起点开始

---

① 国内传记文学研究者杨正润先生在著作《众生自画像——中国现代自传与国民性研究》指出：自传包括两种形式，一种形式是正式自传及回忆录；另一种形式是私人文献，如书信、日记、笔记、游记、言行录、访谈录、简历、检查、申诉、报告、口述史等材料。

② 〔美〕威廉·派纳. 自传、政治与性别［M］.陈雨亭，等，译. 北京：教育科学出版社，2007：219.

的——学生的自传：联系到他们的研究、现场记录和回忆、叙事论文批评以及其他研究。课程内容强调传记、自传回忆、案例研究等多样的叙事文献，同样强调叙事探究文献重要的术语，包括回忆、事实和虚构、解释、故事、历史、情境、形象和隐喻等。"[①]

二、作为本源："课程即自传"的知识考古

在诸多关注和研究课程经验的课程理论当中，最富有创见的莫过于自传课程（Autobiographical Curriculum）理论。自传课程理论的核心建构者为美国当代课程理论家威廉·派纳，他率先倡导"将课程理解为自传文本（understanding curriculum as autobiographical text）"，而后进一步提出"课程即自传"的理论学说。回溯西方课程思想史，即可发现，派纳并非从无到有式地创造了自传课程理论，而是承上启下式地延续了被遮蔽了的"课程即自传"的理智传统。

（一）自传与课程的语义学同源

在学科门类林立的当下，作为教育术语的"课程"和作为文学术语的"自传"都有其特定的含义。"无论是明确地表述问题，还是检验假设，一个根本性的前提，就是需要清晰的概念。"[②]课程研究领域初始于西方，当重返西方"课程"和"自传"语词诞生的时代，在分析当时的历史背景和语境以探究它们的原初概念后，可以清晰地发现自从"课程"和"自传"在教育领域际遇，二者的语义就内在相通。

在西方，作为教育术语的"课程"的问世是加尔文主义与拉莫斯主义共同催生的结果。早在16世纪四五十年代，神学家约翰·加尔文（John

---

①〔加〕D. 简·克兰迪宁，F. 迈克尔·康纳利. 教师生活与工作的质性研究［M］. 张园，译. 北京：北京大学出版社，2008：46.

②〔德〕沃尔夫冈·布列钦卡. 教育科学的基本概念［M］. 胡劲松，译. 上海：华东师范大学出版社，2001：11.

Calvin）在他的著作《教义注释》（*Commentaries*，1540—1556）中频繁讨论"生命即'旅程'或'跑道'"（life as a 'race' or 'racecourse'）的主题。1559年，加尔文出版了代表著作《基督教要义》（*Institutes of the Christian Religion*）的最后修正版。短语"vitae curriculum"和"vitae curricular"就出现在加尔文最后修正版《基督教要义》的著述中，加尔文用其来指代生命历程（course-of-life），由此，"Curriculum"一词获得了新的含义——生命历程。[①]加尔文在其皇皇巨著《基督教要义》的开篇就明确指出："我们所拥有的几乎一切智慧，就是那真实与可靠的智慧，都包含了两个部分，就是认识神和认识自己。"[②]在加尔文看来，教育的作用即是获取"认识神和认识自己"的智慧，教育的内容即是有助于世人"认识神和认识自己"的内容。显然，加尔文的教育观包含有指向个人自身的意蕴。

在加尔文之后，拉莫斯最先将"生命历程"引入教育领域，从而使"生命历程"发展成为专门的教育术语，具有了课程的含义。据美国学者斯蒂芬·特瑞克（Stephen Triche）和道德拉斯·麦克奈特（Douglas McKnight）考证，英语"Curriculum"一词作为正式的、普遍的和循环的学习过程的概念始见于拉莫斯。在他1563年发表的主题演说"*Professione Oratio*"中，拉莫斯使用"Curriculi"意指所有学生都应当效仿西塞罗的学术生涯，将其作为生活和学习方式。这是最早确定用"Curriculum"来指代教育活动的标志。然而，在1556年的作品《西塞罗主义者》（*Ciceronianus*）中，拉莫斯并非用术语"Curriculi"而是用词语"Vita cursus"来描述西塞罗的教育和职业历程——一种学生应当审视并效仿的生命过程或生命旅程。[③]Vita cursus 的意思即为生命历程。从此处史实可

233

---

① Bernadette Baker. New Curriculum History. Rotterdam: Sense Publisher, 2009: xiv.

②〔法〕约翰·加尔文. 基督教要义（上）[M]. 钱曜诚，等，译. 北京：三联书店，2010：3.

③ Stephen Triche, Douglas McKnight.The Quest for Method: The Legacy of Peter Ramus. History of Education, 2004(1): 41.

以发现，在拉莫斯那里，术语"课程"与术语"生命历程"语境一致，最初都是指令人值得效仿的西塞罗式学术生涯；换言之，作为教育术语的课程的原初语义是一段效仿古代伟大学者、"追寻大智慧的生存之旅"（existential journey towards greater wisdom）。①

受加尔文思想的影响，后继的加尔文主义者喜欢用课程来指代生命历程或生命履历；在加尔文教派主导的大学中，课程不仅是指严格的学习计划，更是指学生向教师督导敞开整个生命。据汉密尔顿考证，莱顿大学和格拉斯哥大学文献记载中的"课程"意指每一位学生都必须遵循的整个多年期课程，而并非是指任何更小的教学单位。②也就是说，加尔文主义者主要是从整体生命历程的意义上来论述学校教育中的课程。众所周知，自传指向作者个人自己、是作者"认识自己"、是作者生命历程或生命履历的叙述。由此可见，在课程诞生的时代，从人的生命视角来看，课程与自传基本含义一致，二者都包含有"认识自己"和"生命历程"的意蕴。

即便是从主宰西方课程诞生时代思想观念的宗教神学的视角来分析，课程与自传也是意蕴相通的。在加尔文时代，"无论人们的注意力指向精神或肉体，自传式理解都是关于神圣的秩序，个人的过去与其说是自己的，还不如是说上帝的"③。自传的这种特征也契合了当时的课程的内涵，因为当时的课程从根本上说是局限在上帝的范畴内。例如，受加尔文思想影响的大教育家夸美纽斯提出了"大教学论"——将一切事物教给一切人类的艺术，但在夸美纽斯那里，"所有的事物按照自己的基础说是彼此相同的，只是形式上不同，因为上帝是它们的原型，自然是它们的反映，艺

---

① Stephen Triche, Douglas McKnight.The Quest for Method: The Legacy of Peter Ramus. History of Education, 2004(1): 51.

② David Hamilton. On the Origins of the Educational Terms Class and Curriculum [A]. Bernadette Baker (Ed). New Curriculum History. Rotterdam: Sense Publisher, 2009: 11.

③〔美〕瑾·克兰迪宁.叙事探究——原理、技术与实例［M］.鞠玉翠，等，译.北京：北京师范大学出版社，2012：62.

术是它们的反面形象"①。由此可见，当时的课程某种程度上都是"上帝智慧"的反映。尽管当时的课程提出了"认识自己"的任务，如夸美纽斯要求"学生必须考察人类本身，把人看作一个自由的中介和造物的主宰"②，但课程的内容和目的都与上帝有关，这正与"自传式理解都是关于神圣的秩序"相通。同时，从知识观的视角来分析，在课程诞生的时代，课程与自传依然是意蕴相通。拉莫斯在其编制的"知识地图"中使用"Curriculum"这个词来指代循序而进的学习进程。从根本上说，拉莫斯的知识观是形而上的神学知识观，"《圣经》作为上帝言行的记录和显现，是唯一可靠的知识来源和绝对可靠的知识标准。神学是对这种源泉和标准的阐释，就其性质而言，是一种形而上学的知识"③。因此，拉莫斯建构的知识地图和课程体系从本质上都是神学的，都是"关于神圣的秩序"，这与中世纪的自传式理解指向一致。

（二）自传与课程的发生学耦合

课程与自传不仅词源语义相通，并且在后续的发展过程中交织一体，由此出现了发生学的耦合现象。在前现代视域，课程与自传都与神学密切相关，既指代个体虔信上帝的生命历程，也暗含个体自我意识萌动的意蕴。文艺复兴和宗教改革之后，理智之光驱散了中世纪的黑暗。在现代主义的观照下，课程与自传都指向世俗生活，都贴近个体的日常生活经验，课程即学习经验，自传即经验叙事。由于后现代主义对现代主义的反叛，课程与自传的含义都发生了概念重建，二者都表现出过程性与复杂性的特征。课程被理解为一个动态的生成过程、一种复杂的对话，自传则被视为个体在多重文本交互叙事中重构自我的过程；课程与自传经由自传课程理

①〔苏联〕阿·克拉斯诺夫斯基. 夸美纽斯的生平和教育学说［M］. 陈侠，等，译. 北京：人民教育出版社，1957：129. 有证据表明，夸美纽斯受到了加尔文思想的影响。1611年3月30日，夸美纽斯被新教派"捷克兄弟会"选到了德国的赫尔伯恩大学学习哲学和神学，而赫尔伯恩大学就盛行加尔文派思潮。

②〔捷〕夸美纽斯. 大教学论［M］. 傅任敢，译. 北京：教育科学出版社，1999：223.

③石中英. 知识转型与教育改革［M］. 北京：教育科学出版社，2001：58.

论的建构而融为一体。概而言之，从课程作为教育术语问世之日起，课程观的发展演变与自传含义的发展演变始终路向一致。

1. 前现代视域：课程——生命历程——自传

加尔文用课程指代"生命历程"，拉莫斯同样用课程来表示生命履历。作为教育术语的"课程"起源于拉莫斯在制作一份描述西塞罗生活的图示时所使用的词语"生命历程"。在这份图示中，拉莫斯试图澄清西塞罗从出生到逝世的整个学术生涯。拉莫斯将西塞罗的学术发展历程以一种所有学生都应当遵循的学习过程典范的方式呈现出来。[①] 由此可见，在拉莫斯那里，课程与生命历程同义。简言之，在加尔文和拉莫斯的共同作用下，自课程作为教育术语诞生的那一刻起，它就与自传意涵相通，二者都指向生命历程。"课程史学家汉密尔顿告诉我们，课程与生活历史之间的联系在加尔文主义者那里就已经极为明显了，他们'已经喜欢运用课程来表达生命履历或生命历程。"[②] 加尔文秉持"预定论"的神学观，"所谓预定，乃是上帝永恒旨意，就是神自己决定，他对世界的每一个人所要成就的。因为人类被创造的命运不都是一样的；永恒的生命是为某些人预定了的，对于另一些人，却是永远的罪行。既然每一个人都为着或此或彼的，一个终局而创造的，所以我们说，他是被预定了或生或死的"[③]。由此可见，在加尔文那里，人的生命历程与上帝的预定密切相关。

捷克教育家夸美纽斯在1632年出版的著作《大教学论》中详细地论述了人的生命的内涵。他认为，人的生命及其居所是三重的：母亲的子宫，人间的社会和上帝的天国。第一阶段的生命是单纯天真的，开始有了运动和感觉；第二阶段的生命是智慧博学的，有了意识和智力的发展；第三阶

① Stephen S. Triche. Reconceiving Curriculum:An Historical Approach. Baton Rouge: Louisiana State University, 2002: 91.

②〔美〕威廉·派纳等. 理解课程（下）[M]. 张华，等，译. 北京：教育科学出版社，2006：539. 此处国语翻译参照Understanding Curriculum的英文原文后略有校改修正.

③〔法〕加尔文. 基督教要义（第三卷）[OL]. http://book.edzx.com/html/book/0336/681.html.

段的生命是十全十美的，享受神赐予的永世幸福。在夸美纽斯看来，皈依
虔信基督是人的生命的终极之路，"生命的最安全的道路就是十字架的道
路，生命之王基督已经在我们面前踩出了这条道路，基督邀请他最爱的人
走上了那条路，引导他们沿这条路前进"①。因此，夸美纽斯认为基督教
学校的目的不是造就人间俗世的公民，而是造就上帝天国的公民，必须从
学校中清除异教徒的书籍，同时向学生表明一切与神无关的东西都是没有
价值的。在这一目的的指引下，夸美纽斯所设计的涵盖"百科全书式的知
识"的"全部课程"都遵循天启的神的话语。"夸美纽斯理论的起点是确信
可以从上帝的预先计划中得出教育的内容与目标。相应的是，假设课程与
教学策略的使用反映了上帝计划的基本原则，这种过程可以被作为上帝忠
实仆人的所有人实现。"②概而言之，在基督教的视域中，人的生命历程就
是遵循神的召唤、通往神的天国的"天路历程"。

　　自传课程理论的创始人派纳将英国清教徒约翰·班扬（John Bunyan）
最初发表于1678年的基督教讽喻小说《天路历程》视为从自传文本的角度
来理解课程的早期著述。《天路历程》是班扬的寓言体心灵自传，班扬描
述了基督徒战胜自我的软弱，抗拒外在的诱惑，经历种种困难挑战，聆听
神的召唤，由人间到天国、由此世往永世的神圣信仰之路。基督徒的自我
救赎之路也是寻回迷失的自我之路。"自传式理解也就成了与自己内在的
'魔鬼'的较量，辨识出人如何按照个人的标准和理想进行生活。"③课程
史学家汉密尔顿进一步论证了课程与加尔文主义之间的内在关联。"基督徒
的进展（即他的旅程）呈现出加尔文式的模式，即跨越详细筹划的地域，
最终走向预定的目的地（即加尔文主义者的预定论）。不过，基督徒的进

①〔捷〕夸美纽斯.大教学论·教学法解析［M］.任钟印，译.北京：人民教育出版社，2011：31-207.

②〔瑞〕T.胡森，等.教育大百科全书（第七卷）［M］.丛立新，等，译.重庆：西南大学出版社，2006：162.

③〔美〕瑾·克兰迪宁.叙事探究——原理、技术与实例［M］.鞠玉翠，等，译.北京：北京师范大学出版社，2012：65.

展也是开放的旅程，或通过生命（生命履历）形成的开放的道路。"①事实上，加尔文的"预定论"在当时具有促进基督徒自我觉醒的积极作用。因为人的命运已由上帝预定，所以教皇和教会的权威无益于人的命运改变，企图通过教士、教会而获得拯救的任何可能性不足为道，人唯有依赖自己孤独地行走天路、只能用自己的心灵来理解上帝的神谕。正如马克斯·韦伯在《新教伦理与资本主义精神》一书中所说："尽管为了得到拯救必须加入真正的教会，加尔文教徒与他的上帝的联系仍是在深深的精神孤独中进行的。只需读一下班扬所著的《天路历程》我们就可以了解在这一特定气氛中所产生的具体后果。"②正是在孤独地自我救赎过程中，人的自我意识逐渐觉醒。同时，在皈依虔信的过程中，人也萌发了对自我的关切。因为，"对加尔文来说，'对人的关切'才是'真敬虔的知识'"③。概而言之，作为教育术语的课程诞生之初就蕴含着生命历程和自我意识觉醒的意味，这与揭示作者生命历程、反映个体自我意识的自传的内涵息息相通。

2. 现代视域：课程——生活经验——自传

文艺复兴和宗教改革之后，欧洲迈入了思想启蒙的理性时代。在启蒙运动时期，人们正如康德所说的"敢于运用自己的理智"，从而大大促进了自我意识的发展和自主理性的觉醒，以致摆脱了宗教奴役而获得精神解放。人类思想的解放自然引发了教育的革新，教育的重心随之从宗教教育转移到世俗教育、从皈依上帝返回到人的自身。"启蒙时代，人们以一种全新的方式来认识世界，这对教育与课程理论产生了影响。课程不再是以上帝的预先计划为基础，对其评价也不再是根据上帝的预先的计划而进

①〔美〕威廉·派纳等.理解课程（下）[M].张华，等，译.北京：教育科学出版社，2006：539.
此处汉语翻译参照Understanding Curriculum的英文原文略有校改修正.

②〔德〕马克斯·韦伯.新教伦理与资本主义精神[M].于晓，等，译.北京：三联书店，1987：81.
张爽博士认为："加尔文的'预定论'的宗教改革思想否定了教皇和教会的权威，否定了教父、教士和所谓先知的权威，人的'自我意识'获得了发展的空间，个人可以独立地探索真理，开拓新的领域，研究新的学说。"（参见张爽论文《西方启蒙知识分子与启蒙的权力》贵州大学学报社科版2011年第6期）

③〔法〕约翰·加尔文.基督教要义（上）[M].钱曜诚，等，译.北京：三联书店，2010：中译本导言28.

行。"①启蒙之后，原先主宰课程的上帝为知识所替代。这是因为在启蒙时代，人的解放是通过知识来实现的，"知识就是力量"成为思想文化界的普遍共识，"通过知识而自我解放的观念是启蒙运动的基本观念"②。此时的知识并非指古代形而上的和神学的知识，而是指现代实证的和科学的知识。与古代知识型相比，现代知识型强调知识的经验证实和逻辑证明、客观普遍与价值无涉。"随着科学知识的出现和发展，人们开始批判传统的课程内容和结构，要求将广泛的科学知识纳入学校课程内容和结构中去，减少或取消古典学科和宗教课程的学习，从而引起了近代以来最激烈的有关课程问题的辩论。"③由此，现代知识特别是科学知识成了课程的核心议题。在此背景下，斯宾塞提出了划时代的教育问题——"什么知识最有价值"，并呼应时代需要对此作出了"科学知识最有价值"的回答。不仅如此，斯宾塞还以科学知识为核心建构了广泛的科学课程论体系。"由于斯宾塞使用的'Curriculum'一词原意是静态的跑道，故教育中过多地强调了课程作为静态的、外在于学习者的'组织起来的教育内容'的层面，相对忽略了学习者与教育者动态的经验和体验的层面。"④

如前所述，最先将课程与经验联系一起的是美国教育家杜威。杜威敏锐地注意到了学校教育与个体生活经验相脱节造成的种种理论与实践弊端，在实用主义哲学观的影响下，杜威改造了旧教育与课程，最终形成"课程即经验"的定义，建构了经验课程观。在1897年发表的《我的教育信条》中，杜威明确提出了"教育是经验的持续改造"的命题。而后，在1899年出版的《学校与社会》中，杜威倡导"从经验中学习"，并重构了"知识"的内涵，认为"知识不再是凝固不变的东西，它已经

---

① 〔瑞〕T. 胡森，等. 教育大百科全书（第七卷）［M］. 丛立新，等，译. 重庆：西南大学出版社，2006：162.

② 〔英〕卡尔·波普尔. 通过知识获得解放［OL］. http://www.douban.com/group/topic/8706936/.

③ 石中英. 知识转型与教育改革［M］. 北京：教育科学出版社，2001：105.

④ 张华. 课程与教学论［M］. 上海：上海教育出版社，2007：66.

成为变动不定的东西"①。在1902年出版的专门论述课程问题的著作《儿童与课程》中，杜威详细了阐述了儿童生活经验与学校课程之间的紧密联系；在1916年出版的《民主主义与教育》、1946年出版的《经验与教育》等著作中，杜威进一步完善了经验课程观的理论体系。简言之，杜威经验课程观是"用生活的经验来解释教育的意义、教育的计划和设计的一种明智理论"②，其主旨是课程在经验中、由于经验和为着经验。在杜威看来，教育是生活的过程，儿童日常生活经验与学校课堂的教材不可分离，课程是学生在教师指导下获得的经验，儿童通过课程学习促进经验的不断生长。"经验"是杜威经验课程论的核心概念，"经验课程之'经验'是人与环境的交互作用，是主动行动与对行动结果之反思的结合"③。杜威将课程还原为生活经验的经验课程观与现代视域中的自传的含义内在相通。

当自传式理解进入现代，它变得更加内观（inward looking），即指向作者内在的心灵图景。"当它关涉现代自我的出现，一个关键性的特征是，上帝不再是这个过程背后的推动性力量。"④显然，在现代视域中，个体的生命自我取代上帝的"神圣大全"成为自传的主导，自传成了作者个人生活经历的回顾性叙事，反映了个体对生活现实的独特感受，由此个体重述了自我的生活经验。简言之，现代视域中的自传不再是"奥古斯丁式"面向上帝的心灵忏悔，而是"富兰克林式"面向生活的经验积淀。⑤自传从近代"关于神圣的秩序"到现代"指向内在生活经验"的转向，与课程

---

①〔美〕约翰·杜威.我们怎样思维·经验与教育［M］.姜文闵，译.北京：人民教育出版社，2005：305.

②〔美〕约翰·杜威.学校与社会·明日之学校［M］.赵祥麟，等，译.北京：人民教育出版社，2008：36.

③张华.课程与教学论［M］.上海：上海教育出版社，2007：248.

④〔美〕瑾·克兰迪宁.叙事探究——原理、技术与实例［M］.鞠玉翠，等，译.北京：北京师范大学出版社，2012：64.

⑤富兰克林在其自传开篇表明了撰写自传的原因："我出身于贫寒卑微的家庭，现在却生活富足，并且在世界上享有一定的声誉。承蒙上帝的恩赐。至今我一帆风顺，事事顺遂，这应当归功于我立身处世的成功。后辈子孙也许乐意知道这些方法。因为其中一些处境或许与他们相似，值得他们仿效。"

从"课程即知识"发展为"课程即经验"的路向一致。自传是自我内在维度的表达，课程是儿童内在的学习经验，二者都是对生命的内观。如前所述，经验是个体与当时形成他的环境之间发生交互作用的产物。同样地，自传也是作者与传记情境（biographical situation）交互作用的产物。按照德国现象学家阿尔弗雷德·许茨（Alfred Schutz）的观点，每一个个体终其一生都以各自独特的兴趣、动机、需要、宗教信仰、意识形态来解释他所接触的生活世界。个人的"传记情境"就是他界定行动范围的方式及诠释周遭环境，并且进行挑战的方式。①个人在生活世界中的遭遇和感受都是由传记情境决定的，不仅个人在空间、时间以及社会中所处的位置属于传记情境，而且个人的生活经验也属于传记情境，"也就是说，行动者的实际情境具有它自己的历史，它是他以前所有主观经验的积淀。这些经验不是被行动者当作匿名的东西来体验，而是被他当作独特的、从主观角度赋予他并且仅仅赋予他的东西来体验"②。这正与经验课程的意涵相通。当课程由学科知识走向学生生活经验的时候，课程的意义在实质上并非对所有人都是相同的，在特定的教育情境中，每一位学生对给定的内容都有自己的理解，最终将官方的课程转化为各自的"经验的课程"。

3. 后现代视域：课程——自我重构过程——自传

在后现代视域中，课程发生了概念重建。后现代主义主要表征为过程性思维和复杂性思维。其中，过程性思维与实体性思维相对，认为现实世界并非自我封闭的恒定实体集合，而是处在不断流变生成的过程中。正如怀特海所说："每一种实际存在物本身只能被描述为一种有机过程。它在微观世界中重复着宏观世界中的宇宙。它是从一种状态到另一种状态的过程，每一种状态都是其后继者向有关事物的完成继续前进的实在基础。"③

241

---

① 〔德〕阿尔弗雷德·舒兹. 舒兹论文集（第一册）[M]. 卢岚兰，译. 台北：桂冠出版公司，2002：导论4.

② 〔德〕阿尔弗雷德·许茨. 社会实在问题 [M]. 霍桂桓，译. 北京：华夏出版社，2001：120.

③ 〔英〕阿尔弗雷德·怀特海. 过程与实在 [M]. 杨富斌，译. 北京：中国城市出版社，2003：392.

在过程性思维的观照下，课程被视为一个不断生成的过程。多尔曾在《后现代课程观》中明确指出："课程成为一个过程——不是传递所（绝对）知道的而是探索所不知道的知识的过程，而且通过探索，师生共同'清扫疆界'从而既转变疆界也转变自己。"①归根结底，课程作为过程表明了人即是过程性存在。这即意味着课程之于学生，不再是"死的材料"②——僵化的文本教材和静待学生学习的知识，而是学生自我参与其中的创生过程。在课程的动态生成过程中，学生焕发了生命活力，也发展了主体自我。由此，"课程不再被视为固定的、先验的'跑道'，而成为达成个人转变的通道"③。同时，在复杂性思维的观照下，课程也获致新的含义："课程，它不是一个一个等待执行的线性的学程，而是一个复杂的、动态的相互作用的网络，它不断向各种不同的相互联系的形式分化，因此，它是一项需要愿景和毅力的艰巨任务。"④复杂性课程观摒弃了将课程化约为学科教材或实体知识的简单做法，课程被理解为复杂系统——"一个复杂的、多维的、万花筒般的、联系的、跨学科的、隐喻的系统"⑤，这种复杂系统也是有机的、自我创造的系统。在由学生、教师、课程内容、环境交织而成的复杂系统中，学生作为课程主体在与其他要素的互动中产生了独特的课程理解，形成了多元的意义。

在后现代视域下，自传的含义也发生了根本性革新。"在个性和自传式理解的后现代概念中，一切都发生了变化：显而易见，'作者死了'……自传不仅仅被看作自我的表达，而是更恰当地被看作来源，自我是一种创

---

①〔美〕小威廉姆·E.多尔.后现代课程观〔M〕.王红宇，译.北京：教育科学出版社，2000：222.

② 怀特海特别提醒道："我们一定不要设想一个具有被动形式的死的材料。材料总是把自身强加于调节其形式的过程之中。"（参见怀特海著作《思想方式》，韩东晖等译，华夏出版社1999年版，87页）

③〔美〕小威廉姆·E.多尔.后现代课程观〔M〕.王红宇，译.北京：教育科学出版社，2001：6.

④〔美〕小威廉姆·E.多尔.课程愿景〔M〕.张华，等，译.北京：教育科学出版社，2004：51.

⑤〔美〕帕特里克·斯莱特里.后现代时期的课程发展〔M〕.徐文彬，等，译.桂林：广西师范大学出版社，2007：284.

造性的结果。"①因为传统的过去、现在、未来的线性时间观发生了解构，过去、现在、未来的三维时间区划重建为过去——现在——未来互通一体的时间绵延。在时间的绵延中，过去的自我因为现在的自我的体验而被重构，进而生成了一个全新的未来的自我。"正如我们已经看到的，个人过去的阐释与书写远不是一个没有激情的复制过程。相反，它是一个现在的产品，伴随着兴趣、需要和愿望。不过，这个现在和自我一起在这个过程中本身被改变。的确，从深远的意义来说，恰恰是通过这个过程，一个新的自我被创造出来。"②因此，从后现代视角来分析，自传不再是作者过往经历的简单再现，而是作者立足当下反思过去展望未来的自我重构过程——简言之，自传是作者重构自我的过程。另一方面，从自传文本的微观视角来看，后现代视域下的自传也呈现出过程性特征。根据德里达的"动态文本理论"，文本不是一个静止封闭的文字系统，而是在与其他文本的交互联系过程中形成了自身，因此，文本即动态生成的过程——此处创作的文本与彼处创作的文本、此时创作的文本与彼时创作的文本、作者创作的文本与读者理解的文本等多重文本相互联系而构成了流动的文本生成过程。作为文本的自传，即是事实文本、体验文本、反思文本、叙事文本、理解文本等多重文本"文本间性"的交互生成。由此，"自传永远不会是最终的形象，或者个人生活方式的定式"③，而是在时间的绵延与自我的重构中不断转化。

"后现代课程发展关注传记性的和自传性的叙述。"④在后现代主义观

---

① 〔美〕瑾·克兰迪宁. 叙事探究——原理、技术与实例［M］. 鞠玉翠，等，译. 北京：北京师范大学出版社，2012：66.

② 〔美〕瑾·克兰迪宁. 叙事探究——原理、技术与实例［M］. 鞠玉翠，等，译. 北京：北京师范大学出版社，2012：74.

③ 〔美〕瑾·克兰迪宁. 叙事探究——原理、技术与实例［M］. 鞠玉翠，等，译. 北京：北京师范大学出版社，2012：74.

④ 〔美〕帕特里克·斯莱特里. 后现代时期的课程发展［M］. 徐文彬，等，译. 桂林：广西师范大学出版社，2007：52.

照下，课程被阐释为一个动态的生成过程、一种复杂的对话，正是在这个意义上，课程的语词"Curriculum"被概念重建为"Currere"。在新时期，派纳与格鲁梅特发现了"Currere"新的含义。作为"Curriculum"的词根"currere"原先的含义仅是指名词性的跑道，派纳与格鲁梅特通过返回词语本源发现了currere还含有动词性的意义——跑的过程。就引申义而言，currere系指自传课程，即用自传的方法来审视课程，课程主体基于个体存在体验，在回溯过往生活经历、前瞻未来发展愿景、分析描述现在情境、综合过去——现在——未来体验的过程中重构自我主体、生成课程意义。在派纳和格鲁梅特看来，自传绝不仅仅是作者简单重述过往的经历，而是自我重构的过程、自我反思的方法、自我理解的结果，最终指向"主体的生成、自我的超越和个体的解放"①。因此，他们所建构的自传课程打破了现代主义的自传传统，反映了个体发现自我、反思自我并建构自我的心路历程，"是个体内在经验与外在环境的相互作用的经验改造和意义建构"②。总起来说，在后现代视域下，课程与自传经由自传课程理论而融为一体，并且课程与自传的含义都发生转变。"课程不是由诸多科目（subjects），而是由诸多主体（Subjects）、主体性（subjectivity）构成的。课程的开展就是建构自我、建构主体性生活体验的过程。自传即自我的建构，建构一个当我们在阅读、写作、说话与倾听时创造与体现着的自我。"③

三、作为方法：课程研究中的自传方法

派纳不仅重新发现了课程的自传性内涵——将课程理解为自传文本，还创造性地将自传转化为研究课程的方法，提出了课程研究的自传方法。

①张华，等.课程流派研究［M］.济南：山东教育出版社，2000：281.
②汪霞.课程研究：现代与后现代［M］.上海：上海科技教育出版社，2005：63.
③William F. Pinar. *Autobiography, Politics and Sexuality*. New York: Peter Lang publishing, 1994: 220.

244

在派纳看来，自传方法是突破静态课程观而走向主体课程观的必由路径，从"课程即学科""课程即计划"到"课程即自传"的转变端赖于自传方法的实践。更进一步说，自传课程不仅是一种革新的课程本质认识，还是一种革新的课程研究方法。

（一）自传课程方法的发展概要

总的来说，自传从文学体裁发展成为研究方法主要源起于社会科学领域的传记研究方法。"传记研究（或传记方法）是指运用及搜集个人的生命文件或是描述生活转折点文件的研究形态；而所搜集的文件包括自传、传记、日记、信件、讣文、生活史、生活故事、个人经验故事、口述历史、个人的历史等。传记研究的焦点主要在于个人的生命经验，所以能为教育的历程研究提供重要的基础。"[①]在20世纪初期，美国社会学家威廉·I.托马斯（William I.Thomas）和波兰社会学家弗洛里安·兹纳涅茨基（Florian Znaniecki）合撰的《身处欧美的波兰农民》（The Polish peasant in Europe and America）一书是最早使用传记研究方法的开山之作。受此影响，渐渐有越来越多的学者关注传记研究，直至催生了20世纪80年代社会科学领域出现的"传记转向"（the biographical turn）。在此之后，传记研究的方法持续盛行最终发展成为一种主要的质性研究方法。例如，美国学者约翰·W.克里斯韦尔（John W. Creswell）在其撰写的研究方法名著《质性研究及其设计：五种传统的选择》（Qualitative Inquiry and Research Design: Choosing Among Five Approaches）一书中就将传记研究与现象学研究、扎根理论研究、人种志研究、案例研究并称为质性研究的五种研究传统和路径。[②]

显然，自传研究方法是传记研究方法的分支构成，正如自传是传记的

---

① 潘慧玲. 教育研究的取径［M］. 上海：华东师范大学出版社，2005：239.

② John W. Creswell. *Qualitative Inquiry and Research Design: Choosing among Five Traditions*. London: SAGE Publications, 1997: 5.

分支构成一样。如同传记研究方法，自传研究方法是一种综合性质性研究方法，兼及文学、心理学、社会学、现象学等领域方法范畴。借用福柯的术语，自传研究方法是一种自我考古学方法，有助于帮助个体反思省悟个体生命体验所浸润的自我所表征的主体性是如何被形塑的。"所有自传写作的最重要内容都是具体的体验的现实，并不是粗糙的外在的事实。外在的现实植根于体验，但它被观看的视角是形成体验的内在生命的变形，外在事实通过内在的感受和反思获得征兆（或症状）价值……因为，自传假定作者反思这内在的体验世界，并十分清楚内在体验世界的重要性。"①随着杜威经验课程观的广泛流传与持续发展，有学者尝试将自传研究方法引入课程研究领域，以期来深刻理解个体的课程学习体验。其中，首屈一指的课程研究专家当属派纳。派纳曾将"把自传和自传方法引入课程领域"视为自己毕生最重要的课程研究学术贡献之一。实际上，若加以详细分析，就不难发现派纳绝非仅仅是将社会科学研究中的自传研究方法移植到课程领域，而是开创性地构建了别具一格的自传课程研究方法。

概而言之，派纳构建的自传课程研究方法包含了宏观和微观两个层面。宏观层面亦即方法论层面，派纳构建的自传方法是指向人的自我解放和主体发展的方法，其意义在于通过自传反思激活个人的主体意识和能动实践，最终实现反思与行动、个人与社会的统一。正如派纳所言："方法论可以是自我研究，即一种对存在于科层制界定之外的自我进行扩大的方法。……自传方法能够提供一种工具，借此我们可以找到自我疏离（self-estrangement）之墙上的裂缝，找到我们丧失于社会定义和科层角色中的自我。就像一柄锄头，自传允许自我缓慢通过累积内化的狭窄空间，进入个体前在历史的熔岩流（lava-flows）中。"②微观层面即方法策略层

---

①〔美〕瑾·克兰迪宁. 叙事探究——原理、技术与实例［M］. 鞠玉翠，等，译. 北京：北京师范大学出版社，2012：63-64.

② William F. Pinar. *Autobiography, Politics and Sexuality*. New York: Peter Lang Publishing, 1994: 198.

面，派纳依托存在主义现象学和精神分析心理学的方法策略，构建了涵盖"回溯（Regressive）—前瞻（Progressive）—分析（Analytical）—综合（Synthetical）"四个阶段步骤的自传方法，其中，"回溯"是指个体重溯追忆过往的学校生活经历，"前瞻"是指个体展望想象未来的学校生活可能，"分析"是指个体分析解释过去、未来以及现在的学校生活图景，"综合"是指个体整合全部的教育经验以形成统一的自我。"回溯—前瞻—分析—综合的方法是一个自传的策略，通过它，我们或许能够理解我们在学校中的生活之本质以及学校在我们生活中的作用。它是一个研究策略，这种策略能产生具有学校生活体验特征的知识，因此，能够为我们的学校和教育过程中的知识做出贡献。"①值得注意的是，"回溯—前瞻—分析—综合"式自传方法并非一套单个的线性阶段操作流程，而是具有循环递进性，并且在实际应用中基于具体传记情境（biographical situation）可从任一阶段开始。综上所述，派纳构建的自传方法具有方法论、认识论和实践论意义，"旨在帮助课程领域的学生学习如何描述学校知识、生活史和思想发展之间的关系从而达成自我转变"②。

247

除了作为深度反思自我的自我研究方法，自传研究方法还是一种共情理解他者的他者研究方法。研究者可通过收集研究对象的自传素材，而后凝练自传研究主题，分析及解释自传经验，采取介入行动等步骤来理解研究对象的教育生涯和人生履历。"理解的本质在于，它不仅是一个人与另一个人之间的情感、理智的交流，它就是我的存在、我的存在方式。它带动着我的意识和我的原始活力中的全部无意识去追逐新的生命意义。"③因此，自传式理解是一种共情理解，最终走向追求自我和他者共同解放的自觉行动。例如，通过要求学生撰写教育自传并研读分析学生的

①〔美〕威廉·派纳.自传、政治与性别［M］.陈雨亭，等，译.北京：教育科学出版社，2007：56.

②〔美〕威廉·派纳等.理解课程（下）［M］.张华，等，译.北京：教育科学出版社，2003：537.

③曹明海.语文教学解释学［M］.济南：山东人民出版社，2007：3.

教育自传，教师能够深入学生的内心世界、洞察学生的真实体验、形成对学生的生命理解，并在此过程中促使教师反思自我、进而主动采取适切行动来改变优化学生和自我的教育处境，实现师生共同的自我重建和主体解放。简言之，自传研究方法不仅是一种"对生命个体的研究"（research on the living individual），也是一种"有生命个体的研究"（research with the living individual），更是一种"生命个体卷入的研究"（the living individual involved in the research）。

（二）儿童自传研究的操作类型

加拿大教育学者丹尼斯·狄森（Dennis Thiessen）和美国教育学者埃里森·库克-萨瑟（Alison Cook-Sather）合作主编的《中小学生经验研究国际手册》（*International Handbook of Student Experience in Elementary and Secondary School*）一书中详细列明了儿童课程经验研究的操作方法。这也可推而广之作为自传课程研究的操作方法。从具体操作层面来看，在课程研究中采用自传研究方法亦即采用自传研究方法来研究儿童的课程经验，大致可以划分为三种类型。第一种类型主要研究儿童如何参与并理解课程及课堂生活；第二种类型主要研究儿童的自我认识及他们如何在课堂与学校中发展；第三种类型主要研究儿童如何积极参与塑造他们学习机会和促进课堂与学校发展的活动。通过这三种类型的研究，可以直观揭示与描述儿童在课堂及学校中的观念、情感与行为的本质；探查儿童和老师的观念、情感与行为是如何互动的；描绘儿童的社会世界并探查它与学业活动及成就的关系；批判性探究多元群体中的儿童的身份认同如何被课堂及学校事件影响；探查不同处境中的儿童如何适应课堂及学校的结构、期望和管理工作；探究儿童参与教育发展项目、政策与活动的挑战与可能；记录及鼓励儿童参与促进他们学习的决策和活动设计、教师活动或课堂及学校的组织与运行。[①]

　　具体言之，第一种类型的研究聚焦于儿童如何理解、调整及在某种程度上影响他们的课堂及学校经验。在特别着重儿童课堂生活的研究当中，包含四个相关的研究主题：（1）儿童如何同其他学生及他们的老师产生联系与互动；（2）儿童在学校学习过程中的所作所为；（3）儿童如何理解特定学科领域的教学内容与教学方法；（4）儿童珍视教师的哪种品质与个性。在特别着重儿童学校生活的研究当中，包含四个最为重要的研究主题：（1）儿童如何同其他学生及他们的老师在课堂内外的不同语境下产生联系与互动；（2）儿童在学校日常生活过程中的所作所为；（3）儿童珍视学校的哪种品质与个性；（4）儿童如何应对从一所学校到另一所学校的改变或转换（如从小学到初中或从初中到高中，在学校生涯中的第一年生活，在新学校的第一年生活）。在新时期，第一种类型研究的主要发展变化有：（1）更加强调儿童的观念、情感、意图及对儿童行为的关怀；（2）更加强调儿童如何协调课堂及学校生活的学业和社会方面；（3）加深理解儿童如何感知他们多种多样的不断变化的课堂及学校生活语境和状况；（4）更加注重师生在角色责任、学生表现、课堂及学校文化上的交互影响；（5）理解儿童的经验以探查他们如何依据规范行动与互动、发生转变去适应变革着的语境。

　　第二种类型的研究是关于儿童的身份认同，儿童的不同社会维度身份如何影响到他们的学校生活，以及学校如何发展儿童的身份认同。在聚焦于儿童身份认同发展的研究中，包含三个最为重要的研究主题：（1）作为一个男孩或女孩、某种族群类别、某种阶层群体等，其着眼点主要在于儿童众多身份维度中的某一个身份维度；（2）作为一个民族女孩、学习困难的男孩、英语作为第二语言的在外国出生的移民等，其着眼点在于两个

[①] Dennis Thiessen. *International Handbook of Student Experience in Elementary and Secondary School*. Dordrecht：Springer，2007：6.

或多个维度的学生身份的交织；（3）学会接受在特别语境下的一个或多个身份。在有关学习困难儿童的研究中，关键的主题强调特殊群体儿童的经验：（1）对学校要求存有学习困难或抵制的儿童；（2）学业持续失败的儿童；（3）与学校期望行为对立的儿童；（4）拒绝上学的儿童。在新时期，第二种类型研究的主要发展变化有：（1）更加强调儿童多重身份的互动与发展；（2）加深理解儿童学校生活中的身份如何与其校外生活身份互动；（3）突出儿童如何适应学校以努力获得身份认同。

第三种类型的研究是关于儿童如何参与促进他们学习的决策及改善课堂及学校的组织与运行的活动。在关注儿童的课堂教学发展角色的研究中，包含三个相关主题：（1）儿童塑造他们自身的课程、教学和学习经验；（2）儿童教导其他学生；（3）儿童教导新任教师和有经验的教师。在探查儿童即学校改进的参与者的研究中，有三个予以强调的主题：（1）儿童即决策制定者；（2）儿童即行动的、合作的和积极参与的研究者；（3）儿童即社群开发者。在新时期，第三种类型研究的主要发展变化有：（1）聚焦儿童如何影响他们在课堂及学校中的学习内容和方法；（2）强调儿童参与复杂的和多样的意义、形式和场景；（3）描述及扩大儿童在学校持续改进中的话语与选择。[①]

四、走向解放：儿童自传的课程旨趣

"自传的意义并不在于为我们提供丰富的数据。对数据的关注可能是自我商品化与神化的另一种形式。自传的意义在于展现讲述与倾听主体的发展性与复杂性。"[②]换言之，自传绝不仅仅是作者简单重述过往的经历，而是自我重构的过程、自我反思的方法、自我理解的结果，最终指向

---

① Dennis Thiessen. *International Handbook of Student Experience in Elementary and Secondary School.* Dordrecht：Springer, 2007: 9~52.

②〔美〕威廉·派纳. 自传、政治与性别 [M]. 陈雨亭，等，译. 北京：教育科学出版社，2007：173.

"主体的生成、自我的超越和个体的解放"①。当课程意味着儿童所感所思的存在体验、是儿童自传性反思自我的旅程，儿童自传的课程旨趣即走向解放。

（一）儿童自传课程理论的解放旨趣

自传课程是当代课程领域话语中的"一种概念重建形式"（a form of re-conceptualization），这种概念重建正是建基于哈贝马斯的认识兴趣理论之上，以哈贝马斯所说的"解放兴趣"作为其基本价值取向。派纳明确指出："在使用自传课程的方法时，人们首先是期待着在哈贝马斯所谓的知识和人类兴趣的关系中增强兴趣和情境的意识。"②他考察了课程领域新近发展史，指出课程领域存在三大研究阵营：传统主义者（Traditionalists）、概念经验主义者（Conceptual empiricalists）和概念重建主义者（Reconceptlists）。其中，传统主义者采用经验—分析科学的方法研究课程，致力于从学校一线实践者的实际经验中提取出能够指导课程开发和实施的基本原理和实用技术；他们追求的是技术的兴趣，是工具理性的崇拜者。"正是传统主义者的工具理性及其持续的和强制性的全神贯注于课堂，导致了他们不可能发展出对课堂有意义的系统理解。"③并且，由于传统主义者强调服务实践的优先性，导致其实质上被实践所控制，最终沦为实践的附庸而丧失了自身的主体性。针对传统主义者的不足，概念经验主义者采用历史——解释学科学的方法来研究课程，试图通过与社会科学结盟而创造一门课程科学（a science of curriculum）；他们坚持理论思考优先于实施量化研究，主张在服务学校一线实践者之余同他们保持必要的理智距离，秉持实践理性的课程思维。然而，由于概念经验主义者主要是基于主流社会科学的理论和话语来论述课程问题，最终导致课程领域成为主流社会科学

251

---

① 张华等. 课程流派研究［M］. 济南：山东教育出版社，2000：281.

② William F. Pinar. Autobiography, Politics and Sexuality. New York: Peter Lang Publishing, 1994: 148.

③ William F. Pinar. Autobiography, Politics and Sexuality. New York: Peter Lang Publishing, 1994: 80.

的殖民地和跑马场。概念重建主义者"普遍上都注重对课程领域进行广泛批判，批判这一领域沉陷于理解和行动的伪实践性和技术化模式之中"①。概念重建主义者将注意力从技术和实践上转移，强调解放的观念，追寻解放的兴趣，渴望生成"解放的知识"（emancipatory knowledge），最终促使他们与他们的工作之间处于"解放的关系"（emancipatory relation）。②诸多概念重建主义者发起的概念重建运动的核心特征之一是关注自传的和现象学的体验，派纳、格鲁梅特、米勒深刻批判了以泰勒为代表的传统主义者"反历史"和"反理论"的特征，指出课程研究者要突破"泰勒原理"的束缚，从多学科的视角对课程领域的根本问题进行转化并密切关注研究方法的综合规划。由此可见，作为课程概念重建的主要构成部分，自传课程研究具有解放课程研究者的意义，促使课程研究者"从单向度的隧道景象效果中解放自己"③。正如派纳所说："课程研究如果想真正为他人提供解放的可能，就必须解放研究者。"④

同时，自传课程具有促进课程主体自我解放的意义。概而言之，作为一种课程概念重建的主要形式，自传课程"概念重建的目的是促使个体从毫无必要的惯例、意识形态和心理单一性（psychological unidimensionality）的束缚中获得解放。它旨在通过相互的概念重建过程而探讨其他意义领域，展望各种可能性，从而为自我、他者和世界的发展形成新的方向⑤。"自传课程以"解放兴趣"作为其基本价值取向，但这种"解放"并不是外在他者的赐予，而需要教师和学生的自我争取。换而言之，自传课程倡导的"解放"是一种个体的自我解放。如弗莱雷所说：

---

① William F. Pinar. Autobiography, Politics and Sexuality. New York: Peter Lang Publishing, 1994: 89.

② William F. Pinar. Autobiography, Politics and Sexuality. New York: Peter Lang Publishing, 1994: 95.

③〔美〕威廉·F.派纳. 理解课程（上）［M］.张华，等，译. 北京：教育科学出版社，2003：223.

④ William F. Pinar. Autobiography, Politics and Sexuality. New York: Peter Lang Publishing, 1994: 90.

⑤ William H. Schubert. *Curriculum: Perspective, Paradigm, and Possibility.* New York: Macmillan, 1986: 33.

"被压迫者在争取自身解放的斗争中必须以身作则。"①自我解放在个体的自我反思中得到实现。自我反思是个体的反身观照，个体的自我意识由此觉醒，进而能够认识自我和认识社会，并对自我和社会进行调整，这种调整即是解放的行动。米德从社会心理学的角度论证了个体的反身观照具有改变实践的功能："只有通过反身性——使个体的经验返回到他自己身上，这整个社会过程才能因此而进入它所包含的个体的经验之中；只有通过这种能够使个体采取其他人对自身的态度的手段，个体才能自觉地针对这种过程调整自己，才能自觉地根据他对它的调整来改变这种过程在任何既定的社会活动中所产生的结果。"②哈贝马斯则在弗洛伊德精神分析和狄尔泰精神科学对自我反思的阐释基础上明确指出，真正促使人获得解放的不是科学技术的进步，而是人的自我反思，自我反思能够将主体从对对象化力量的依赖中解放出来。如他所说："标志社会形成过程道路的，不是新技术，而是反思的诸阶段；通过这些反思阶段可以使已被消除的统治形式的教义和意识形态解体，可以使制度框架的压力升华并且使交往活动作为交往活动获得解放。"③自传课程理论主张个体通过"回溯—前瞻—分析—综合"的自我反思策略对存在体验进行反思，由此获得了哈贝马斯所说的"反思的解放性力量的经验"，促使个体从抑制人性自由发展的习俗、传统、功利追求、技术规条和意识形态的束缚中解放出来。这正契合了通过教育获得解放的精神理念："教育过程不仅要从外部制约成长者，而且要解放成长者内部的力量，而教育中本质的东西不是'制约'，而是'解放'。在教育过程中首先要考虑的问题是解放成长者各自的内在力量。"④同时，自传课程追寻的"个体自我解放"不是一种静态的结果，而是一个持续的

---

①〔巴〕保罗·弗莱雷.被压迫者教育学［M］.顾建清，等，译.上海：华东师范大学出版社，2007：10.

②〔美〕乔治·赫伯特·米德.心灵、自我与社会［M］.霍桂恒，译.北京：华夏出版社，2003：145.

③〔德〕哈贝马斯.认识与兴趣［M］.郭官义，等，译.上海：学林出版社，2002：48.

④邹进.现代德国文化教育学［M］.太原：山西教育出版社，1992：74.

过程；不是一种个人的静默省思，而是发生在个体与自我、个体与他者、个体与社会的交往互动中。如派纳所说，它是一项涉及自我与自我、自我与学术事业、自我与他者、自我与世界的多维度工作，一种复杂的会话。对儿童而言，"解放"首先意味着从老师的监管和控制中解放出来，能够独立或协商地使用自己的理性并自由发出自己的声音；对教师而言，"解放"首先意味着从"圣经"般的教科书的宰制中解放出来，能够根据儿童实情自主规划和组织教学。简言之，自传课程是一种解放实践，其所蕴含的知识和经验都是解放性的，教师和儿童能够自主地从事课程开发和设计，能够在不断地自我反思和互动交往中实现自我意识的提升和存在经验的发展，最终自我赋权成为真正的课程主体。

（二）儿童自传课程方法的解放旨趣

"自传研究着眼于教师和儿童生活的色彩缤纷的世界，企图从'冰冷的纸堆中找出生命的温暖'，能接触到我们的心和灵，这种接触是柔软的、私密的，而且是深入的、扣人心弦的；接触到被忽视的学生的生活和生命，使生活经验得以呈现和表达，以多元的方式将公共领域和私人领域连接起来，成为生活空间的一部分。我们从事教育或教育研究不是为了冰冷的事实，而是为了人，将'活生生的生命的温暖'视为课程、教学慎思和落实的核心。所以自传和叙说研究是对枯燥的研究和空泛的承诺的一种解毒剂。"[1]总的来说，自传方法是一种人文主义的方法，充盈着浓厚的人文情怀。自传方法也是一种主体性方法，个体通过自传式反思自我和理解他者，实现自我的重建和主体解放。自传方法还是一种批判性方法，通过批判性反思嵌入自传之中体验的政治、经济、性别和理智的维度，推动私人自我向公共自我的拓展，借由自我的重建和主体的解放为政治解放和社会变革做贡献。

---

[1] 欧用生.课程理论与实践［M］.台北：学富文化事业有限公司，2006：36.

通过撰写自传，儿童讲述了个人的课程故事，倾吐了压抑已久的心声，重构了课程经验；通过阅读儿童自传，教师走进了儿童的内心世界，真切感受到学校教育对儿童生命成长的影响，进而反思和改进自己的教育行为。可以说，自传课程为教师和儿童提供了深入交流对话的契机：儿童通过撰写自传致力于了解我是谁、我是如何以及为何发展为现在的情状；教师通过回应儿童的自传，从而与儿童开展了对话。在对话中，自我、他者和世界发生了重构。① "从教学的角度来说，这意味着教师必须询问学生：'这对你来说有何意义？'……它把教育经验从被他人塑造转为与他人对话。"② 由此，儿童的学习意味着儿童表达个人的观点，形成个人的理解，建构个人的意义；儿童自传课程研究不仅是一种"对儿童的研究"（research on the child），也是一种"有儿童的研究"（research with the child），更是一种"儿童生命卷入的研究"（the living child involved in the research）。

在此理念下，作为研究对象的儿童也是研究的主体，通过自我的言说、反思和行动来实现自我的主体解放。正如弗莱雷所说，人是自我的解放者，被压迫者在争取自我解放的斗争中必须以身作则。人的自我解放端赖于自我的言说、反思和行动。儿童自传是儿童自我的反思性实践，儿童个体通过自我的反省言说、与他者的交往会话，可以重新发现自我、理解自我和建构自我。"所有的行为必须从自我开始，认识到自我及其在世界中的位置最终将成为政治性的行为，因为一个人在一定程度上理解'自我'之后便能自由地选择行动。"③ 儿童自传作为课程经验的反思与表达行动，为儿童建构自我身份认同和改变生存境遇提供了契机与可能。无论是儿童的自传叙事还是自传省思，这都预示着"打破沉默之声"，由此成为一种

---

① William H. Schubert. *Curriculum: Perspective, Paradigm and Possibility*. New York: Macmillan College Publishing Company, 1986: 33.

② William E. Doll. *Curriculum Visions*. New York: Peter Lang, 2002: 37.

③ William F. Pinar. *Heightened Consciousness, Cultural Revolution and Curriculum Theory*. Berkeley: McCutchan, 1974: 38.

由静寂而生动的突破性质变行动。"儿童与课程不过是构成一个单一的过程的两极。"①经由儿童的这种突破性质变行动，课程的内涵与意义也随之发生质变："课程是一个主动过程，而不仅仅是简单的教案、学区教育指导、标准化测试、目标和里程碑或教科书。课程是全部的生活经验，是形成自我意识、选择人生道路的生命之旅。"②进而言之，儿童自传为儿童的生命自觉创造了自由的空间，促使儿童也促使教师在反思与行动中成长为反思性实践者，自主探寻外部世界意义和自我存在意义，最终通过内在超越而嬗变为自我的解放者。

① 〔美〕约翰·杜威.杜威论教育［M］.彭正梅，译.上海：上海人民出版社，2017：17.
② 〔美〕威廉·派纳.课程：走向新的身份［M］.陈时见，等，译.北京：教育科学出版社，2008：117.

第十一章
儿童发展

美国知名社会学家丹尼尔·贝尔（Daniel Bell）说道："信息时代不是建立在机械技术之上，而是建立在智能技术上。"[①]在技术构成意义上，信息时代即为"智能时代"，这迥异于以机械技术为核心构成的工业社会。在我国阔步迈向信息时代的今天，儿童该如何处理与技术的关系？对这一问题的探究是信息时代儿童发展的关键。

一、作为电子人的儿童

人类历史上的技术革命推动技术类型由机械技术、半机械技术向智能技术的深刻转变。技术转型带动人类社会结构的转向，并因此实现人类社会由工业社会向信息社会的发展。贝尔将技术主导、支配社会发展的现象称为"技术轴心时代"。在他看来，"过去200多年是技术的轴心时代"[②]。在技术轴心时代，工业社会与信息社会的差异不仅体现在技术构成、技术动力上，更重要的是体现在技术与科学的关系上。机械技术源于"试误的经验主义"而独立于科学之外，智能技术则直接依靠科学的重大发现。对

---

① 〔美〕丹尼尔·贝尔.后工业社会的来临［M］.高铦，等，译.南昌：江西人民出版社，2018：40.
② 〔美〕丹尼尔·贝尔.后工业社会的来临［M］.高铦，等，译.南昌：江西人民出版社，2018：40.

此，贝尔也指出："几乎所有19世纪的工业都是天才的工匠所创造的，这些人或者不关心科学，或者不理会科学发展而独自钻研。但是20世纪的重大发展——在通信、电脑、半导体和晶体管等领域——都是来自20世纪物理学和生物学的革命。"①信息技术建基于高尖端科学知识之上而呈现出智能化、微型化、人性化等新特点。智能技术的这些特点因适应与满足了信息时代人们的各种需求而备受崇拜与追捧。这意味着智能技术不仅诞生于"科学世界"，而且日趋融于"生活世界"。贝尔也认为："技术不再仅仅是以再生产方式制造物品，而是目的与手段的合理安排，是工作乃至生活范畴的合理化。"②技术不仅是工具而且是目的，不仅是职业而且是生活世界的构成。

信息时代，智能技术不仅飞速发展影响人类社会，而且渗入人们的生活世界成为日常生活的一部分。技术与生活的融合致使"生活世界"在一定意义上即为"技术世界"。在生活世界被技术世界包裹之际，儿童对生活世界的求知与探究兴趣实现向技术世界的转化，即儿童积极主动接触技术，并谋求与技术的深度融合。卡尔弗特（Sandra L. Calvert）根据"使用与满意"理论揭示了信息时代儿童主动接触技术行为的原因。"使用"即"儿童对获得信息，自我娱乐等方面的各种选择"③。"满意"则是指儿童运用信息技术时实现的各种需要。这些需要包括交往性需要、娱乐需要、学习需要等。儿童对技术的主动接触是儿童自身技术使用与需求满足的体现。儿童与技术的深度融合意味着一种全新主体——"电子人儿童"的诞生。

电子人在广泛意义上指有机体与信息技术的复杂性、深度融合。电子人（cyborg）首先是由克莱恩斯（M. Clynes）与克莱恩（N.Kline）提出

---

① 〔美〕丹尼尔·贝尔. 后工业社会的来临［M］.高铦，等，译.南昌：江西人民出版社，2018：13.

② 〔美〕丹尼尔·贝尔. 后工业社会的来临［M］.高铦，等，译.南昌：江西人民出版社，2018：11.

③ 〔美〕桑德拉. L. 卡尔弗特. 信息时代的儿童发展［M］.张莉，等，译.北京：商务印书馆，2007：22.

的。他们试图向人类身体植入神经控制装置以增强人的生存能力。于是，电子人成为自我调节的人机系统。哈拉维（D.Haraway）写道："作为无论是语言上还是实体上的电子人，都是一个控制论设备和有机体的混合。电子人是一个诞生在自动与自治交界处的一个形象。"①人与技术的深度融合使人既是技术控制的自动体，又是自我控制的自治体，人成为自动与自治的统一体、矛盾体。安迪·克拉克（Andy Clark）则认为"只要是通过技术来增强自身生理心智能力的都是电子人"②。尽管克拉克通过技术认识扩大化进而使电子人概念的外延无限延伸，从而使电子人失去时代性、历史性，但他依然捕捉到了电子人的特点，即人与技术的融合。电子人大致可分为两类：一是"原型电子人"。原型电子人既包括将技术植入体内形成的全新自我（如安装心脏助搏器的老人），也包括将自己"接入"信息控制回路从而实现"电子人化"的自身；二是"人工生命电子人"。人工生命电子人是借虚拟生命技术或生物学技术，模仿人类生命特点进而制造的全新生命。倘若原型电子人的本质是人类，那么人工生命电子人的本质即为类人。

电子人儿童的诞生是人类技术文化发展的结果，它具有明显的历史性、时代性、社会性。电子人儿童"叛逆行动者"行为是对工业社会及其相适秩序的否定：电子人儿童游走于现实世界与虚拟世界（赛博空间）之间，这是对高度科学化社会的批判；电子人儿童试图将自身自然性一面（主要是身体）"一键删除"进而畅游虚拟世界，这是对社会控制的不满与对自我解放、精神自由的宣扬；电子人儿童"半人半技术"的呈现，极尽对固定化秩序的反叛。电子人儿童"叛逆行动者"行为同时展现出自身的特点：第一，多元性。在由技术侵入所形成的电子人社会中，儿童超越传统的时空限制而穿梭于现实与虚拟之间，这是儿童自觉将技术纳入自身

259

---

① 钱旭鸯.电子人教育的挑战［D］.上海：华东师范大学，2012：38.
② 钱旭鸯.电子人教育的挑战［D］.上海：华东师范大学，2012：39.

的结果。往返于真实与虚拟之间，儿童在赛博空间中产生"第二自我"，并随即在多重身份、多重任务中任意切换。哈拉维深刻地指出："科幻小说与社会现实之间的分界线，其实只是一种错觉。"① "我"与"第二自我"的共存模糊了当下与未来、现实与虚拟，"我"在多重自我中任意穿梭。第二，块茎性。利奥塔（J. Lyotard）说："自我并不是一座孤岛。"②自我是基于关系而存在的。弗恩特（S.Vint）也认为："自我是一种从共同体中生成的东西，而不是说其自主性会受他者的威胁。"③自我在重重关系中走向融通，这种表征关系性的自我构成块茎自我。块茎自我"试图铲除根和基础，反对统一并打破二分，伸展根与树叶，使之多元和散播，从而产生出差异和多样性，制造出新的连接。而这种连接是随意的，不受任何约束的"④。第三，生成性。块茎中的自我必然是游牧的。对于德勒兹（G. Deleuze）而言，游牧意味着生成。电子人的身份、思想、感情从来都不是固定与稳定的，自我在关系游牧中随时生成一个全新的自我。电子人的三大特点并不是相互割裂的，而是复杂性的相互交织的关系。首先，电子人的多重自我为块茎自我提供了广阔条件；其次，块茎自我又预示着生成自我的方向；最后，生成的关系自我必是多重自我的有机构成。三者复杂交汇，共同构成信息时代下电子人儿童的特点。

信息时代下，儿童将技术归于自身而成为"电子人"，因而儿童的发展在一定意义上是借助技术的发展。自称为"后现象学者"的唐·伊德（Don Ihde）指出了人在发展过程中与技术呈现的三种关系，即解释学关系、寓身关系以及背景关系。解释学关系（hermeneutic relations）的基本

---

① Haraway, D. *Simians, Cyborgs and Women: The Reinvention of Nature*. New York and London: Routledge, 1991: 149.

② 钱旭鸯. 电子人教育的挑战 [D]. 上海：华东师范大学，2012：88.

③ Vint, S. *Bodies of tomorrow: technology, subjectivity, science fiction*. Toronto: University of Toronto Press, 2007: 13.

④ 道格拉斯·凯尔纳，斯蒂文·贝斯特. 后现代理论——批判性的质疑 [M]. 张志斌，译. 北京：中央编译出版社，1999：128–129.

模式是"人—（技术—世界）"。在这种关系中，人通过技术获得的世界并非直观知觉的世界，而是经由技术转译、指称的世界。技术将世界转化为"信息文本"，人通过技术获得、理解"世界信息文本"。这意味着儿童不是传统知识的接受者，而是信息的理解者、知识的创造者。卡尔弗特在大量研究的基础上也指出："儿童进入小学学习以后，他们使用计算机则更多的是为了智力活动而不是为了娱乐。"[①]儿童在真实生活问题、学科问题中批判使用、分析理解信息，从而发展自身高级能力。儿童由此成为以创造力为核心的智慧存在。寓身关系（embodiment relations）的基本模式为"（人—技术—世界）"。在寓身关系中，技术只是人自身器官的延伸，人借助技术实现对自然的直观感知、与人的复杂交往。儿童经由技术满足自身更多的交往需求，建立于情感、道德、责任之上的合作交往增强了儿童信息时代复杂交往的能力，儿童由此成为以合作为核心的复杂性交往存在。背景关系（background relations）的基本模式是"人（—技术/世界）"。在背景关系中，技术往往以间接的方式发挥作用。儿童置身于活生生的生活情境中，在与生活的直接对话中获得积极体验。儿童只有在求助技术，即技术由"背景关系"转向"解释学关系""寓身关系"时，技术才发挥作用。处于技术背景关系中的儿童，是生活的直接体验者、世界的倾听者，儿童由此成为以倾听力为核心的意义存在。

二、技术占有与技术异化

信息时代，儿童面临前所未有的巨大发展空间与机遇，但同时也面临技术占有与技术异化的危机。

弗罗姆（ErichFromm）在《占有还是生存》一书中区分了人类在社会中的两种存在方式，即占有型存在方式与生存型存在方式。关于占有型存

---

① 〔美〕桑德拉·L.卡尔弗特.信息时代的儿童发展［M］.张莉，等，译.北京：商务印书馆，2007：23.

在方式，弗罗姆指出，"在这一生存方式中，唯一有理的就是把物据为己有和可以将所获得的东西保存下去的无限权利"①。占有是将世界物化进而纳入自身，转变为自己拥有物的表现。"我有某物"是占有型存在方式的基本表达。技术占有作为儿童与技术关系的一种存在方式，意指儿童精神上沉溺、行为上占据技术实体的种种表现。技术占有大致包括两类，即"精神占有"与"行为占有"。儿童对技术的使用往往在成人约束下进行。当儿童出于各种原因无法直接占有技术实体时，便呈现出对技术的"精神占有"。"精神占有"意味着"技术幻想"，儿童无时无刻不在幻想着占有技术、控制技术制造的虚拟世界。这种技术占有欲将儿童纳入功利、算计视域内，由此引发儿童一系列心理问题、道德问题以及与成人的冲突。对技术的"行为占有"是"精神占有"的延续与表现。"行为占有"既包括对技术实体的占有，也包括对技术内容（虚拟现实）的占有。在两者关系上，控制虚拟现实是目的，技术实体操作是手段。卡尔弗特指出："虚拟现实是让用户自己成为计算机体验的一部分的一种计算机模拟方法。"②进入游戏虚拟空间的儿童，首先将自己转化为二进制符号，在游戏角色中展开形形色色的主体活动。儿童因在游戏虚拟空间中获得虚拟体验、感到主体自由而沉溺于虚拟现实中。但儿童在游戏虚拟世界中的种种技术操作行为均是对游戏刺激做出反应的结果。因而，儿童对技术的"行为占有"具有明显的行为主义倾向。这种带有行为主义倾向的表现呈现出机械性、程序性特点，这在本质上无益于儿童创造性行为的发展。

儿童技术占有现象究其原因，大致有二：一是儿童的享乐主义倾向。弗罗姆以为，现代社会存在着一种极端享乐主义。极端享乐主义即"最大限度地随心所欲，满足一个人所能具有的全部愿望或者说主观需要"③。

---

① 弗罗姆.占有还是生存［M］.关山，译.北京：生活·读书·新知三联书店，1989：80.
②〔美〕桑德拉·L.卡尔弗特.信息时代的儿童发展［M］.张莉，等，译.北京：商务印书馆，2007：16.
③ 弗罗姆.占有还是生存［M］.关山，译.北京：生活·读书·新知三联书店，1989：5.

在这里，弗罗姆指出人有两种需求，即主观感受需求与客观有效需求。主观感受需求得到满足会让人感到一时快乐但它阻碍人的发展，而客观有效需求是整合个体兴趣、生长需要与社会责任基础上产生的需求，它得到满足会让人感到真正的幸福并促进个人生长。享乐主义建基于主观需求之上。享乐的本质是占有快乐而非体验快乐。人将快乐从自我中剥离而成为外在追求的旨趣，占有快乐通过占有实现物而实现。于是，"我"占有得越多，"我"的主观需求也就实现得越多，"我"就越快乐。这种占有性享乐在社会层面往往通过消费（交换）得以实现。需指明的是，并非所有的占有都是享乐。弗罗姆指出，功能性占有是满足人基本需求的活动。它的目的不是享乐而是生存。卡尔弗特指出，信息技术所制造的游戏虚拟空间一以贯之的基本原则是动作——暴力。"动作（Action）是指运动，而暴力（Violence）指攻击性内容或行为。"[①]剥离了暴力的动作内容显得枯燥无味，而动作与暴力的联姻能最大限度地"使儿童感到兴奋并对其产生兴趣"。较之传统媒介技术，智能技术的显著特点在于使儿童由旁观者转向游戏参与者，即"作为游戏者的那些儿童被允许对任何移动着的物体进行射击"[②]。儿童在虚拟游戏操作中体验暴力带来的瞬时刺激。儿童不仅在暴力游戏中体验虚拟快乐，而且在操作其他技术内容时亦感受身体上的安逸、精神上的欢愉。因而，技术占有即占有技术带来快乐的过程，这意味着儿童技术占有的基本心理动因是享乐主义。二是社会的功利主义取向。弗罗姆以为，以功利为取向的社会是重占有存在方式的基础。他将功利主义称为"高雅的享乐主义"，这是因为现代社会赋予功利主义道德合理性的结果。功利主义大行其道，人与人的关系蜕变为人利用人。弗罗姆深刻地指出："人变成了物，他们之间的关系具有占有的性质。"[③]当儿童成为

263

---

① 〔美〕桑德拉·L.卡尔弗特.信息时代的儿童发展 [M].张莉，等，译.北京：商务印书馆，2007：55.
② 〔美〕桑德拉·L.卡尔弗特.信息时代的儿童发展 [M].张莉，等，译.北京：商务印书馆，2007：61.
③ 弗罗姆.占有还是生存 [M].关山，译.北京：生活·读书·新知三联书店，1989：77.

占有的对象、攫取利润的工具时，形形色色的虚拟游戏充斥于儿童的技术世界。因而，儿童技术占有是社会功利主义取向的必然结果。

技术占有必然导致技术异化。"异化"一词最早见于18世纪的经济与哲学领域，那时的"异化"还不含有今日之意，更多用来表示"商品的转让"。19世纪德国古典哲学家费希特（Johann Gottlieb Fichte）用这一词汇说明客体是主体"异化"而来。马克思则在人的立场上阐明异化是"自己的行为对他来说成了一种异己的力量，与他相对，并且反对他，他从而不能控制自己的行为"①。马克思由此深刻分析了资本主义社会中的劳动异化现象，即主体劳动作为异己行为控制自身进而致使主体失去自由。弗罗姆将异化视为"一种认识的模式，在这种模式中人把自己看作一个陌生人"②。弗罗姆的异化论是一种认识论，确切地说，是一种自我认识论。在异化认识论中，自我疏远自我、自我失去本真自我即为异化。因而，异化是异己力量制约、控制自我进而使自我成为"非我""伪我"的状态。技术异化是指人创造的技术作为外在的异己力量，奴役控制人的种种表现。法兰克福学派代表人物马尔库塞（HerbertMarcuse）以为，现代技术是一种意识形态的存在，它使人丧失批判性思维而成为单向度的人。这种技术异化是现代社会的深刻危机。儿童技术占有致使儿童忽视了自我真正兴趣，漠视了成人真实关心，割裂了自我与社会的关系而封闭于自我与技术的信息系统中，技术由此成为异化儿童的力量。技术作为异化力量的存在标识着技术异化：儿童占有技术的同时，技术也占有着儿童；儿童控制技术的同时，技术也控制着儿童。

技术对儿童的异化后果有二：一是自我占有。技术异化中的儿童将自我投射到具体的技术任务（如游戏任务）中，"我有能力取得成功"是儿童自我占有的体现。儿童将能力从自我中分离，并物化为与任务相适应

---

① 弗罗姆.占有还是生存［M］.关山，译.北京：生活·读书·新知三联书店，1989：106.
② 弗罗姆.占有还是生存［M］.关山，译.北京：生活·读书·新知三联书店，1989：106.

的操作程序，占有操作程序的过程即自我占有的过程。于是，技术异化造成了自我占有。二是儿童与生活的分离。卡尔弗特以为，技术异化有"替代效应"。他说："各种信息技术改变了儿童和青少年打发空闲时光的方式。当一种新技术的介入替代了以前的一些活动时就出现了替代效应。"①儿童技术占有、技术异化造成了儿童与生活的分离，儿童的真实生活体验随之减少。

信息时代儿童面临的技术占有、技术异化危机遮蔽了儿童的主体解放。恰如苏健华所言："入侵虚拟也被虚拟入侵，经由量变到质变，正式成为混种的生物——电子人，包含身体与精神。但是就在沉浸于科技享乐之际，我们突然发现异状，科技权力似乎早已在这过程中超越了个体的控制，个人解放的可能更变成了此一时代的最大骗局。"②那么，如何摆脱技术异化危机？答曰：走向技术理解。

265

三、技术理解与儿童发展

如前所述，弗罗姆区分了占有型存在方式与生存型存在方式，并将生存型方式作为对占有型存在方式的根本超越。他在社会学意义上呼吁人们放弃对"财富拐杖"的占有，走向"主动创造性"的生存。那么，何谓生存？生存的本质是什么？海德格尔（M. Heidegger）在存在论意义上深刻揭示了"生存即意义理解"的观点。弗罗姆则认为生存这种存在方式"不占有什么，也不希求去占有什么，而是他心中充满欢乐和创造性地去发挥自己的能力以及与世界融为一体"。③在弗罗姆看来，生存是自我理解、自我创造。因而，重生存本质上是理解取向的存在方式。技术理解作为儿童与技术关系的另一存在方式，既包括关心技术实体而体现的技术关心理

---

① 〔美〕桑德拉·L.卡尔弗特.信息时代的儿童发展［M］.张莉，等，译.北京：商务印书馆，2007：35.
② 钱旭鸯.电子人教育的挑战［D］.上海：华东师范大学，2012：113-114.
③ 弗罗姆.占有还是生存［M］.关山，译.北京：生活·读书·新知三联书店，1989：23.

解，也包括运用技术解决真实问题，进而认识并创造世界的技术工具理解。因而，技术工具理解与技术实体关心理解共同构成技术理解。

技术工具理解既指运用技术解决真实问题，认识并创造世界的过程也指通过技术揭示世界存在意义的过程。拉里·希克曼（Larry A.Hickman）曾指出："杜威对技术的批判是经线，而他的进一步研究规划就是编织这一经线上的纬线。"①杜威编织的这条纬线即为"实用主义工具理解"。杜威技术工具理解的核心是问题探究。"探究的目标是借助不断更新的人造工具，与新的处境不断相互作用。"②问题探究即运用技术解决问题，技术作为工具由此创造美好生活。海德格尔在"工具的上手状态"中揭示了"存在主义工具理解"。他在"锤子描述"中写道："对锤子这物越少瞠目凝视，用它用得越起劲，对它的关系也就变得越源始，它也就越发昭然若揭地作为它所是东西来照面，作为用具来照面。"③技术的这种方式称为"上手状态"。技术的上手状态意味着技术工具理解，即技术越被使用，技术自身的意义与存在愈发显现，与其照面的世界愈加祛除遮蔽。由此，海德格尔"存在主义技术理解"的核心是意义揭示。在海德格尔看来，与技术工具理解相对的是"技术座架"。"座架是摆置活动的聚集，它把众多的存在者当作对象，强制性地摆置成只具有单一功能的东西。"④于是，世界不再是丰富性的意义构成，而是成为人功利、计算视域内的"持存物"。技术作为人与世界的中介，因而成为人占有世界的工具。由此，技术工具理解异化为技术工具占有。

技术关心理解是指通过对技术实体（手机、电脑等）呈现状态的关注、关心，以此实现自我反思、自我关心。技术无时无刻不在向儿童吐露

①〔美〕拉里·希克曼.杜威的实用主义技术［M］.韩连庆，译.北京：北京大学出版社，2010：6.

②〔美〕拉里·希克曼.杜威的实用主义技术［M］.韩连庆，译.北京：北京大学出版社，2010：2.

③〔德〕海德格尔.存在与时间（修订译本）［M］.陈嘉映，等，译.北京：生活·读书·新知三联书店，2016：81.

④陈嘉明，等.现代性与后现代性［M］.北京：人民出版社，2001：183.

自身，并随时间变化显示自身状态（如温度、电量等）。儿童面对现身、在场的技术，关注、聆听技术的召唤并作出反应。当响应技术召唤进而展现关心行为时，技术与"我"均变得更好。海德格尔在"工具的在手状态"中阐明了此种关心性的技术实体理解。他借"锤子描述"指出，在人使用锤子的过程中，只有当锤子因物理原因或其他原因不可用时，锤子在人那里才转换为清晰地可意会状态。人对技术的关注、关心即技术的"在手状态"。技术的"在手状态"本质上是对技术实体的关心性理解。

技术工具理解与技术关心理解既相互区别又相互联系。两者的区别主要在于两者的技术理解取向不同。技术工具理解是应用取向，而关心理解则是关心取向。恰如诺丁斯（Nel Noddings）所证实的那样，物尽其用本身就是一种关心，因而在一定意义上，技术运用即为技术关心。技术工具理解与技术关心理解均倡导在"关心中运用，在运用中关心"，由此重建人与技术的关系。

技术理解意味着技术观的根本转变：技术不再是占有的对象，而是儿童关心的对象。关心技术实体、拒斥技术占有意味着儿童走向道德的生活。诺丁斯倡导的"关心伦理"超越了道德主体范畴，进而呼吁"关心人类的物质世界"。儿童关心而非破坏、占有技术实体，关心性行为本身具有道德意义，儿童因此过着道德的生活。技术不再是异化儿童的力量，而是儿童运用技术探究生活、揭示世界意义的工具。这意味着儿童殊异的个性、本真自我的生活回归。儿童在"技术世界"中诸多悲剧的发生本质上是技术占有、技术异化而忽视技术理解的结果。技术理解是对技术占有的根本超越。

迈向技术理解，教师首先要尊重儿童电子人身份的时代事实，满足儿童技术使用的客观需求。教师往往以"技术有害"为由显示对儿童的关心并阻止儿童与技术的接触。这种关心本质上是独白式关心，诺丁斯称之为"关心者美德"。她说："教育政策制定者和教师相信关心是一种教育美德。这种关心主张不将关系作为出发点，而将关心视为关心者拥有的美德。"①此种关心者美德的最大问题在于"关心者往往觉得他们知道要关心的人的利益是什么。实际上，他们会很轻易地决定那些利益是什么，而从来不认真地倾听他们要关心的人的心声"②。因而独自式关心常会演变为控制。诺丁斯指出："认真倾听并且积极回应是关心的基本标志。"③倾听儿童并满足儿童对技术使用的需求是信息时代教师促进儿童发展的重要条件。其次，教师要积极创造条件提高儿童对技术的认知水平。诺丁斯以为："对工具的不恰当使用，有时源于粗心，有时则因为无知。"④因而，技术认知是技术运用的首要条件。教师通过创设各种条件，让儿童在研究技术操作说明等方式中提高对技术的使用的认知。技术认知同时为儿童在技术使用过程中展开的自我反思提供了可能。最后，教师要创设技术使用情境，提高儿童运用技术的能力。技术运用根植于具体的生活情境与问题情境中，为此，教师要创设真实的问题情境，引导儿童运用技术探究生活。

迈向技术理解，儿童首先要关心技术实体。技术实体关心意味着儿童主动关心技术并陷入诸如"手机充着电，我还能玩吗""手机如此烫，它是不是累了"的思考张力中。儿童关注技术的呈现状态并响应技术召唤，这是对技术的理解与关心。其次，儿童要反思自我。儿童在自我敞开进而关心、响应技术召唤的同时，也要倾听自我。海德格尔指出："此在听，因为它领会。"⑤倾听自我即理解、揭示自我。儿童在技术使用中不断

---

① 〔美〕内尔·诺丁斯. 学会关心：教育的另一种模式〔M〕. 于天龙，译. 北京：教育科学出版社，2011：2-3.

② 〔美〕内尔·诺丁斯. 学会关心：教育的另一种模式〔M〕. 于天龙，译. 北京：教育科学出版社，2011：4.

③ 〔美〕内尔·诺丁斯. 学会关心：教育的另一种模式〔M〕. 于天龙，译. 北京：教育科学出版社，2011：14.

④ 〔美〕内尔·诺丁斯. 学会关心：教育的另一种模式〔M〕. 于天龙，译. 北京：教育科学出版社，2011：147.

⑤ 〔德〕海德格尔. 存在与时间（修订译本）〔M〕. 陈嘉映，等，译，北京：生活·读书·新知三联书店，2016：81.

提示、揭示自我——"我与技术接触了如此长的时间""我的眼睛有些疼痛"等。儿童在倾听自我中揭示自我，这是儿童自我反思的首层含义。自我反思还意味着儿童在使用技术过程中要不断思考诸如"我为什么使用技术""如何使用技术揭示事物意义""如何运用技术解决问题"等一系列问题。通过自我反思，儿童在技术世界中不仅时刻保持本真自我不致走向技术异化，而且可以不断提升自我运用技术的能力。

后　记

　　1986年，我从莱芜师范学校"中师"毕业后就走上了教育岗位，成为一名乡村中学教师。从此开启每天与儿童在一起的工作历程。1990年，我进入曲阜师范大学攻读教育学硕士学位，自此开始专职教育研究生涯。在漫长的学术研究过程中，尽管我关注的重点随时代而变迁，但始终立足基础教育、围绕儿童问题。一如杜威在1902年出版的那本经典小书的书名那样，"儿童"与"课程"是我毕生探索的主题。本书是我对儿童问题理论思考的初步总结。

　　我在本书中试图确立两个核心概念："儿童学"与"儿童"。"儿童学"既是一种现代教育精神，又是对儿童问题的跨学科研究。现代教育学，特别是20世纪以来的教育学，本质上是建立在"儿童学"或儿童研究的基础之上的。"儿童学"与教育学是同根词，无"儿童学"则无教育学。"儿童学"始终需要探索：儿童是什么，儿童应当怎样，儿童如何理解世界。我用"儿童存在论"、"儿童价值论"与"儿童认识论"概括这三个问题，由此初步确立儿童学的理论框架。我试图提出的儿童观念是：儿童是一种独特性、创造性存在，儿童的诞生蕴含社会的希望，"儿童永在"无论对个人还是对社会都具有存在论或本体论意义；儿童即目的本身，儿童在关系中实现自我创造，形形色色的工具主义和相应"儿童偏见"则摧毁儿童的内在价值；儿童拥有独特的认识世界的特点与方式，"儿童的世纪"本质上是

"儿童认识论的世纪"。

"儿童学"与"儿童"概念的确立过程，就是社会中"儿童意识"的形成过程。一个社会诞生了"儿童意识"，教育和社会的解放也就有了希望。

本书是集体合作的产物，各章作者如下：

第一、二、三、四章：张华；

第五章：张紫屏；

第六章：仲建维；

第七章：刘宇；

第八章：闫思瑾；

第九章：宋岭；

第十章：冯加渔；

第十一章：郭元勋。

我对各位合作者的贡献，深表谢忱。期待读者批评指正。

271

张华

写于西子湖畔